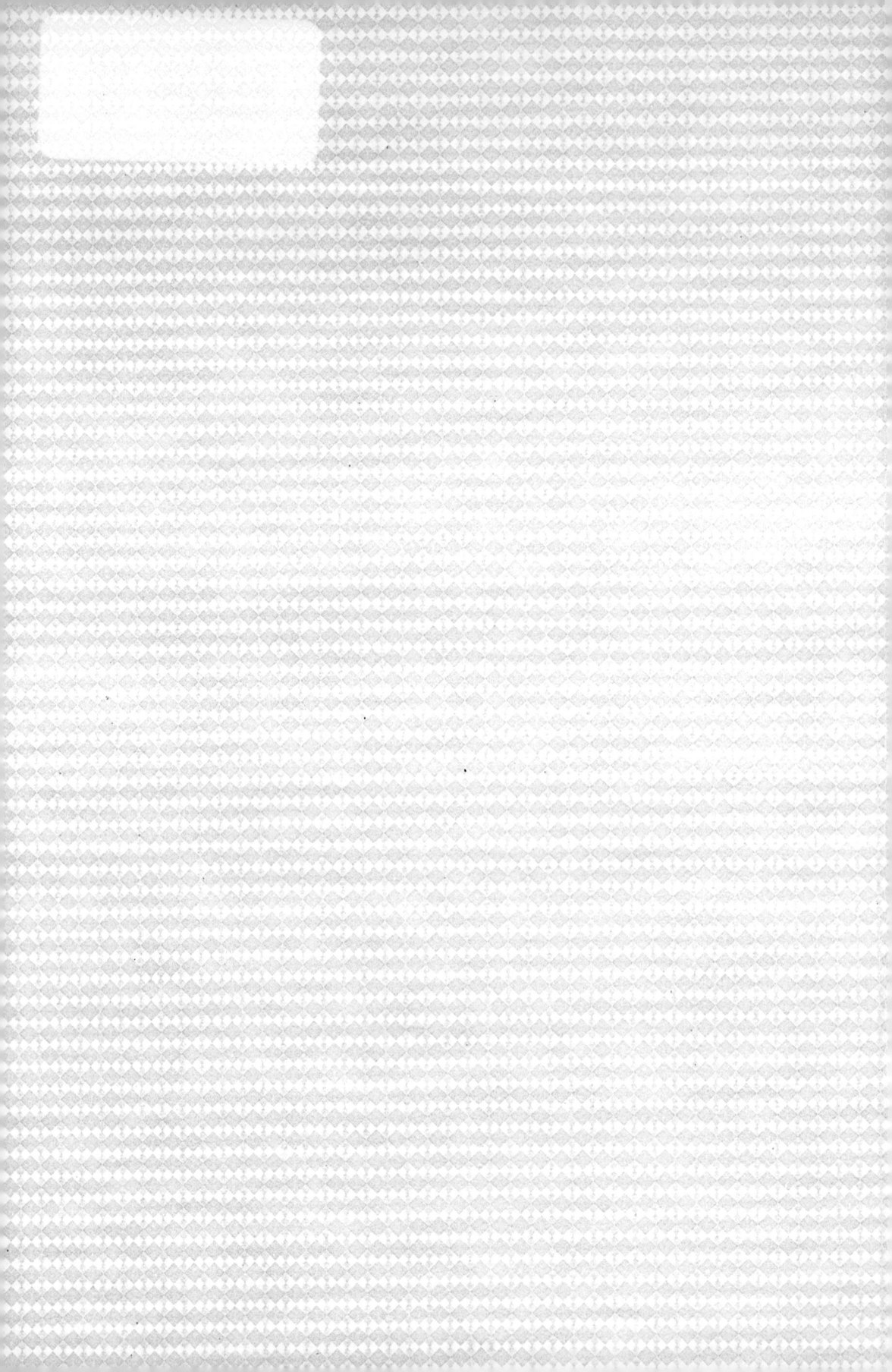

中国金融改革与发展热点问题系列

文库主编：杨涛

中国社会科学院金融研究所支付清算研究中心文库

金融创新发展中的
异化问题

The Alienation of the
Financial Development and Innovation

李 鑫/著

经济管理出版社

ECONOMY & MANAGEMENT PUBLISHING HOUSE

图书在版编目（CIP）数据

金融创新发展中的异化问题/李鑫著. —北京：经济管理出版社，2016.3
ISBN 978-7-5096-4152-1

Ⅰ.①金… Ⅱ.①李… Ⅲ.①金融事业—经济发展—研究—中国 Ⅳ.①F832

中国版本图书馆 CIP 数据核字（2016）第 000258 号

组稿编辑：宋　娜
责任编辑：宋　娜　陈美思
责任印制：黄章平
责任校对：王　淼

出版发行：经济管理出版社
　　　　　（北京市海淀区北蜂窝 8 号中雅大厦 A 座 11 层　100038）
网　　址：www. E-mp. com. cn
电　　话：(010) 51915602
印　　刷：三河市延风印装有限公司
经　　销：新华书店
开　　本：720mm×1000mm/16
印　　张：18
字　　数：312 千字
版　　次：2016 年 3 月第 1 版　　2016 年 3 月第 1 次印刷
书　　号：ISBN 978-7-5096-4152-1
定　　价：88.00 元

金融创新能否"弯道超车"

进入 2015 年以来，在我国股市大幅波动的同时，也引发了各方对于金融创新的更多思考。回顾历史，金融创新在我国似乎更易走向不同极端。迄今为止，虽然关于金融创新的文献和书籍已经是"汗牛充栋"，但是从反思和警醒的视角来看，相关的研究还有所不足。作为一名优秀的年轻学者，李鑫博士的《金融创新发展中的异化问题》可谓抓住了当前我国乃至全球金融发展中的一个核心矛盾，具有重大的理论与实践价值。

我们的视线回溯到 20 世纪 90 年代，我国在快速构建现代金融体系要素的同时，也迎来了一轮"金融乱象"，中农信的关闭、广国投的破产、海南发展银行的关闭、城市信用社的整顿、农村合作基金会的清理等都历历在目。除了机构创新之外，1995 年的"327"国债期货事件成为"催化剂"，虽然其深层问题不在于金融创新产品本身，但却使政策层对于风险的担忧达到了极致，并且使得此后近十年的金融创新进程大大减缓。

进入 21 世纪，伴随金融业逐渐发展壮大，到 2007 年的新型农村金融机构逐渐发展起来，此后国内金融创新迎来新的高潮。虽然 2008 年全球金融危机带来诸多警示，但国内形成的共识，就是美国是"创新过度"，而我国仍然处于"创新不足"的状态。应该说，此轮金融创新为中国经济社会发展输送了更多的"血液"，其重要意义不容置疑，但与此同时，也带来了新的问题和挑战。

首先，对金融创新的认识源自于熊彼特的创新理论，其背后的根本经济力量是竞争，也是一个为盈利动机推动、缓慢进行、持续不断的发展过程。换句话说，虽然在宏观、中观、微观层面，金融创新都给经济社会发展带来许多好处，但是其根本动因，却一直是来自于"金融厂商"基于利润目标而进行的"金融生产函数"创新。随着金融自由化和新技术的快速发展，实体部门的需求在金融创新中逐渐落到"次要位置"，"供给创造需求"成为创新的主要模式。这一"金融脱离实体"的弊端，终于在2008年全球金融危机中全面爆发。回到我国，同样需要约束金融创新这一难以根除的内在矛盾，尤其是当前大量金融机构在以创新的名义着力攫取"超额利润"之时，更应当强调"扎根实体"、"服务实体"的原则，不应为鼓励创新而纵容创新。

当然，金融创新没有"好的创新"和"坏的创新"之分，只有"可控创新"与"失控创新"的差异。例如，多种多样的民间非法借贷和股权融资行为，一直被认为是"坏的创新"，许多摇身一变披上了"互联网金融"的外衣，似乎就成为"好的创新"了。在这种思路下，金融创新只会不断在过度抑制和金融乱象之间摇摆。政府引导和监管金融创新的原则，一是避免系统性风险的积累和爆发，二是遏制金融部门的利润冲动，避免创新成为损害实体部门的手段，从而促进金融与实体的共赢。

其次，对于教科书中令人眼花缭乱的创新型金融机构和产品，都有许多理想化的描述。例如，股权投资基金作为重要的市场化机构，能够着力推动直接金融发展与解决创业难题，满足产业壮大需求等，但在现实中，为什么许多私募基金都成为寻找短期利润的"游牧民族"，甚至转行搞起了非法集资？再如，教科书告诉我们许多金融产品的作用，在于价格发现、风险转移和对冲、资源配置等，但是在现实中，这些功能和作用的实现，往往需要一系列具体前提和外部条件，否则相关的改革推进，可能会造成"南辕北辙"的效果，甚至用于管理风险的组织和产品创新，会成为新的风险来源。通俗地说，金融创新会出现"理想很丰满，现实很骨感"的问题，因此需要把很大精力放在完善创新的外部条件上，而不仅是创新本身。

另外，金融创新要避免失控、矛盾和冲突，还是需要监管者进行一定的总体协调，否则创新本身也可能成为影响经济金融稳定的不利因素。例如，在利率市场化机制尚未有效建立起来的情况下，许多创新或许只会增加少数人的套利空间；在基础性的金融产品体系还未丰富和完善的前提下，大量发展结构性产品、衍生产品，则缺少了坚实的"地基"；在场内金融产品市场还未健全和活跃的情况下，大力发展场外市场似乎也与国际趋势相悖。再如，当我们在以"股权替代债权"的思路来"去杠杆"的时候，没想到股市的高杠杆投资却大大增加了社会杠杆，在动态中变成了以"财富再分配""去杠杆"；当大力发展债券市场的着眼点放在市场规模之上时，一级市场被银行所垄断、二级市场缺乏做市商的格局，仍然制约着债市有效发挥作用。有鉴于此，一方面，金融创新仍然需以市场为主导，监管者不应过度干预，防止"好心办坏事"和"多做多错"；另一方面，则亟须在借鉴国内外经验教训的基础上，进行方向性、战略性的引导与协调，尤其是跨监管部门的协调。

再有，金融市场的功能包括资源的直接或间接配置、风险管理、支付清算、信息管理等，长期以来围绕金融创新的关注焦点，都在于资金和资源的配置领域，对于支付清算、信息管理等基础设施的关注有所不足。但是在 2008 年金融危机之后，不仅各国都更多地关注系统重要性支付清算设施可能带来的风险失控，而且开始深入探讨电子化、网络化冲击下的支付清算技术创新可能带来的深远影响。实际上，支付清算等金融后台的技术变革，深刻地改变着以银行账户、货币转移、信息处理等为代表的微观金融基础，改变着原有的金融分业功能格局，其影响甚至要大于中前台的机构与产品创新。值得注意的是，在一个规则体系相对健全的发达经济体，金融技术的影响可能是相对中性的；而在存在诸多金融规则"缺损"的市场中，金融技术则可能成为避开监管和助推"泡沫"的手段。

总地来看，在金融创新中"过于求快"和"停滞不前"都是错误的，而各种各样"喧嚣尘上"的"弯道超车"论更是贻害无穷。例如在互联网金融领域，当大家喊着要对欧美进行"弯道超车"、彰显后发优势之时，却没有想到，一方面在信息和技术传播如此快速的全球化时代，我们所认为的金融"后发优势"真的存在吗？如果存在，为什么发达国家不能迅速地学习和借鉴，而甘心被我们超越？另一方面，着眼于规模和数字，脱离结构、功能和服务实体的"金融超车"是否有意义、是否会真正成功，还是会造成"翻车"或"脱轨"？所有这些，都值得我们进行更加深入的思考。

我们看到，李鑫在其博士论文基础上完成的本书，将致力于从不同的研究视角，运用多种理论维度、实证方法和比较层次，来重新论证和分析金融与实体协调发展、金融的可持续健康发展等重要命题。实际上，自 2008 年金融危机之后，各国都有学者在反思这些问题。如在 2015 年 1 月，美国金融年会（AFA）主席 Luigi Zingales 也提出了对"金融能否有益社会"这一命题的另类思考。我们能否真正构建如罗伯特·希勒在《金融与好的社会》中所提出的梦想，还有待更多的青年学者绕过金融创新中令人眼花缭乱的"绚丽面纱"，努力在更深层次的研究领域进行学术深耕。

杨涛　研究员

中国社会科学院金融所所长助理、支付清算研究中心主任

2015 年 12 月 23 日

前言

　　金融创新发展应以实现金融部门与实体经济部门互惠互利、相互促进的协同发展为目标，但现实中却时常出现金融异化现象，即金融脱离实体经济自我膨胀，甚至反过来对实体经济发展产生破坏作用。次贷危机的爆发使理论界开始重新认识金融的创新发展，学者比以往更加关注金融发展与实体经济间的联系，纷纷强调金融创新发展不能脱离实体经济。但是，若要真正做到确保金融发展不脱离实体经济，则须首先厘清的一个问题是：金融发展为什么会以及如何做到脱离实体经济？本书便以此为主题展开研究。

　　在理论分析部分，本书借鉴熊彼特的动态研究方法，从探讨金融机构行为的微观角度入手，着重考察金融创新发展所受到的激励与约束，在研究中尤其注重对基本事实的把握。首先本书将金融部门放入熊彼特的经济发展理论框架中加以考察，详细阐述了金融部门在经济发展中的作用，提出在社会化大生产的分工格局下，金融部门的专业性与主要职能是为整个经济体管理风险。但从现实中的经济激励角度来看，金融部门的收入模式是按转移资金量收取一定比例费用，并且不承担或较少承担投资失败损失，这意味着金融部门的收入并非与管理风险的核心服务相对应，而是由委托量——转移资金规模来决定。由于金融产品的虚拟性，这种委托量难以衡量其对实体经济的贡献。在这种收入模式下，金融发展倾向于扩大转移资金规模而非提升效率，这往往通过自我服务式的金融创新来实现。不过诸多外部力量——市场约束、行业约束和官方约束保证了金融部门在大多数情况下仍在朝着协同的目标发展。由于金融产品的虚拟性使得其受到的约束与人们的信心息息相关，在由种种原因催生"泡沫"后，人们普遍的非理性会导致相应约束同时放松，这时自我服务式创新会促使金融发展出现异化。

经验分析部分主要包括三大内容：一是针对"泡沫"时期三类约束的放松设计了相应计量分析检验，分别使用45个国家和10个国家的非平衡面板数据对市场约束和行业约束的放松进行检验，同时使用美国的时间序列数据对官方约束的放松进行检验。二是通过美国次贷危机和中国"影子银行"的案例来对比在自由市场和金融抑制两种不同制度下，"激励约束—金融创新—金融异化"的核心作用机制是如何发挥作用的，并对两种不同制度环境下作用机制的异同进行比较。三是结合本书的理论，简单探讨了中国2015年发生的股灾，这是典型的非繁荣状态下的金融异化。

在政策分析部分，本书首先探讨了次贷危机带来的监管政策的改变，并分析了静态视角下监管的局限性。随后从前文分析中引申得出本书的政策建议，提出构建以协同发展为目标的监管政策体系。本书特别强调创新发展视角下的收入模式改革，并认为稳健薪酬实践原则的推行以及完善在一定程度上有利于金融经济协同发展的目标。

目　录

第一章　导论

第一节　选题背景及意义

一、问题的提出

金融部门在现代市场经济体系中处于核心地位。学者们通常认为金融部门能够发挥管理风险、配置资源、公司治理、动员储蓄、便利交易等功能，从而促进经济的增长（Levine，1997）。早期的经验研究也证实了金融发展与经济增长之间的相关性（戈德史密斯，1990；King and Levine，1993；Rajan and Zingales，1998）。但是，一次次金融危机给经济带来的破坏性似乎暗示人们，金融发展与经济增长之间并非是简单的线性关系。尤其是2007年美国爆发的引发了全球范围经济衰退的次贷危机，堪称继"大萧条"之后最严重的一次危机。虽然NBER（美国国家经济研究局）的数据显示，美国的衰退在2009年到达谷底，并于此后开始反弹，但是至今美国经济仍未显出强劲的扩张态势；从世界范围来看，危机引发了包括欧债危机等在内的一系列恶劣反应，同样至今也不能说世界经济已从危机中走出。本轮危机引发了各国学界、政界对于金融部门社会价值的反思。不少学者将矛头直指近几十年来高速发展的金融创新，例如英国金融服务管理局前主席阿代尔·特纳便认为："没有任何明显的证据能够表明，最近二三十年发达国家日益庞大和复杂的金融系统有助于经济增长和稳定，金融活动似乎更多的不是向实体经济传递价值而是从中抽取租金。"（Turner，2010）

从GDP增长率来看，本轮金融危机似乎并未引发中国的经济衰退，但事实上危机以及应对危机的政策措施改变了国内外经济环境，加剧了国内经济诸多结构性的矛盾，其中很重要的方面恰恰也在金融部门，"企业为银行打工"、"资金空转"等提法反映出国内的金融发展似乎谈不上健康。尤其是国外"资产泡沫"崩溃引发危机这一事实更是加剧了各界对中国"资产泡沫"的担忧。在此背景下，学者们比以往更为关注金融发展与实体经济之间的联系，纷纷强调金融发展和创新不能脱离实体经济。政府对此问题也十分关注，在中共十八大报告中明确指出，深化金融体制改革的方向在于健全支持实体经济发展的现代金融体系。不过事实上，若要真正做到确保金融部门不脱离实体经济，我们首先需要思考另一个问题，那便是"金融发展为什么会以及如何做到脱离实体经济"。只有真正弄明白这个问题，才能在协调金融与实体经济间关系时，做到有的放矢。本书以"金融创新发展中的异化问题"这样一个学术化的概念为题，实际上研究的就是上述提及的问题。

二、选题意义

由于金融部门已经成为现代经济体系中最为重要的部门，同时从就业来看，精英在金融部门的集中也日益明显，因此金融部门的健康发展对于整体经济来说尤为重要，特别是这关系到这些最富创造性的人才更多的是在创造价值还是在分利。从世界范围来看，自金融危机以来，金融部门成为最受人们质疑的领域，金融发展脱离实体经济带来的不仅仅是经济上的灾难，同时进一步带来诸多社会问题；从国内情况来看，目前经济中存在的最主要的一些现实问题，诸如频频爆发的"钱荒"、资金在金融体系内空转、银行从实体经济"抽血"、互联网金融引发争议、信托出现兑付危机等，都与金融发展密切相关。因此，从实践意义上讲，现阶段对于金融与实体经济关系的研究，将有助于加深对相关问题的理解。此外，从我国现今的发展阶段来看，促进以金融业为代表的现代服务业的发展，必然是产业结构进一步调整的方向。尤其是2013年上海自贸区的建立，更是在促进金融领域改革、深化金融领域开放创新的道路上迈出的重要一步。因此，在此时期对于如何避免金融脱离实体经济、如何促进金融健康发展的探讨将具有重大的实践意义。

从理论意义上讲，本书的研究将有助于从微观层面上理解金融部门的行为，并且在此基础上将金融部门纳入整体的经济理论分析框架中，尤其是纳入熊彼特的经济发展理论框架中。传统的基于边际成本收益的微观经济学理论难以很好地解释金融机构的行为。在标准的微观理论中，价格是调节市场的最关键变量，市场主体通过价格进行竞争。但现实中在金融领域，金融机构间的竞争往往并不是通过调整价格来实现。而在宏观理论以及经济增长理论中，传统的做法更是倾向于忽视金融部门的作用，或者将其处理成外生变量。本书则通过探讨金融与实体经济的关系，在一定程度上将金融部门拉入整体的经济发展理论之中进行分析。此外，通过研究金融发展为什么会脱离实体经济，也可以加深对于金融危机形成原因的理解。

第二节　概念界定与研究综述

一、本书主要概念的简要界定

（一）异化和金融异化

"异化"指的是这样一种过程，即从自身分离出的一种力量或素质，渐渐变成和自身疏远，进而成为异己的、统治和支配自身的力量或素质（秦晓，2000）。异化的概念由来已久。在马克思之前，异化只是个纯粹的哲学推测命题，而马克思在深入研究黑格尔以及费尔巴哈关于异化的讨论后，将异化的概念进行扩展，特别是将讨论的场所从心理学转移到经济现实，得出了异化劳动的概念：劳动作为一种创造力，创造了人类的环境，但在这个环境内，人失去其本身（乔治·凯特菲利斯，1987）。国内一些学者进一步扩展了异化的概念来分析金融与实体经济间的关系，从而提出了金融异化的概念。秦晓（2000）借用哲学中的异化概念，最早提出了金融业的异化的概念。他认为货币、资本、金融市场源于物质生产和交换，其信用化和信用的膨胀导致了它与物质生产的分离和逐渐疏远，以致形成相对独立又对实体经济产生负面作用的虚拟经济形态，这实际上构成一个异化的过程。姜旭朝和胡斌（2000）提出，所谓金融的异化现象，是指金融业（金融活动）背离了服务实体经济活动的目标，而出现畸形的自我膨胀的现象。金融业在产生了独立性以后，金融活动并不仅仅是为经济活动服务，金融活动自身产生一种自我膨胀的要求，同时客观上也存在这种膨胀的基础。经比较可见，上述二者虽然表述不同，但核心思想实际上是一致的。后面的研究者基本上是引用上述二人的概念界定，不过说法上各有不同，比如，白钦先、徐爱田（2004）称之为金融异化，徐孟洲、杨晖（2010）称之为金融功能异化等。本书同样沿用国内学者提出的金融异化的概念，指代本应由实体经济中产生并为实体经济服务的金融部门，在发展过程中出现脱离实体经济的自我膨胀，甚至反过来对实体经济发展产生破坏作用的现象。

本章第一节曾指出，本书主要研究的是"金融发展为什么会以及如何做到脱离实体经济"，而本书标题之中的关键词则是"异化"，虽然在本书的概念语境中，"金融异化"与"金融脱离实体经济"大体上是一致的，但仍存在一定区别。这个区别便在于："金融异化"强调金融发展过程中出现的"异化"现象，换句话说，是金融出现了"异化"的发展过程；而"金融脱离实体经济"主要强调一种状态，即金融"异化"发展的结果。

这里只是对于"金融异化"概念的一个简介，更为详细的介绍可参见第四章第二节。

（二）创新、金融创新、自我服务式金融创新

对于创新，经济学界比较公认的概念来自熊彼特的《经济发展理论》。熊彼特提出，创新是构建新的生产函数，也就是说，引入生产体系一种前所未有的生产要素或生产条件的"新组合"。他进一步强调"企业家"是实现"新组合"的人。经济发展实际上指的就是整个社会不断地实现这种"新组合"。熊彼特指出"经济发展"或"新组合"或"创新"包括下面五种情况：一是引进新产品；二是采用新的生产技术或生产方法；三是开辟新市场；四是控制新的原材料供给来源；五是实现企业的新组织（熊彼特，2009）。

金融创新分为产品创新和过程创新两种，产品创新包括新的衍生品合约、新的公司证券以及新的集合投资产品形式，而过程创新则典型地表现为在证券分销、交易处理或交易定价等方面的新方法（Tufano，2003）。不过，两种创新通常是联系在一起的。从强调"新"这一点来看，金融创新与传统意义上的创新是相似的，但深究其本质，则二者明显有别。实体经济中的创新意味着引入一种实际生产要素的新组合，金融部门的创新则更像是带来一种新的市场经济的游戏规则，虽然也有所谓的产品创新，但是新证券的引入也不过是为原有的经济体系引

入了一种新的转移资金的规则，因此，不少学者往往认为金融创新事实上不是创新。不过本书认为，站在更为宏观的层面上来考虑由于金融创新而带来的整个社会资源配置形式的改变，金融创新意味着一种宏观层面上的组织形式的改变，因此可看作是创新概念的一种扩展。

次贷危机发生后，国内一些学者在谈论金融与实体经济关系时，提到了"自我服务"的概念（李扬，2009；朱民，2010；等等）。我们可以将其理解为两层含义：从微观上看，"自我服务"意指一个金融机构的创新与发展更主要的是为另一个金融机构服务，又或是一种金融产品的出现更多的是为另一种金融产品服务；从宏观上看，"自我服务"事实上就是指整个金融部门脱离实体经济的自我快速扩张。本书定义的自我服务式金融创新，实际上是沿用这种微观上的含义，而宏观上的含义在本书则用"异化"来表示。不过与上述学者对于"自我服务"的贬义态度不同，本书认为金融的自我服务式创新与围绕服务实体经济的创新是在两个不同维度上的界定，二者间并不一定存在矛盾。不过从后面章节中可以看出，自我服务式创新确实使得金融发展具有潜在的异化倾向。

二、相关研究综述

国外对于金融与实体经济关系的研究，主要集中在探讨金融发展是否会促进经济增长方面。不少经验证据支持金融对经济的促进作用（戈德史密斯，1990；King and Levine，1993；Rajan and Zingales，1998），在这些探讨中自然也包括对金融发展促进经济增长机制的探讨（Levine，1997）。尽管至今金融仍未被正式纳入主流经济学的理论框架之中，但仍有不少学者试图从微观层面进行探讨。最具代表性的研究有两类，较早的一类解释便是明斯基（2010）的金融不稳定假说。作为后凯恩斯主义代表人物之一，明斯基将凯恩斯的理论与费雪的债务通缩理论相结合，系统地论述了金融特别是债务融资对经济行为的影响。他按"债务—收入"关系将融资行为分为对冲性融资、投机性融资和庞氏融资三种类型，并且认为随着经济的繁荣，融资结构将会内生性地出现从较为安全的对冲性融资为主向投机性融资甚至庞氏融资为主转换，这会带来风险敞口的增加并最终触发危机。由此可见，在明斯基的理论框架中，不稳定性可以说是现代金融制度的基本特征。另一类更加靠近主流经济理论的研究则是以 BGG 模型（Bernanke et al.，1999）为代表的金融加速器理论，其基本思想是在不对称信息环境中，借贷成本将取决于企业的净值，当经济处于上升期时，企业净值增加致使借贷成本下降，从而使得借贷增加，生产扩大，利润增加，这会进一步促使企业净值的增加。相反，当经济下行时，一个相反的加速过程会出现。同明斯基的理论相似，金融加速器理论中同样可以看到债务通缩理论的影子。除金融加速器理论外，另一个重要的模型是 KM 模型（Kiyotaki and Moore，1997），不过虽然 KM 模型与金融加速器模型在建模技术上存在较大差别，但核心思想却是高度一致的，因此在此不再赘述。总体来看，国外学者只是将金融部门看作服务业中的一个部门，虽然承认其很重要，但在分析中也很少将其与经济中的其他部门区别对待。

事实上，国外也有学者提出了所谓的"分离（Decoupling）假说"，门克霍夫和托克斯多尔夫（2004）对与"分离假说"相关的研究进行了详细的总结（图1-1）。虽然门克霍夫等在提出问题时是将"分离"界定为金融向着独立自主的方向运动，但是从其列举的具体文献来看，其着眼点主要在于揭示金融市场在功能上存在的某些障碍，并且门克霍夫等并不赞同"分离假说"。

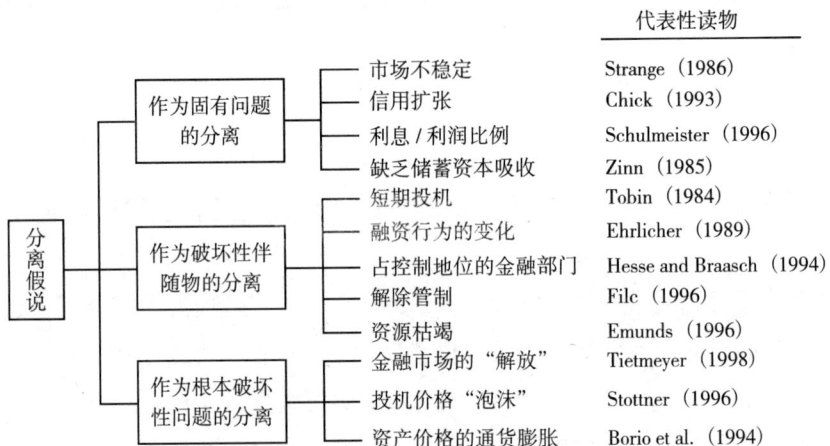

图 1-1 分离假说研究一览

资料来源：门克霍夫、托克斯多尔夫.金融市场的变迁［M］.刘力等译.北京：中国人民大学出版社，2004：31.

次贷危机后，鉴于深入分析危机原因的需要，各国学界开始重新审视金融与实体经济之间的关系，这时一些学者开始正视金融发展脱离实体经济的事实，而非仅仅关注金融市场的功能障碍，不过持有这种认识的国外学者仍然极为稀少。Perez（2009）发现从 20 世纪 90 年代中后期开始，"纸面经济"（Paper Economy）

与实体经济明显出现了背离，这突出体现在两个方面：一是股票市场与非金融部门利润的背离，二是私人固定资产投资与信贷市场工具的背离，与这种背离相对应的是，在相应时期美国相继出现了"技术泡沫"（互联网狂热，1997~2000）和"流动性泡沫"（2004~2007）。Perez 指出，"技术泡沫"与"流动性泡沫"的驱动力量显著不同，前者的驱动力量在于实体经济中出现了一个清晰可见的技术机会，这对各种投资资本形成了巨大的吸引力；而后者的驱动力量则在于金融创新促使各种投机资本汇聚成为丰富廉价的信贷资源。在 Perez 看来，虽然"流动性泡沫"是造成危机的直接原因，但其是基于"技术泡沫"而生的并且只不过是放大了"技术泡沫"的影响，因此归根结底造成金融与实体经济背离的根源仍然在于 ICT（信息和通信技术）进步所引发的"技术泡沫"。Mah-Hui（2009）的观点则与之截然不同，他认为金融危机的根源在于美国经济金融体系结构的显著变化，而其中最重要的变化便是金融业的膨胀以及其与实体经济间关系的改变。他指出，在长期增速放缓的背景下，美国经济已经逐渐成为一种债务驱动型经济，财富和收入的不平等致使大多数人消费需求难以满足而同时少数人又拥有过剩的储蓄。这种矛盾被金融创新所缓解，金融创新一方面可以提高投资者以及金融部门收益，另一方面则使得消费需求可以通过举债的方式来满足。这种发展模式的直接表现便是金融部门和家庭部门的债务规模迅速膨胀。但是金融业的高投机性以及庞氏融资模式显著增加了金融系统的脆弱性和不稳定性，并且使得金融部门和金融工具真正成了经济的核心驱动力而非仅仅是实体经济的服务者。Mitchell（2009）更是一针见血地指出，金融高速创新发展的结果是使得"金融为金融融资"（Finance Finances Finance）。在此基础上，他认为美国的经济制度已经不再是资本主义，而是金融主义，因为与资本主义制度下通过生产货物和提供服务创造并保有财富的方式不同，金融主义更加关注的是金融以及资本市场交易，金融机构更加注重为其本身利益而非实体经济的融资需求服务。简言之，金融服务功能脱离了实体经济而独立运行（Mitchell，2010）。

在国内，学者大多继承了马克思的虚拟资本理论，由此创造出"虚拟经济"的概念，与之对应的另一个概念则是"实体经济"。虽然在分析过程中，也强调二者需要相互结合、共同发展，但归根结底从认识上便将二者区别看待，金融发展脱离实体经济这个命题便是在这种认识的基础上产生的。较早对虚拟经济进行系统研究的有成思危，他在界定了虚拟资本、虚拟经济等概念的基础上，特别指出虚拟经济的发展存在五个阶段：闲置货币的资本化、生息资本的社会化、有价证券的市场化、金融市场的国际化和国际金融的集成化（成思危，2005）。杜厚文、伞锋（2003）更为详细地论述了虚拟经济与实体经济的主要区别：第一，实际资本的价格是由成本支撑的，在技术进步的作用下，其价格将呈现下降的趋势，相反由于采用资本化的定价方式，虚拟资本的价格将会根据未来收益贴现算得，这与人们主观的信心、信念密切相关，因此波动性要强得多。第二，由于实际资本的边际收益逐渐递减，使得其价格随着数量的增加而逐渐收敛于均衡值，相反虚拟资本的价格波动有时却有加剧态势，时常出现的边际收益递增的正反馈循环，致使暴涨暴跌现象频现。第三，与实体经济能够直接或间接地为人们带来使用价值不同，虚拟的财富并不能带给人们实际物质上的富足，并不能实实在在地提升全社会的福利水平。刘骏民、王国忠（2004）特别注意到虚拟经济的内在波动性。资本化定价方式意味着人们首先需要对虚拟资产在未来能够带来的现金流以及未来的贴现率或利率水平有一个预期，这种预期是锚定在某个时点上的利润的外推，由于参考点收益的不可靠性，投资者往往会把投资决策锚定在一个与基本因素没有多大关系的事情上，这意味着资本化定价方式本身包括了大量行为及价值观在市场上的集中体现，因此与实体经济价格体系的相对稳定性不同，虚拟经济内生的常态便是其不稳定性。不仅如此，"羊群效应"使得虚拟经济系统对外部冲击表现出格外的敏感性，尤其是在经济全球化的背景下，国际性和开放性使得外部冲击的频率和幅度都大为增加。刘珺等（2010）通过实证研究发现，随着新经济进程深入并且进入信息时代，以股票市场指数波动率反映出的经济波动性与新经济的周期特征存在明显的不一致，不仅没有随着经济周期波幅的收窄而趋缓，反而愈发呈现出高波动的状态。

李晓西和杨琳（2000）较早地针对虚拟经济脱离实体经济的现象给出了理论上的解释，他们指出由于虚拟经济具有高度流动性和不稳定性，并且具有高风险、高收益并存的特点，这使得虚拟经济的发展与投机活动始终共存，当一些因素引发投机过度时，虚拟经济便可能会过度地膨胀，进而催生"泡沫经济"。他们列举了四类触发因素：一是金融监管失职，货币政策失误。二是金融机构过度扩张金融资产规模，而并未很好地控制资产质量。三是在实体经济较为疲弱、存在结构性问题时过度开放金融市场。四是国际游资冲击。张毅和李全伦（2002）从产权的角度对虚拟经济脱离实体经济进行了解释，他们认为商品的物质形态和价值形态分别规定了其物质产权和价值产权，在金融市场信用规模不断增加，金融工具、金融产品创新频频的环境下，价值产权逐渐被虚拟化以及资本化，而与物质产权相脱离，这使得虚拟经济得以独立于实体经济而自成规律地运动。次贷危机之后，国内对于虚拟经济脱离实体经济的论述明显增多，不少学者认为，美国的虚拟经济脱离实体经济过度膨胀是次贷危机产生的根本原因（杜厚文、初春莉，2008）。不过也有学者持不同的意见，例如方堃（2011）便认为，诱使资金流向虚拟经济并促使其过度膨胀的进一步原因仍在于实体经济的发展，他指出由产业革命推动的实体经济周期达到繁荣阶段后，实体经济增速会逐渐放缓，而这会促使资金开始集中流向可能创造更高短期利润的虚拟经济领域，具体到美国，则是在 20 世纪 90 年代 IT 产业革命之后缺乏新的技术创新，致使其实体经济增长动力不足，资金为了继续追逐高利润，纷纷进入虚拟经济，催生了股票、房地产等"泡沫"，并最终触发了危机。

另一类研究着眼于探讨实体经济与虚拟经济的关系。叶尔兰·库都孜和邹博清（2014）借鉴马克思的两大部类均衡增长模型构建了虚拟经济与实体经济的两部类分析框架，在此基础上对虚拟经济与实体经济的关系以及均衡发展的条件进行阐述。他们认为实体经济与虚拟经济的协同可以缓和相对生产过剩的危机，但是由于虚拟资产本身没有使用价值，并且其自身存在一套独立运转机制，因此，这些交易对象的总价格往往能达到实体经济所创造价值的很多倍，一旦虚拟资产中的一小部分企图在不恰当的时间实现其"价值"，则会打破均衡发展的条件甚至可能引发危机。刘霞辉（2004）则构建了一个包括实体经济和虚拟经济两部门的资源转移概率模型，通过深入研究实体经济与虚拟经济关系的动态演化，发现当随机冲击扰乱了虚拟经济与实体经济的平衡时，必然导致投资波动的加剧，在此波动过程中，资源在虚拟经济投资与实体经济投资之间不断地发生着转移以形成最终的均衡状态，而在此过程中一些无谓的损耗不可避免。

实证分析方面，曹源芳（2008）利用我国 1998~2008 年工业增加值和上证综合指数月度数据，通过运用协整检验、格兰杰因果检验、脉冲反应以及方差分解等技术，检验了我国的实体经济和虚拟经济之间的关系。他发现在上证综指与工业增加值之间长期稳定的协整关系并不存在，并且二者也并非是对方的格兰杰原因，这都说明虚拟经济和实体经济各自有其独立的运动规律，二者间的依存关系并不显著。吴晓求（2006）通过分析实体经济与资产价格变动之间的相关性，得到了相似的结论。通过对美国、英国、法国以及中国情况的分析，他发现实体经济增长与资产价格变动之间基本上不存在稳定的相关性，特别是资产价格在较长的时间里背离实体经济而呈现出某种"发散"状态，其中必有其内在的必然性，而不能使用"泡沫论"加以简单解释，这意味着资本市场难以成为国民经济的"晴雨表"。伍超明（2004）使用货币流通速度指标对虚拟经济与实体经济的关系进行了更为细致的考察，他在重构货币流通速度公式的基础上，分别测算了实体经济和虚拟经济的货币流通速度，并用二者比值的波动情况来衡量虚拟经济与实体经济的协调性。通过分析 1993~2003 年的数据，他发现 1993 年以及 2000~2003 年中国的虚拟经济与实体经济存在明显的背离。此外，怀仁和李建伟（2014）发现 2006年以后随着我国实体经济增速下降以及金融业和房地产业快速扩张，特别是房价的持续上涨，使得虚拟经济重新走上了脱离实体经济自我膨胀的轨道，并且虚拟经济过度膨胀在吸引了大量居民和企业参与房地产投资炒作的同时，还通过削弱城镇居民消费能力、推高融资成本和企业生产成本等方面进一步挤压、侵蚀实体经济。

总的来看，相比于国内的研究，国外的研究往往对于具体的问题具有更细致的观察，无论是理论上还是经验上的分析都更令人信服，但其往往更加就事论事，例如专门针对资产证券化等具体问题进行分析，而较少从实体经济之外来整体看待金融（或虚拟经济），因此相对来说缺乏对金融部门整体异化发展的认识，不过这种情况在次贷危机以后有所改善。相反，由于国内研究继承了马克思的观点，其优点是能够从整体上看待问题，但缺点也恰恰在于这种整体性的分析过于笼统，微观机制探讨不够，事实检验也过于简单，往往在缺乏微观理论基础的情况下选用一两个宏观指标来对金融与实体经济背离与否做出判断。在上述国内外研究的基础上，本书试图结合两种不同研究方法的优点。

第三节　主要研究框架

一、整体研究框架及章节安排

本书正义的论述分为三个部分，其中第二至第四章构成第一部分，是对金融创新发展中的异化问题进行理论上的分析。本部分基本理论逻辑如下:在社会化大生产的分工格局下,金融部门的专业性与主要功能应是为整个经济体管理风险,从而提高资本配置的效率(第二章);现实中,金融部门在其现有的收入模式激励下,创新发展明显具有倾向性,即倾向于关注规模的扩大而非效率的提升,为了做到规模的扩张,金融部门倾向于进行自我服务式创新,但是金融部门所受到的诸多外部约束(包括市场约束、行业约束和官方约束)使其创新发展在大部分时间里仍能围绕着金融经济协同发展的目标(第三章),但是当"泡沫"带来人们普遍的非理性时,则会导致相应约束同时放松,这时自我服务式创新将会促使金融发展出现异化(第四章)。一个简单的理论示意图如图1-2所示。从图中可看出,金融与实体经济之间的关系可存在两种状态:均衡状态下,金融与经济是协同发展的;而在非均衡状态下,则会出现金融的异化发展。对于这两种状态的理论分析,本书是通过如图1-3所示的层层递进的方式来进行阐释的。

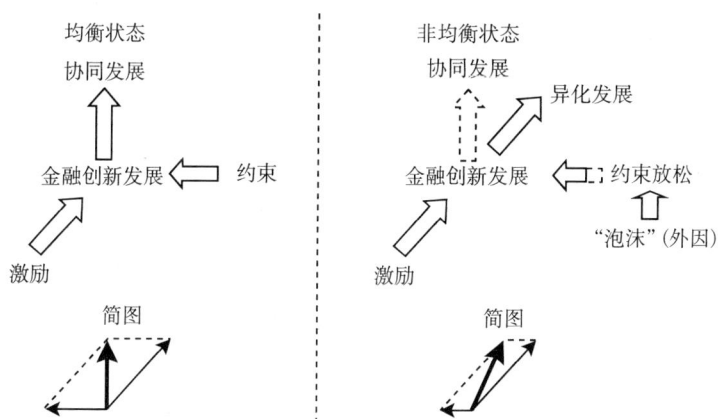

图1-2 基本理论框架

第二部分,即第五章是针对上述理论逻辑所进行的经验分析,其中第一节是针对"泡沫"时期三类约束同时出现放松这个关键外部因素设计的相应计量分析检验,第二节则通过美国次贷危机和中国"影子银行"的例子来对比在两种截然不同制度下——自由市场和金融抑制——"激励约束—金融创新—金融异化"的核心作用机制是如何发挥作用的,并对两种不同制度环境下的作用机制的异同进行了比较。第三节结合本书的理论,简单探讨了中国2015年发生的股灾,这是典型的非繁荣状态下的金融异化。

```
┌─────────────────────┐                    ┌─────────────────────┐
│  金融经济协同发展模型  │                    │ 加入自我服务式创新的金融 │
│  （第三章第一节）     │                    │ 不稳定模型（第四章第三节）│
└─────────────────────┘                    └─────────────────────┘
          ↑                                           ↑
      加入金融创新                                 加入自我服务式
          │                                       金融创新
┌─────────────────────┐   加入信心波动    ┌─────────────────────┐
│  加入金融部门的发展    │ ───────────────→ │   金融不稳定模型      │
│  模型（第二章第三节）  │                   │   （第四章第三节）    │
└─────────────────────┘                   └─────────────────────┘
          ↑
      加入金融部门
          │
┌─────────────────────┐
│   创新发展模型        │
│  （第二章第二节）      │
└─────────────────────┘
          ↑
       加入创新
          │
┌─────────────────────┐
│   循环流转模型        │
│  （第二章第二节）      │
└─────────────────────┘
```

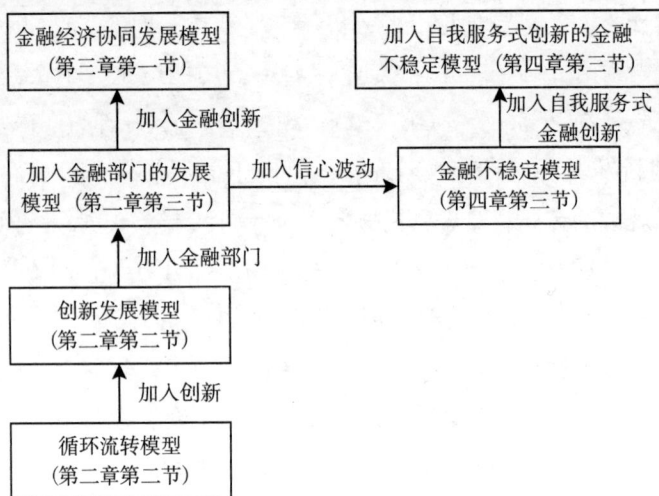

图 1-3　本书理论分析逻辑

第三部分，即第六章是政策分析，首先探讨危机带来的金融监管的改变，并分析了静态视角下金融监管的局限性。随后从理论部分以及经验部分的分析中直接引申得到本书的政策建议，提出构建以协同发展为目标的监管政策体系，尤其是强调创新发展视角下的收入模式改革。

二、本书主要研究方法、创新及不足

在研究方法上，本书坚持逻辑分析与历史分析的结合，以逻辑分析为主，同时辅以必要的历史事实梳理，对相应的假设及论断进行检验。同时，本书力求使主流经济理论中的均衡分析与经济发展理论中的动态研究相结合，从而一方面便于理解决策者相对稳定的行为选择以及由此形成的它们之间的均衡关系，另一方面又可以动态的视角来判断这种均衡关系在发展中的变化情况，具体来讲就是便于同时分析金融的静态稳定与动态不稳定。此外，在基本假设上，本书试图将理性假设与非理性假设相结合，在分析决策者行为时，充分考虑其理性的选择，同时在分析发展与创新时，则引入必要的非理性因素。

本书的主要创新之处在于如下几个方面：第一，选题较为独特。虽然学者们对于金融与实体经济关系一直比较关注，但对于金融脱离实体经济的机制探讨相对较少。同时，在对"泡沫"或虚拟经济的研究中，也很少有学者从微观角度探讨金融机构的行为。第二，将金融部门放入经济发展的理论框架中加以考察，从而试图在推动金融纳入主流经济学的道路上做出一定的探索。第三，采用熊彼特的动态研究方法来考察"泡沫"与危机，通过发展的眼光看问题，更能够揭示出问题的本质，而传统上对此问题的考察多为静态视角。第四，在进行微观分析时，尤其注意对于事实的把握，力求贯彻从零散事实到典型化事实再到规律发现的基本思路，而不是以简单的假设作为宏观分析的微观基础，至于何谓典型化事实可参看王诚（2007）关于典型化事实的相关方法论探讨。

不过在本书研究过程中，也存在诸多不足之处，而这些也可构成进一步研究的方向。第一，本书的一些假设与主流经济理论存在差异，例如非理性假设等，但事实上，通过某些变通的方法在一定程度上或许能够将本书的分析逻辑更好地融入主流的宏观、增长模型中，从而使得理论可以更广泛地被传播和接受。第二，本书虽然针对约束放松部分设计了计量检验，但是对于真正的主体分析部分却并未探索出较好的计量检验方式，因此有待于进一步研究检验方法，从而增强理论的说服力。第三，本书尝试以案例形式检验理论中的主要逻辑，限于篇幅的考虑只选择了代表两种极端情况的中美两个案例以试图证明理论的正确性，但事实上如果能够增加处于不同中间位置的其他国家案例，或许更能证明理论的普遍适用性。第四，本书在政策分析中只是提出了一些方向性或思路性的建议，并未深入研究具体的与促进金融经济协同发展相对应的创新发展视角下的激励相容机制，这也有待于今后进一步的研究。

第二章　经济发展中的金融部门

第一节　现代经济中的金融部门

一、金融部门的重要性

对于现代经济来说，金融部门变得越来越重要，这体现在诸多方面。

首先，金融资产的规模已经达到了令人惊讶的程度。有学者根据国际货币基金组织和世界银行的数据计算，在2000年年底金融资产规模已经达到160万亿美元，大体相当于全世界GNP总和（约30万亿美元）的5倍；全世界金融资产每天的流动量是2万亿美元左右，大约为世界日平均贸易额的50倍（成思危，2005）。麦肯锡国际研究院的测算则更保守一些，他们的研究结果显示，2006年全球金融资产规模是GDP规模的3.46倍，但是增速却十分惊人，因为在1980年时，金融资产与GDP规模还大体相仿（McKinsey Global Institute，2008）。

其次，金融部门增加值在各国GDP中已占有一定的比例。对OECD（经济合作与发展组织）国家数据进行汇总有助于发现这个问题，考虑到国际金融危机从2007年爆发至今，各国经济普遍还没有恢复到比较正常的水平，因此这里选择使用尚未受到危机影响的2006年的数据（本书后面许多时间序列数据同样基于这个原因选取2006年）。2006年OECD国家金融部门在国民经济中的增加值占比及就业占比情况详见表2-1。根据统计发现，各国金融部门增加值占GDP比重的均值已达到6.67%，其中19个国家超过5%，最高的卢森堡甚至高达29.48%，美国也高出平均水平，达到8.25%（图2-1）。中国在《金融业发展和改革"十二五"规划》中将相关量化目标值定在 5% 左右。这意味着按照国际通行看法，至少从数量上看，金融产业在各国经济中普遍已经达到了支柱产业的标准。

表 2-1 OECD 国家金融部门在国民经济中的增加值占比及就业占比（2006 年）

单位：%

国家	增加值占比	就业占比
澳大利亚	7.85	3.85
奥地利	5.44	3.02
比利时	5.77	3.21
加拿大	7.66	5.51
捷克	3.06	1.67
丹麦	5.38	2.90
爱沙尼亚	3.97	1.13
芬兰	2.92	1.67
法国	4.91	3.06
德国	4.47	3.15
希腊	5.02	2.39
匈牙利	5.07	1.90
冰岛	8.62	4.32
爱尔兰	10.37	4.25
以色列	6.27	3.12
意大利	4.77	2.49
日本	6.70	2.75
韩国	6.78	3.40
卢森堡	29.48	11.20
墨西哥	3.66	0.92
荷兰	6.77	3.42
新西兰	6.76	3.20
挪威	3.41	1.91
波兰	4.51	2.26
葡萄牙	7.45	1.63
斯洛伐克	3.86	1.72
斯洛文尼亚	4.88	2.38
西班牙	4.72	1.95
瑞典	4.08	2.12
瑞士	12.78	5.09
英国	7.69	3.54
美国	8.25	4.27

资料来源：(OECD) STAN Structural Analysis Database.

（个）

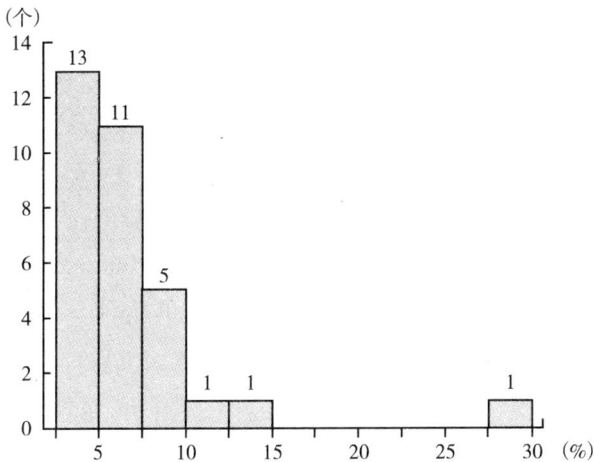

图 2-1 2006 年 OECD 国家金融部门增加值占 GDP 比例分布状况

资料来源：根据表 2-1 数据统计而得。其中，缺少智利和土耳其的相关数据。

最后，从就业量来看，2006 年 OECD 各国金融部门就业量占总就业量比例的均值为 3.65%，最高的卢森堡达到 11.20%，最低的墨西哥是 0.92%（图 2-2），绝大部分国家分布在 1% 至 4% 之间。不过单纯的就业量不足以反映金融部门在现代经济中日益凸显的重要性。几乎在所有国家，高素质劳动者都倾向于集中到金融部门就业，这体现为金融部门中受过高等教育的就业者的比例明显高于其他部门（Philippon and Reshef，2013）。再进一步说，其中的精英在金融部门的集中就更为明显，例如，2008 年 28% 的哈佛毕业生选择就业于金融部门（Goldin and

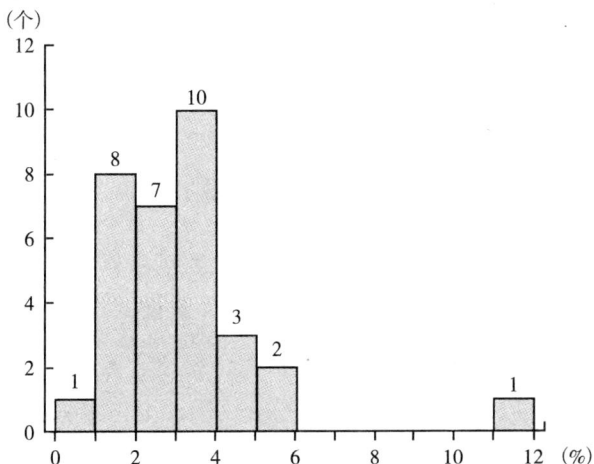

（个）

图 2-2 2006 年 OECD 国家金融部门就业占总就业比例分布状况

资料来源：根据表 2-1 数据统计而得。其中，缺少智利和土耳其的相关数据。

Katz，2008）。在中国，情况也是一样，进入 21 世纪以来，金融行业一直是清华、北大毕业生最热门的就业去处，投资银行、私募股权公司、基金公司等相继引领就业热潮，直至今天，证券业仍然是两校学生最热门的就业方向（简练，2011）。

金融部门的重要性还体现在其对经济增长的促进上，这被早期的经验研究所证实（戈德史密斯，1990；King and Levine，1993；Rajan and Zingales，1998）。不过，对于最近二三十年不断涌现的金融创新的价值，学界也是多有质疑（Rajan，2006；Turner，2010）。尤其在最近的金融危机后，这种质疑之声更甚，这不仅仅停留在学术界，普通民众也纷纷走上街头，从"占领华尔街"到"占领波士顿"、"占领洛杉矶"、"占领伦敦"、"占领墨尔本"、"占领罗马"……（希勒，2012）不仅普通民众，商业人士也逐渐表露出对金融部门的不满，"企业为银行打工"似乎在许多国家都普遍存在。人们的不满主要源于两点：一是收入的不平等，金融部门收入水平显著高于其他部门，Philippon 和 Reshef（2013）发现在世界各国都普遍存在金融部门的相对高薪，更有甚者，至少在美国，这种高薪并不能被金融部门劳动力的高素质所解释（Philippon and Reshef，2012），与此同时高收入的人也多集中在金融人士之中（Bakija et al.，2012）。二是在追求自己高收入的过程中，金融人士种种不道德甚至非法行为最终引发世界性金融危机，带给其他无辜民众极大的伤害。

无论是金融资产的规模还是金融部门在经济体中所占比重的上升，又或是其对于精英人才的吸引，甚至于其对于经济、社会的巨大的破坏，都显示出在现代经济中，金融部门具有相当重要的地位，甚至说其在现代市场经济中具有核心地位也不为过。

二、市场经济的优越性及金融部门的作用

若要理解金融部门在现代经济中如此重要的原因，则不得不从市场经济的优越性说起。人们对于市场经济优越性的认识通常来自于 20 世纪初期的社会主义大论战。其中，代表人物 Hayek（1945）认为，相比于中央计划者，自由市场中的价格机制和分散决策可以更好地配置资源。微观经济学对此给予了充分的证明：理性的消费者和厂商在价格信号的指引下，通过最大化其效用和利润，最终达到所有市场同时出清的一般均衡状态，并且这种一般均衡会带来帕累托最优。

本书将此种优越性称为资源配置优势。

不过相比于资源配置优势，人们往往忽略了更为重要的一点，那便是市场经济更有利于经济发展，这才是市场经济最核心的优越性。对于中国人来说，最直观的例子莫过于比较改革开放前后的经济绩效，正是市场经济的引入和不断深化带来了中国经济的高速发展，正因为如此，中国确立了市场在资源配置中的决定性作用。也有学者进行了跨国的横向比较，同样可以得到市场经济较为优越的结论，例如对"二战"后朝鲜与韩国的比较（Acemoglu et al.，2005）。其实，马克思和恩格斯早就指出："资产阶级在它的不到一百年的阶级统治中所创造的生产力，比过去一切世代创造的全部生产力还要多，还要大。"[①]

事实上，在许多学者眼中，资源配置和经济发展似乎可以合二为一，资源得到了最合理配置自然就更容易促进经济增长。尤其是在主流的内生增长模型中，决策者可以将资源进行"动态"配置，通过精确的计算将一定量的资源准确地配置到一些影响到未来的变量上，如技术研发、人力资本、知识积累等。不过如果考虑到针对未来的投资收益的不确定性，决定资源如此配置的相对价格在现实中其实是难以形成的。正如科兹纳所强调的，所谓未来的"现实"根本就不是现实，而是由其本身是否内在一致还需要得到检验的活动所创造的，因此就这样的"现实"而言任何均衡的跨期概念都必须抛弃（科兹纳，2012）。简单地说，资源配置对应的是静态的最优，而经济发展则对应的是动态的发展，将二者合二为一实际上意味着并未真正领会经济发展的本质逻辑。对于经济发展的逻辑，本书将在本章第二节详加论述。

不过这里主要强调的是市场经济这两种优势的发挥均离不开金融部门的支持。一方面，资源配置的有效性源自于分散的市场交易行为以及由此形成的有效的价格体系，而在这一过程中最为重要的"润滑剂"便是货币，金融部门的作用之一便是为市场注入货币，这是金融部门的基础功能。另一方面，对于经济发展来说，一个关键的要素便是资本，这也是几乎被所有经济学家所重点强调的因素。而主流理论中金融的最主要作用恰恰在于发挥融资的中介作用，合理地配置资本，这是金融部门的核心功能。

---

① 马克思，恩格斯. 共产党宣言 [M]. 中共中央编译局译. 北京：中共编译出版社，2005：31.

第二节　经济发展的逻辑

一、循环流转模型

先来看一个简化的循环流转模型（图2-3）。在这个模型中，经济由家庭和企业两类决策者组成，其中企业使用劳动、土地、资本等生产要素来生产物品和劳务，而家庭则拥有这些生产要素，同时消费由企业生产出来的所有物品和劳务。家庭和企业在两类市场上相互交易。家庭在生产要素市场上把劳动、土地和资本出售给企业使用，企业用这些要素生产物品与劳务，然后在物品与劳务市场上将产品出售给家庭，形成一个投入与产出的循环。另外，企业用销售物品与劳务的部分收益对生产要素进行支付，剩下的则形成企业所有者的利润，而企业所有者本人也是家庭成员，销售收入以工资、租金与利润的形式从企业流向家庭，而家庭再利用获得的收入去购买企业的物品与劳务，这就又形成了一个货币流向的循环。这两个循环组成了一个循环流转的经济模型。两个市场中的供求分别形成各自的价格，一方面是物品和劳务的价格，另一方面则是工资率、租金率和利润率等"价格"。微观经济学告诉我们，在价格信号的引导下，所有的产品市场和要素市场会达到一般均衡的状态，而这个状态又是满足帕累托最优的。这个一般均衡的理论体系虽然来自于瓦尔拉斯，但再往前延伸则是来自于斯密对于"无形之手"的阐释。虽然在模型化的论证中，人们通常做出完全理性、完全竞争等一些不十分切合实际的假设，但这并不妨碍人们可以利用其更好地理解经济事实。其实，无论人们是否具有完全的理性，经历一段时间的探索后，即便凭效仿以及经验累积也能做出接近最优的判断，而无论市场是否完全竞争，整体经济均会倾向于形成某种稳定的秩序，这便是一般均衡状态。不过，需要指出的是，即便我们认为这种状态是满足帕累托最优的，充其量它也只是形成一个静态经济——既然已经最优，便没有可调整的余地，也便没有经济的发展，因此熊彼特称其为经济生活的循环流转（熊彼特，2009）。按照现代的博弈论的解释，市场主体形成了一种稳定的纳什均衡状态。

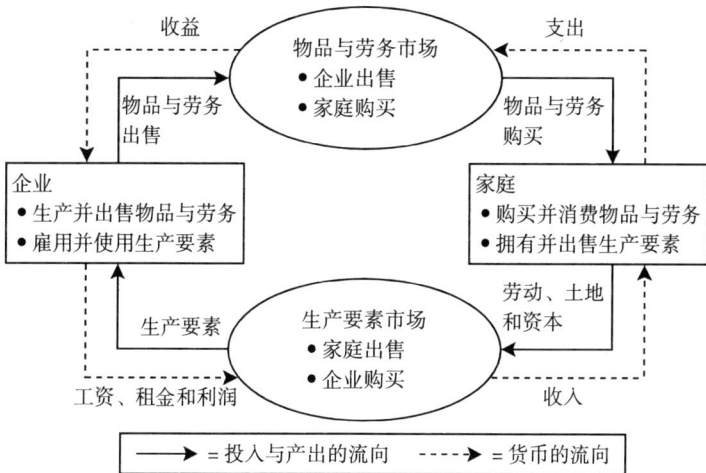

图 2-3 循环流转模型

资料来源：曼昆.经济学原理（第 4 版）：微观经济学分册［M］.梁小民译.北京：北京大学出版社，2006：23.

二、经济发展、创新与企业家

所谓经济发展，便是要打破上文提出的循环流转，而这唯一能依靠的便是人们的创新行为。对于创新，经济学界比较公认的概念及理论体系来自熊彼特的《经济发展理论》。在其中，他指出创新便是"执行新的（生产要素）组合"，并概述了五种创新的情况，包括引进新的产品、采用新的生产方法、打开新的市场、控制新的供给来源、执行新的组织，而实现这种新组合的人则是"企业家"。不过经济学家们对于"企业家"概念的使用与现实中人们常用的"企业家"概念是不同的。一方面，这个概念比通常所说的概念要广一些。现实中人们通常会将一个企业的缔造者或领袖称为"企业家"，而在熊彼特那里，"'依附'公司的雇员，像经理、董事会成员等"均可成为"企业家"，只要他们在实际运作中充分利用其权力引入"新的生产要素组合"。另一方面，这个概念又比通常所说的概念要窄一些。并不是所有的企业领袖或管理层等均可称为"企业家"，只有尝试创新者才配得上这个概念，而不履行创新职能、只是经营一个已建立的企业的人则算不上"企业家"（熊彼特，2009）。因此，更准确地说，用"企业家精神"来概括经济学家口中的"企业家"或许更为合适，也能避免和现实中人们公认的概念产生冲突，这便意味着现实中的企业家并不都具备或始终具备企业家精神，而具备企业家精神的也并不仅仅是现实中被人们公认为企业家的那些人。不过,虽然经济学家口中的"企业家"或"企业家精神"与现实中的概念不甚一致,但却是来源于现实的交换经济中,只不过更为抽象化、理论化。本书出于写作过程中的方便,依然选择使用"企业家"一词,不过在后文会进一步界定在本书"企业家"一词的概念范畴。

在马克思的理论体系中,对企业家的创新作用并未做过多的强调,但这并不意味着他没有注意到企业家的创新职能。之所以如此源自两点:一是由于在马克思生活的年代里,企业家和资本家的分工远不如 20 世纪以来表现得那么明显,两个职能更多的时候还是合二为一的。二是相比于生产力,马克思更加重视对于生产关系的研究,因此当他看到资本家引进新技术、改进劳动组织以提高劳动生产率时,他的关注点主要放在其获取超额剩余价值上,而当其看到信用使得所有者与经营者分离时,他更多关注的是剩余价值是如何在资本所有者和"执行职能的资本家"二者间分割的。事实上,马克思的唯物史观可看作是一个更长视角下的发展理论,在对资本主义经济的分析过程中,重点是要揭示资本主义的基本矛盾,一旦这个基本矛盾被解决,那将会极大地解放生产力。

需要特别指出的一点是,虽然经济学家更看重企业家的创新作用,但现实中的创新并非仅仅来自企业家,个人劳动者同样可以在实践中进行技术的创新。事实上,前资本主义时代的经济发展大部分是被这种劳动中自发的创新所推动,这或许也是马克思推崇劳动,认为是劳动推动人类文明进步的原因。然而相比于个人劳动者的创新来说,企业家的创新显然更为重要。毕竟一个人的力量是有限的,一个人的专业性也往往只能体现在某一个或几个领域。而企业家在追求潜在市场利益的过程中进行新的生产要素组合,而其中最重要的生产要素便是人们的劳动,毕竟价值创造归根结底是由人来实现的。这意味着企业家可以通过组织协调一大批人的共同参与,得以实现由单人无法实现的创新,至少一大批劳动者可以操纵的其他生产要素的量显然是个人劳动者创新所无法比拟的,更何况这一大批劳动者在整体创新过程中也往往会融入自身的创造性才华。因此这种由企业家主导的创新显然对于经济发展来说更为重要,人类社会的发展历程也充分说明以企业家为主体的创新远胜于以个人为主体的创新,资本主义的产生之所以带来了前所未有的高速发展,正是因为企业家阶层的崛起。事实上在强调生产力创造时,马克思的理论与强调企业家的创新发展理论并不相悖,马克思认为在创造生产力方面有优势的资产阶级实际上指的就是市场经济中的企业家群体，因为在那个年代，资本家和企业家的功能大部分没有分离。

创新由企业家主导进一步意味着企业家不仅需要有首创精神，而且需要具备个人魅力，能够说服追随者们共同将他脑海中的蓝图付诸实施。熊彼特在晚年曾认为创新已经逐渐"降为日常事务……技术进步越来越成为受过训练的专家小组的业务……让它以能够预计的方式运行……非常多的事情现在都能严密计算"，因此企业家的职能在丧失（熊彼特，2013）。但事实上这种现象并非意味着企业家变得不重要了，恰恰相反，这意味着企业家已经由早期的单打独斗式创新转变为集聚一批追随者共同开展创新活动。例如在苹果公司，有大量的"专家小组"在从事着"日常"的创新事物，但乔布斯依然起着至关重要的作用。在创新过程中，企业家便代表着权威。

不过，如果按照上面的概念界定，还有一些人似乎也可划归企业家之列。比如一些致力于改变现状的政治家、社会工作者以及政府或事业单位人员、宗教人士等，甚至于一些人现实中也是商界企业家，在经商的同时也致力于推动制度变革，他们都是创新者，并且依靠其影响力或权力召集许多人共同来改变社会。虽然一些人也将其划归为企业家的范畴（霍尔，2003），也有学者使用制度企业家（Maguire et al.，2004）或社会企业家（伯恩斯坦，2006）等概念来形容其中的一些人，不过现实中的大部分人并不会认同其为企业家，毕竟他们在现实中的工作往往与企业没有关系。虽然本书承认他们是创新者，就像前面提到的个人创新者一样，但是基于两点原因，本书也并不想将企业家的概念扩展至如此远。第一，他们通常并不追求经济利益，因此他们并不像企业家那样，直接面对竞争激烈的市场去尝试他们的创新，真正的企业家引入创新的直接目的是更好地满足人们的物质需求，这意味着这种创新的成功必然会带来经济价值的提升，进一步说这恰是符合经济发展的含义。第二，他们通常并不通过经济权力（资本）而是使用其他权力去调动资源，例如政治权力，事实上这在一定程度上超出了经济研究的范畴。不过还是有一些例外的情况需要考虑，例如处于体制转轨时期的中国地方政府官员，他们在一定程度上便与真正的企业家更为相像，因为他们通常确实是用经济手段来为地方引入创新，并且由于中国政治制度构架以及官员考核标准的原因，他们确实追求的也是地方经济利益，因此将其视为企业家或许更为合适（董昀，2012）。

前文通过与个人和其他创新者的比较，基本上界定了本书所谈论的企业家的范畴。接下来需要考虑的一个问题是企业家从事创新活动的动机何在。熊彼特（2009）认为企业家之所以进行创新，是因为他有梦想和意志要建立私人的王朝，有一种征服的意志或战斗的冲动，有创造的快乐或展示个人能力和智慧的快乐。虽然熊彼特的这段概括可以很形象地描述出现实中企业家的一些心理特征，但是由于缺乏一个更加理论性的概括，因此不足以依据其解释一些十分关键的问题，例如前文提到的市场经济为何会具有经济发展优势。

若要解释这个问题，首先需要明白人们为什么会不停地想要拥有更多的财富。首先，在市场经济中，拥有财富意味着拥有按照自己的意志调动资源的经济权力。其次，进一步说，拥有财富便意味着可以依靠这种权力实现自己的梦想。当然并不是说没有财富便无法实现梦想，但是通过将财富转化为资本调动更多的资源必然有助于实现更多、更大的梦想，甚至于在这样一种环境下，追求财富可能本身便成为许多人的梦想。最后，由于在市场经济环境下财富意味着权力和梦想，因此拥有财富的多少便成为一个人地位的象征，至少人们可利用其支撑炫耀性消费。炫耀性消费的概念来自凡勃伦（1964），是指富裕的上层阶级通过对物品的超出实用和生存所必需的浪费性、奢侈性和铺张性消费，向他人炫耀和展示自己的金钱财力和社会地位，以及这种地位所带来的荣耀、声望和名誉。凡勃伦对此问题进行了深入的研究，不过在其中他称其为"明显消费"，同样他还提出另一个概念"明显有闲"。

无论是追求梦想、权力还是地位，在市场经济中，人们都可以通过在市场竞争中累积财富来实现。但是，不可否认，相比于贵族的封号或劳动模范的表彰来说，财富排行榜是一个更为客观的评价标准，因为在追逐财富的市场竞争中获胜更多的不是取决于他人的主观评判，而是在于自己能为他人创造多大的价值，因此相对来说，市场经济可以提供给人更为公平更为客观的竞争环境。当然，这个公平并不是否认初始禀赋的分配不均，而是强调以财富拥有量为标准来衡量的人们的社会地位将具有更强的流动性（Mobility），正是这样的环境催生了富有创新精神的企业家源源不断地产生。因为企业家恰是可以通过创新活动来实现常人所难以实现的一步登天，因为一次创新的成功便有可能为他带来权力、地位和梦想的实现。更进一步，上层人士通过墨守成规来保持其权力和地位的希望，也会由于企业家和创新的不断涌现而变得不可能，这迫使其必然也要投身于创新的竞争中。事实上，这种思想在熊彼特晚期的作品（熊彼特，2013）中也有所体现。

传统的经济学理论通常强调市场竞争的优胜劣汰，事实上，另一个方面也不容忽视：社会地位的流动性将促使人们——无论是最终的竞争胜出者还是被淘汰者——在竞争过程中都会被调动起来，创新因此源源不断地产生。这种迎合市场的创新活动又直接以能否给人们带来更大的物质满足为评判标准，而这本身便意味着促进经济发展。

三、创新发展模型

对于一般均衡的循环流转经济来说，每个经济主体在价格信号的指引下均选择了对自己最有利的策略，在此基础上形成了稳定的纳什均衡状态。因为对于市场主体来说，在当前的策略集下，其选择已然最优，因此打破现有的纳什均衡状态便意味着人们要探索（至少对其自身来说）全新的策略，这便是创新。创新的引入必然带来整个收益矩阵的改变，如果最终成功形成一个总体上更高水平的纳什均衡状态，那便意味着创新的成功，也意味着经济的发展。因此，与循环流转模型相比，在创新发展模型中创新是推动经济发展的根本力量。

在上文详细阐释了创新和企业家的概念后，接下来便可简要地总结一下创新发展经济的特点。虽然创新发展经济模型仅仅是在循环流转经济模型中引入了创新和企业家，但这却使得对于经济现象的解释与静态的循环流转经济模型有很大的差异，主要体现在如下几个方面。

第一，创新不仅推动了要素的积累，并且也不断地形成"革命性"的变化。许多研究经济增长的学者主要强调的是资本品的积累，例如巴罗和萨拉·伊·马丁（2010）的教材系统地梳理和介绍了迄今为止大部分重要的增长模型，虽然表面上看，一些经济增长的模型似乎强调的是技术研发、人力资本、知识积累等，但归根结底还是要依靠积累资本品并将其配置到这些规模收益不减的领域，从而实现可持续性的增长。但现实情况却是，如果没有人们持之不断的创新行为，便不可能有任何要素的规模收益不减，换句话说，没有哪种要素会天然地具有规模收益不减的特性，即便是简单的投资扩大再生产，实际上也是被更大销售市场的探索推动的，这本身便是对简单循环流转经济的突破。当然，对于经济发展来说，更重要的并不是这种简单的尝试扩大再生产。正如熊彼特所强调的，经济发展表现出来的不是一种连续的小步骤的适应，而是不断出现"革命性"的变化（熊彼特，2009）。

第二，只有不断地创新才能维持企业家的利润。经典的微观经济学告诉我们，在竞争市场中利润是不存在的，只有存在不完全竞争，利润才可能存在。然而，在现实中，之所以不完全竞争或市场势力可以在相当一段时间内持续存在，除了一些制度方面的限制外，例如行政垄断（在此情况下相应收益其实更应被称为租金而非利润），企业若要维持一定的市场势力则不得不持续地创新。

第三，利息本质上是利润的派生物。对此，无论是马克思还是熊彼特都进行过论证，特别是熊彼特还证明了如果没有企业家的创新，利息根本不需要存在（熊彼特，2009），有兴趣者可直接参看原著，本书不再赘述。不过这里值得一提的是，上述二人却并未详细分析非生产性贷款利息的来源，或许熊彼特的看法具有代表性，他认为其在当时"通常却没有很大的重要性"（熊彼特，2009）。不过在今天，从重要性上来看，非生产性贷款应该得到理论界的重视，实际上熊彼特创新发展的理论框架足以对非生产性贷款利息的来源进行解释。由于与后文分析关系不大，这里只简单概括一下分析思路。首先，在循环流转经济中即便加入超前消费（一种合理的跨期资源分配方式），利息不需要存在的结论同样成立，熊彼特的分析框架足以对其进行解释。其次，同企业家创新一样，人们消费方式的改变（包括住房消费等）同样带来对于资本的额外需求，从而催生资本利息的产生，同时由于消费的增加打破了原有的供需格局，生产者利润同时出现，利润通过信贷途径转移给资本所有者形成利息，或者是生产者进行生产性贷款，或者是生产者用其另外的消费者身份进行非生产者贷款。再次，个别人消费方式的改变不构成需要解释的重大社会现象，而普遍的消费方式的改变，则一定是在具有敏锐洞察力的金融家进行金融领域创新的基础上才得以出现，事实上，早期的消费方式改变者与富有远见的金融家之间的关系，类似于实际生产活动中发明家和企业家之间的关系，这意味着由消费方式的改变带来的利润和利息同样是（金融）企业家创新的结果。最后，在一波由消费方式改变带来的冲击平息后，假如没有新的创新，则经济将再次回归循环流转，利息便又不需要存在了。最终仍回到熊彼特的结论：只有持续不断地创新才使短期性的创新收益形成长期性的资本利息。

第四，创造性毁灭形成经济周期。如果有一个或几个企业家成功推动了创新，或者新的市场打开了，或者对于市场的认识增强了，那么继续创新的许多困难就会消失，更多的人会跟进；同时，技术变革在其他领域的应用也会带来整体经济的改变和繁荣，而这种繁荣会带来所研究行业的新需求产生，这又会催生新的创新活动，此外，其他部门的许多成果或成就也适用于本部门。因此，企业家成群出现以及投资规模激增将推动经济走向繁荣，特别是在出现"革命性"的创新时尤其如此。然而，与此同时，企业之间的竞争也会愈发加剧，特别是新产品对老产品带来了实质上的冲击，使其利润率逐步下降甚至亏损倒闭。随着竞争失败者陆续退出市场，经济体系将由繁荣转入衰退。实际上无论是由衰转盛还是由盛转衰，信心的周期波动都是伴随着实际投资、产出的波动而波动，并且会进一步加剧实际经济的周期波动。随后的萧条时期又会迫使企业家求新求变，从而孕育出企业家新的创新以及经济体新的由衰转盛的契机。

第五，银行为企业家提供资金，金融市场具有更重要的价值。这实际上是对第三、第四点的延伸。一方面，与传统的循环流转模型中所通常认为的利息体现了资本边际收益相比，创新发展模型认为利息只是由利润派生而得，是由企业家将一部分利润付给资金出借者，而不是实物资本的出租者。由于企业家和资本家的功能在此分离，导致一个最简单的金融市场的雏形出现，其中资金需求方为企业家，供给方为银行。另一方面，正是由于银行的资金供给具有较大的弹性，这种信贷的周期与投资的周期、信心的周期交织在一起，才最终得以形成现实中的经济周期。

一个创新发展模型的简化示意图如图 2-4 所示。

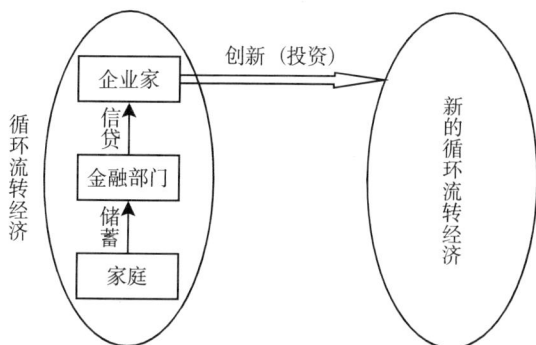

图 2-4　创新发展模型

四、金融部门的基础功能

至此，所论述的循环流转经济和创新发展经济中，金融部门在其中存在的价值仅仅体现在其最基础的功能上，那便是提供货币和便利支付。

（一）货币创造

在现代经济中，货币是经济体系顺利运转的"润滑剂"，任何交易实现都离不开货币，任何价格计量也离不开货币，因此市场得以较好地配置资源离不开货币在其中的"润滑"作用，而金融部门的作用之一正是为市场注入货币。在经济体中，为其创造货币的便是商业银行体系，这也可以说是金融系统中最重要的部分。之所以说创造货币只是金融部门（在此主要指的是商业银行）的一个最基础的功能，原因便在于商业银行的核心业务实际上是发放信贷，创造货币只是在这个过程中的一个伴生物。在一个简单的银行主导的体系中，金融部门（银行部门和中央银行）合并的资金流量一定为：货币总量=现金+存款=信用总量=贷款。

（二）支付体系

对于一国经济社会发展来说，支付体系构成了最为重要的金融基础设施，也是各类经济金融交易顺利进行的根本依托。现代支付体系主要由支付工具、支付系统、支付服务组织和支付体系监督管理等要素组成，这套体系通过提供必要的资金转移机制和风险管理机制，促进各类经济金融活动的稳定运行、效率提升以及持续创新。随着信息技术革命推动现代金融的跨越式发展，良好的支付体系必将对经济社会带来越来越深远的影响，其健全与否不仅关系到金融交易是否顺畅以及资金能否更有效地在金融体系中流动，而且对于宏观经济、货币政策、金融风险与金融稳定等因素都会产生不容忽视的冲击。鉴于其重要性，国际清算银行支付和市场基础设施委员会（CPMI）及国际证监会组织（IOSCO）技术委员会一直致力于为其制定国际标准，目前各国支付体系建设的纲领性文件便是《金融市场基础设施原则》（PFMI）。

五、创新风险的分担

创新是一种至少在创新者本人认识范围内尚未有人做过的探索，在极其复杂的经济系统中，再理性的事前分析也不足以全面地把握所有影响创新成败的相关因素。事实上，由于增加些许认识的边际代价会变得越来越大，人们通常不会试图追求对事物的完全认识，而对于创新活动来说，完全认识其后果则更加不可能，因为创新并没有被实践检验过，据以形成较好的主观概率分布的经验累积并不存在。这意味着即便在一个循环流转经济中引入创新都存在很大的失败风险，更何况在动态经济中创新本身便会给未来环境带来变数，因此层出不穷的创新活动又会使得每一项创新的风险显著提升。

对于创新主体——企业家来说，敢于承担风险本身便是其主要的职责之一，甚至有学者将其看作是企业家的主要功能（奈特，2006）。确实，具有创新精神本身意味着企业家为了探索一种新组合，而甘愿承担伴随而来的不确定性或风险。不过在现实中，创新风险却并非由企业家一人承担，创新企业的供应商、客户以及企业员工等均在一定程度上分担着企业家的创新风险。例如，如果创新失败，顾客享有的服务可能会中断，前雇员可能无法找到原来的工作岗位，供应商则有可能收不回应收账款。这便需要企业家采取一系列策略让其他人愿意分担创新风险，这也正是企业家个人魅力的体现。关于此问题的较详细的介绍可参见毕海德（2004）。

不过其中最重要的风险分担者则是资本提供者，因为这促使企业家与资本家功能的分离。熊彼特（2009，第86页）甚至认为风险完全是由资本提供者承担，企业家则不承担风险。其实，即便企业家完全是靠他人的资本开展创新活动，并且破产后不承担任何无限责任，他至少需要承担其付出的时间和心血这些机会成本，更何况声誉上的损失也会减弱其头上的光环，使其在今后的创新活动中再次说服他人共同实施行动、共担风险变得更加困难，这些对企业家来说同样是风险，但即便如此，企业家与资本家功能的分离确实提供了一种风险分担机制。新制度经济学家们往往十分强调分工所带来的专业优势，比如埃格特森（2004）便指出，公开招股公司使人们要么专业于风险，要么专业于管理；分离这两种职能，高层经理人选不再限制于那些愿意冒风险的有钱人。事实上，同样的逻辑在企业家这里一样奏效。企业家与资本家的分工将使得企业家在推动创新活动前可以不用亲自进行长期的资本积累，这给了企业家更多实现梦想的机会，而站在全社会的角度看，这增强了整体经济发展的动力。金融部门的存在恰是为了解决这一问题，任何表面上的资本转移事实上都意味着其背后的风险转移。虽然金融部门的功能并非完全体现在与创新相关的融资服务上，但是站在经济发展的立场上来说，金融部门的核心功能一定体现在通过管理风险从而动员储蓄以支持实体经济的企业家创新行为。

第三节　金融部门的核心功能与专业性

一、核心功能与专业性：分工视角

企业家与资本家的分工极大地推动了创新活动的开展，进而加快了经济发展的步伐。不过，在主流的经济理论中，似乎资本的供给者与需求者之间可以自然地得到匹配，而金融部门无非在其中起到一个中介的作用，传递信息而已。在任何一本金融学教科书中，转移资金往往会被排在金融功能的第一位。如果说金融部门的核心功能只是在于提供一个资金转移的通道，那么在经济理论中将其忽略掉或许是个不错的选择。但是在现实中金融部门主导经济的作用，以及无论在产值还是就业方面日益膨胀的趋势，恰恰证明如此理解金融部门的核心功能未免过于简单了。

整个经济学基本上都是在围绕着两个关键词展开，那便是分工与交易，可以说这是经济学最核心的理论，从斯密时代至今始终如此。分工的重要性一方面在于让每个人各尽所能，充分发挥专业性带来的比较优势，执行其自身独特的功能。而每一个经济部门能够分离出来，同样依赖于其所具有的专业性，同样意味着该部门在整个经济体系中执行着独特的功能。因此，考察一个部门的核心功能事实上与考察该部门以及该部门的核心从业者的专业素质是一枚硬币的两面。另一方面，在有效的分工，尤其是社会化大分工情况下，人们各司其职，各个部门之间紧密关联，缺一不可，因此在考察一个部门的核心功能时便可以采取逆向思维模式，试着去问如果没有该部门，现实经济将会出现何种困难，由此便可引申出，该部门存在的核心功能恰恰在于解决这种困难。

对于金融部门核心功能的考察便可沿着上面提到的两条线索分别展开，不过最终一定会殊途同归。

二、管理风险是金融部门专业性的体现

（一）风险评估：理性的缺失与注入

究竟金融部门是如何做到更好地支持实体经济的创新活动的呢？本书认为这最主要体现在金融部门通过给市场注入理性的因素，从而促进资本的有效配置，促进创新活动的有效展开。因为如果没有金融部门的存在，资本市场虽然不见得不存在，但在其中相对来讲一定是缺乏理性的，并由此造成市场不活跃。

首先，资本的需求方——企业家在现实中通常表现得并不十分理性。不可否认，企业家往往比常人更有远见，更善于捕捉创新的机会，但这并不意味着他做出这些判断时一定进行了深思熟虑。虽然不少学者强调企业家往往并不盲目（Kuratko，1989），也有学者则更是通过现实中的经验总结来探讨企业家可以怎样理性地开展创新活动（德鲁克，2009；达维拉等，2007），但现实中的企业家却更加强调执着和坚定。在胡润研究院评选的 2014 中国十大创新企业家中，不少人都有过相关的表述。例如，马云认为"对一个企业负责人来说，坚定的、必胜的信念最重要"（马云参加 2005 财富全球论坛时的演讲，参见《中华工商时报》2005 年 5 月 18 日）；王健林认为"坚持才能成功"（王健林 2013 年 4 月 29日在中央电视台《开讲啦》栏目中的主题演讲）；俞敏洪认为"一个人成功的真正本质是努力、执着和不知疲倦地勇往直前"（俞敏洪为韦晓亮《GRE 作文大讲堂——方法、素材、题目剖析》作的序）；李彦宏认为"认准了就去做，不跟风、不动摇"（李彦宏在 2010 年中国互联网大会上接受凤凰网科技频道独家专访时谈到，参见李彦宏《互联网创业要坚持　认准了就去做，不跟风、不动摇》，凤凰网 2010 年 8 月 17 日）；史玉柱认为"只要你足够执着、诚信、勇于承担责任，你就完全有可能成功"（史玉柱《在中国只要执着诚信就可能成功》，《中华工商时报》2009 年 1 月 23 日）；马化腾认为"只要有价值，不放弃就肯定有回报"（《马化腾路径进阶》，《环球企业家》2011 年第 1 期）。而任正非、魏建军也往往被人们以"偏执"来形容（参见刘世英、彭征明《华为教父任正非》，中信出版社 2008年版，以及《专访长城董事长：魏建军的全球 No.1 梦想》，凤凰网 2013 年 6 月1 日）。这些事实意味着即便在大多数人认为创新不可行的情况下，企业家（尤其是在开始创新活动之后）仍会坚信自己的判断，从而执着甚至固执地走下去，而不会去过多考虑失败的概率，只要有成功的希望便勇往直前；而客观事实却是

针对未来的创新活动来说的，再理性的人也不可能做出完全准确的判断。这或许主要源于两点原因：一是因为相比于创新成功的可能性来说，企业家或许更加关注创新成功的结果，例如不少企业家认为他们存在的价值就是要改变世界，其中最广为人知的代表人物就是苹果公司的乔布斯。二是因为市场竞争激烈，机会稍纵即逝，因此比别人快一步就尤显重要，这使得企业家在理性之外还需要依靠直觉。

退一步来说，或许一些企业家确实足够理性和冷静，但为了融资以及凝聚其他创新力量（如供应商、客户、员工等），其传递给他人的信息更多的则是鼓舞人心的，客观地说是有偏差的，这尤其体现在新企业上。毕海德归纳了一些使得人们本身对新企业有抵触的行为因素。

如果资源供给者（如供应商、客户、员工等）对现有安排很满意，并且面临着较高的转换成本时，他们对不确定性数据的规避倾向就会强化其维持现有关系的倾向。同倒闭的新企业打过几次交道的亲身经历，可能也会使资源供给者认为这种事情经常发生或者结果很糟，而实际上可能没有那么频繁或严重……资源供给者的反射性行为方式也会强化其避开新企业的理性倾向。例如，对"社会证据"自发的依赖倾向，强化了让其他人先尝试新企业的客观逻辑：如果别人都不购买新企业的产品，那么这个产品肯定有问题……一旦顾客对某一卖主的产品投入了沉淀成本，或者仅仅因为已经决定和某一卖主做生意，他们就会感到一种内在的压力，迫使他们坚持自己的选择，即使付出的代价超过了有形的转换成本（毕海德，2004）。[1]

在这种情况下，企业家必然需要采用某些策略（例如制造出一种可靠、可信的形象，强调好处并饰以浮华之词等）来凝聚其他创新力量。

但事实是，创新风险通常比企业家自己预想及描述的要大得多，这直接体现在新企业的低存活率上，尤其是中小企业。中小企业的创新是一种至关重要的创新形式，甚至一些研究企业家精神的学者认为真正的企业家精神就是体现在中小企业之中（Audretsch et al.，2006）。2010年中国民主建国会中央委员会发布的专题调研报告《后危机时代中小企业转型与创新的调查与建议》显示，中国中小企业平均寿命仅3.7年；而普华永道的《2011年中国企业长期激励调研报告》中显

---

① 毕德德. 新企业的起源与演进 [M]. 魏如山等译. 北京：中国人民大学出版社，2004：78-79。

示的数据则更低，为 2.5 年。发达国家的中小企业虽然表现要好一些，但仍然具有很高的失败率，例如 Phillips 和 Kirchhoff（1989）估算结果显示只有 39.8% 的小企业能够存活 6 年以上。

虽然成熟的大企业与小企业的创新决策方式是不一样的，大企业在创新前更倾向于进行详尽的事前计划和研究，但是在大企业身上同样可以看到过于乐观的迹象。在国内，上市公司可以看作是成熟大企业的代表，而上市公司通常是为了投入某一或某些项目而进行募资，因此其募资活动更接近于理论上讲的为创新融资。以国内 A 股上市公司为例，证监会为规范上市公司行为，要求其在募资到账后五年内必须公开披露关于前次募集资金使用情况报告，并在其中对预期效益实现情况进行说明，相对来讲格式较为规范。然而，尽管证监会对前次募集资金使用情况报告的编制有一些原则性的要求，但很多报告的具体情况往往比较复杂，难以用统一的标准来评判预期实现情况，因此在统计过程中难免存在误差。但即便如此，使用其来判断上市公司是否存在高估预期的情况仍是个不错的选择。本书对 2013 年各个上市公司披露的关于前次募集资金使用情况报告进行了汇总整理，除一些报告中明确指出未实现预期效益外（通常也会列出许多"意外"的干扰因素），大部分报告对此描述得比较隐晦，因此需具体情况具体分析。

[例一] 贵州长征电气股份有限公司于 2010 年 3 月 29 日向社会公众发行人民币普通股 3689 万股，实际募集资金净额为人民币 43974.7 亿元，用于三个项目——220 千伏有载分接开关项目、油浸式真空有载分接开关项目、2.5 兆瓦直驱永磁风力发电机组项目。预计三个项目生产后第一年全年净利润分别为–65 万元、454.75 万元和 18876.25 万元，而实际实现净利润则分别为 1462.21 万元、2260.19 万元和–200.89 万元，前两个项目实现了预计效益，而第三个未实现预计效益。但是将三个项目的预计和实际净利润情况加总可见，三个项目总计预计实现净利润为 19266.00 万元，而实际实现净利润则只有 3521.51 万元。

[例二] 陕西兴化化学股份有限公司于 2007 年 1 月 11 日向社会公众发行人民币普通股 4000 万股，实际募集资金 41282.60 万元，用于 25 万吨/年硝铵、6 万吨/年浓硝酸的技扩改项目。其整个项目于 2010 年 12 月 31 日全部建成，因此，前次募投项目整体实现的效益自 2011 年开始与承诺效益进行比较。其承诺每年实现税前利润金额为 7799 万元，2011 年、2012 年实际分别实现税前利润金额为 8027.64 万元和 5076.43 万元，其中 2011 年实现了预期效益，2012 年未实

现预期效益。但是两年加总来算实际实现税前利润金额与预期相比仍然相差 2493.93 亿元。

[例三] 金谷源控股股份有限公司于 2000 年 6 月 3 日以总股本 10382.4 万股为基数，按每 10 股配 3 股的比例向全体股东配售股份，共计配售 1089.6 万股，实际募集资金 12484.72 万元，计划用于 90 万公里光纤拉丝项目和硅烷交联电缆技改项目，分别计划投资 9350.00 万元和 2190.00 万元。但是出于种种原因，最终两个项目实际分别投资 2971.60 万元和 1073.00 万元，其余资金则实际投入北京九台 2000 家园（二期）项目，投资 7000.00 万元，剩余 1440.12 万元则转为流动资金使用，变更用途募集资金比例达到 67.60%。

[例四] 浙江海正药业股份有限公司由主承销商安信证券股份有限公司采用非公开发行方式，向特定对象非公开发行人民币普通股（A 股）股票 4103.8161 万股，实际募集资金为 133414.545832 万元，计划用于富阳制剂出口基地建设项目，后部分资金（19.53%）变更用途投入年产 1500 万支注射剂项目。不过更重要的是，富阳制剂出口基地建设项目建设期原计划于 2012 年下半年达到预定可使用状态，但由于种种原因最终未能按预定时间达到可使用状态，致使前次募集资金投资项目累计实现收益（利润 42.12 万元）低于承诺效益（利润 52000.00 万元）的 20%。

[例五] 中国全聚德（集团）股份有限公司采用网下向询价对象询价配售与网上向社会公众投资者定价相结合的方式发行人民币普通股，发行数量 3600 万股，募集资金净额为 38804.01 万元，计划用于新建北京通州直营店项目等 11 个项目，其中新建北京王府井四川饭店等项目出现变更，变更为全聚德王府井店扩建（租赁房产）等项目，变更用途募集资金占前次募集资金总额的比例为 39.31%。更重要的是其 10 个承诺效益的项目中只有 3 个达到预计效益，其他均未实现预期效益甚至于统统为负利润（对多个项目预期效益实现情况按加总来算仍然差距较大），其给出的解释为投资项目尚未达到承诺的效益期。

上述典型的几个例子实际上代表了普遍存在的几种情况，在相应情况下本书按如下方式处理：①对存在多个项目或多年的预期效益实现情况的按加总来算；②因为本书仅要考虑的是企业家事前预期的准确性，因此对实际投资项目发生重大变更、项目因故延期或取消的按原项目预期失败来算；③一些累计效益尚未完成，并且没有给出分年度预期或项目期限，使得无法评判或按比例估算阶段性完成情况的，按未实现预期效益算。

最终结果显示，2013 年全年发布关于前次募集资金使用情况报告的共有 297 家公司，其中存在未承诺效益、项目尚未投产、无法单独核算效益等情况的共 63 家公司，将其排除后可作为基数的公司有 234 家，而在其中仅有 90 家公司的 募资项目实现了预期效益，实现比例仅为 38%（见表 2-2）。事实上，这种明显 高估预期的情况还是在有金融机构（包括金融监管部门）对其项目计划及后期执 行情况进行指导、监督和审核的情况下出现的。

表 2-2 国内 A 股前次募集资金实现预期效益情况汇总（2013 年）

单位：家

实现预期效益情况	样本部分			非样本部分	合计
	实现	未实现	样本合计	不适用	合计
深市主板	25	23	48	13	61
深市中小板	28	64	92	14	106
深市创业板	1	0	1	0	1
沪市主板	36	57	93	36	129
合计	90	144	234	63	297
比例	38%	62%	100%	—	

资料来源：各上市公司报告均下载于巨潮资讯网，各上市公司具体情况详见附表 1。

首先，或许由于企业家本身的非理性，或许是其故意表现得非理性，又或许 各占几成，总之资本需求方在现实中确实容易表现出过于乐观的迹象。当然我们 同样不能忽视的是，现实中还不乏冒充企业家的欺诈行为，这将给资本市场带来 更大的混乱。

其次，资本的供给方——储蓄者会更加缺乏理性的判断，而这也更容易被人 理解。毕竟在信息不对称的资本市场中，相比于企业，储蓄者在信息方面本身就 处于弱势地位，因此其很容易表现出如下两种倾向：一是被企业家或其他企业人 员所鼓动和说服，从而在缺乏对投资项目进行更多理性评判的情况下便投入资 本。二是储蓄者难以判断各个企业传达的关于创新前景的信息是否真实且准确， 因此出于谨慎而盲目排斥。

第一种倾向必然使得资本的配置缺乏效率，因为储蓄者难以对一个个投资项 目的风险与收益进行客观的衡量，进而也很难进行风险与收益二者的权衡。但长 此以往，必将使第二种倾向变得更为普遍，从而使资本市场的投融资活动难以发生，企业家所能得到的资本支持将极为有限。

或许从上文的论证中，人们会产生一种错觉，即金融部门更重要的作用可能在于准确评估预期收益，而人们通常谈论较多的也是风险调整后的收益。事实上，对于做预期来说，评估风险与评估收益二者更像是一码事，风险调整收益完全可以倒转过来看作是收益调整后的风险，而企业收益未达预期，其原因往往正是在于预测时忽略或低估了某些风险所致。

（二）风险转移与再分配：匹配供需

除了评估风险外，金融部门专业性的另一个方面体现在其通过转移与再分配风险，使得针对风险的供给与需求得以匹配。由于从整体来看金融部门是资金融通的中介，而资金转移的同时必然伴随着风险的转移，匹配资金供需的同时也就是在匹配风险的供需，因此金融部门承担风险转移的功能不难理解。但是，如上文所讲，金融部门并非只是一个单纯传递信息的通道。对于许多投资项目来说，其供给的风险很难与需求者的偏好恰当地匹配，这时便需要金融部门发挥其专业性，通过各种再分配的措施，使得提供给需求者的产品更符合其风险偏好。

比如银行便是通过流动性转换和期限转换，使得偏好高流动性、短期产品的资金提供者得以为低流动性、长期项目提供资金。在这个过程中，资金需求者供给的风险与资金供给者需求的风险完全不匹配，但是银行自身通过承担一定风险的形式，最终促成了资金的有效转移。因此银行的功能表面上看来是融通资金，但其专业性更多地却体现在管理各种转换所带来的风险上面。事实上，银行只是金融中介中最典型的代表之一，金融中介普遍发挥着类似的匹配供需的作用。

如果抛开具体的实现形式，从更抽象的层面上看，资金从供给方经由金融系统到需求方的过程中，类似在银行中出现的这种流动性转换和期限转换可以通过多种形式实现，甚至并非需要有金融中介，譬如企业通过发行股票筹资用来支持长期的低流动性的投资项目，而二级市场的存在却可以使持有者手中的股票具有足够的流动性。金融系统通过许多类似的安排提供了多种转换的形式，可以显著拓宽创新资本的来源。

在资本市场融资领域，金融机构转移与再分配风险的专业性体现得更明显。以投资银行融资业务为例，虽然承销资本市场交易的投资银行往往以承销差价的方式收取费用，但是其专业性更多地体现在之前的关于融资类型以及融资方案的考虑，而承销的成功与否事实上也是取决于此。投资银行在重点关注客户的流动性、现金利息保障倍数、负债收入比、资本成本以及信用评级机构关注事项等的基础上，对其是否应该进行融资以及应选择债务、权益还是混合证券提出融资建议，在做出融资类型的决策后，则会进一步考虑一系列融资方案以确定最佳的融资产品（斯托厄尔，2013）。通过融资类型及方案的设计，投资银行可以指导企业提供最适合市场需求的融资产品，也即提供最符合需求者偏好的风险。

最后，再简单提及另一个至关重要的例子，那便是金融工程，在此领域更能体现出管理风险的专业性。金融创新产品的设计往往都是针对风险的再分配，更有甚者，所有金融创新产品的设计都要依靠金融学领域的风险管理模型。

（三）事中、事后的风险控制：道德风险的解决

除了上述两个最主要体现专业性的领域外，管理风险还体现在事中、事后的风险控制，比如金融机构直接或间接协助股票持有者监控公司管理层，又比如银行在坏账发生时所进行的催收工作。通过事中、事后的风险控制，可以更好地解决道德风险问题。

（四）小结

综上所述，金融部门的核心功能体现在广义上讲的管理风险上，包括风险的评估、转移、再分配、控制等。通过管理风险，金融部门可在两个方面对经济发展做出积极的贡献。

第一，动员储蓄。金融部门通过管理风险有效地促进了创新资本与创新风险的分散，从而增进企业家资金筹措能力，支持更多的企业家创新行为。

第二，有效配置资本。金融部门通过充分发挥风险管理的功能，使得资本得以流入到最有价值的地方，使得创新活动得以开展得更有效率，使得风险—收益权衡取舍线的形成成为可能。

三、管理风险是金融从业者专业性的体现

若要分析金融从业者的专业性，可进一步从两个方面来考虑：一是审视金融从业者所扮演的社会角色，二是考察其所须具备的专业知识。由于前文（本节第二部分）更多的是有关理论层面上的分析，本部分对金融从业者进行分析也可视为对上文理论分析的佐证。

（一）金融从业者的社会角色与职责

整个金融体系内部具有极强的关联性，并形成一个复杂的系统。这种关联性

不仅体现在机构之间，也体现在不同金融服务之间，大量的金融服务都很难独自发挥其功能。在这个系统中，许多风险管理功能便是依赖复杂的合约联系，由众多不同的从业者共同实现的。不过即便如此，我们仍可试着将不同的金融从业者及与之相关的金融安排分别来做分析。

事实上，希勒（2012）近来对不同金融从业者的社会角色与职责进行了较好的梳理。本书则选择通过直接引用希勒的相关表述，来阐释"管理风险"这个主题，本书所摘抄的均是与实物投资或金融投资相关的金融从业者。值得注意的是，虽然希勒在梳理每一领域时是以从业者来命名，但其描述的许多业务实际上是由该金融机构内部的不同岗位人员协作完成的，例如他写的"银行家"部分的内容事实上是在描述银行的功能，不过本书并不打算对此进行修改，而是提醒读者注意；此外，希勒在梳理时对于金融范围的把握过于宽泛，同时有许多金融机构本身与投资关系并不十分紧密，比如与保险相关的一些行业，虽然也属金融领域，但与"资金融通"关系不大，事实上对金融业产出等方面进行核算时往往也会提供不包括保险业的数据，这些因素使得本书罗列的金融从业者并不会与希勒书中所罗列的一一对应。

由于要与前文理论上的总结相对照，因此本部分也是从风险评估，风险转移与再分配，事中、事后的风险控制三个层面上进行归纳，分别用"评估"、"分配"、"控制"进行标示。

1. 首席执行官及相应金融安排

评估：团队中的成员都有个人的目标，因此他们可能受此影响而产生利益冲突，使工作脱离正轨……需要一个独立个体的智慧协调大队人马之间的合作……领导者要有能力引导公司长远发展，要能够预测行业发展和变动趋势，为公司的发展提供卓有远见的建议。

控制：需要一种长期激励机制，以促使首席执行官为公司的长远利益着想。要解决这个问题就需要借助金融方案……奖励机制虽然不尽完善，但是不可或缺……以股价为导向的激励方式则可以鼓励首席执行官引导整个公司朝着有利于长期价值增长的方向前进……风险投资公司会通过一些措施保证受资助公司的高管认真负责地参与公司的运营……通常高管的薪酬中都会包含部分股票期权，以此激励高管……当公司经营恶化时，风险投资公司更可能通过聘请外部人士担任首席执行官替换公司的创始人……机构投资者在某些情况下也能针对高管获得超额薪酬的现象做出限制性要求。

2. 投资经理

评估：（竞争）使得最好的投资经理成长为投资管理领域的顶尖人物，从而掌控我们经济体系中资金的流向……他们所形成的知识圈也给社会带来了外围的好处，因为他们引导了资源的流向，并且将信息融入市场定价的过程。

分配：投资经理则为他们提供多样化的服务，其中包括证券的托管、投资向多样化投资组合的分散、记录留存以及根据投资者的税务状况将投资所得税降至最低等。他们还会根据客户的特殊要求进行投资，客户的特殊要求可能包括远期和近期的不同目标，对流动性的需求，他们面对的风险，比如地域或政治风险等，甚至客户出于绿色环保考虑或道德考虑而提出的要求等。

3. 银行家

评估：大多数自然人都没有手段评估潜在投资标的的可信程度……分析师没有动力考察每一家需要资金支持的小公司，也就不会有相应的报告……只要这种报告一问世，势必遭遇"搭便车"的问题……银行有很好的甄别劣质投资的嗅觉……即便银行偶尔做出一两项不明智的投资，其管理的投资组合中还有无数其他的投资可以抵充……分支机构的员工都和从银行借贷的公司之间有真正的人际交往，他们收集着借贷公司业务运营情况的信息，而且还对经营公司的管理者进行评估：探究管理者的可信度、他们真实的动机以及他们未来可能的行为表现。在采集此类信息的过程中不存在"搭便车"的问题，因为银行不会公开这些信息。

分配：（银行）会在手头存留一定量的资金，用于支付常规情况下储户的支取需求。所以民众的储蓄所得收益来源于非流动投资，但是单一个人的储蓄资金仍然保持着较高的流动性。

控制：银行家通常都借出短期可展期贷款，并且要求借贷公司定期报告经营情况，公司管理层也知道，他们必须维持与银行家之间的良好关系，否则贷款随时可能被追回。

4. 投资银行家与股票市场

评估：在承销过程中，他们（投资银行家）要对发行人进行尽职调查……用自己的声誉担保证券发行，同时还要完成其他一些相关的任务以满足行政和监管的要求。

分配：（投资银行家）设计发行方案，为新的股票找到长期投资者……以最具吸引力的形式出售给投资者……（股票市场使得）人们可以自主选择可承担的风险敞口。它分散了资金的分配，使得社会的任何一个成员都可以参与这个过程。

控制：（投资银行家）帮助公司控制风险……（股票市场）使得任何个人都有可能控制一家公司，并根据自己的意愿主导公司的运营。

5. 交易员和做市商

评估：交易员所从事的工作确实使市场运作得更有序，同时也使股票价格更逼近其真实价值。

分配：（做市商）在创设这些市场（具有基础性作用和重要性新兴市场）并维持市场流动性的过程中确实是在为社会提供宝贵的服务。

6. 金融工程师

分配：（金融工程师）寻找帮助人类摆脱困境的市场化方案，在此基础上，他们设计出新的市场及与之相关的各种协议，从而解决问题。

7. 律师和金融顾问

评估：律师与金融的关系非常紧密。每一种金融工具，包括股票、债券、期货和期权，其表现形式都是一份又长又复杂的法律协议，而且通常还会与多份提交给政府的法律报告关联在一起……如果人们能找到真正全心全意为自己说话、一心只为自己服务的金融或法律顾问，那么他们就能做出更好的决策。他们可以放心地签订各种协议，也可以尝试投资那种通过创新性地运用金融理论解决个人问题的金融产品。在评估金融产品的过程中……他们受那些貌似传统的操纵者玩弄的可能性也会大大降低。

分配：（律师和金融顾问）能够根据客户复杂的需求提供量身定制的信息。

8. 监管者

控制：（监管者）是最核心的游戏规则的制定者和诠释人……规则的执行通常给所有参与者都带来好处。

9. 会计师及其自律组织

评估：（会计师）是维护核心金融架构的正直品性的护航者……会计的职责在于保证账面表现与实际财务状况相符，也正是通过他们的工作……（人们）才会有信心和动力……继续向公司投资……（自律组织）对会计组织成员的行为制定准则并监督其执行，尤其对会计师审计财务账簿的行为进行重点监管。

10. 政策制定者

控制：金融体系距离其完美的形态还有很长的路要走，其内生的一个问题就是这种体制容易受到短期爆发式增长、经济衰退和经济萧条的影响……（政策制定者）的职责就是想办法调整经济的不稳定运行，并减少其危害……环境的变化必然促使这些政策工具随之演变。

11. 信托

分配：受托人为支持别人的事业发展而代其管理资产组合。

（二）金融从业者的专业知识

对于金融从业者的专业性，也可从从业者从业前或从业过程中所受到的教育或培训的角度来分析，一个思路便是梳理金融行业的各类资格证书所涉及的培训或考试内容。本书对国内比较热门的金融类证书进行了细致的梳理，发现各类证书的培训或考试内容中均不同程度地涉及风险管理相关知识。如果说在金融领域各类从业人员的专业技能中存在某种共性的话，那么掌握风险管理相关技能是为数不多的共性之一，甚至有可能是唯一的共性，由此可再次印证管理风险是金融从业者专业性的体现。详见表 2-3，其中将与风险管理（评估、转移、再分配、控制等）相关的内容用下划线标示。

四、值得注意的其他一些问题

无论是从金融部门整体来看，还是从金融从业者个体来看，管理风险均是其专业性的体现，对此前文已进行了详细的论证。虽然这是本节甚至于本章最重要的一个论点，后面的许多内容需要围绕此展开，但是还有一些与之相关的其他问题值得注意，而这些同样会在后面章节的论证中发挥作用，有必要提前在此予以注明，一方面为后文做铺垫，另一方面也有助于对金融部门（或从业者）管理风险的主题有一个更加完整的认识。

第一，从上文的论述中可以看出，本书并不试图对直接融资和间接融资进行区别对待。直接融资和间接融资只是金融体系内的两种不同的合约安排形式，在两种安排之下，金融机构通过不同的机制实现着同样的管理风险的职能。对于间接融资，金融中介所发挥的风险管理的功能更容易被人们理解，而对于直接融资来说，一些人会认为由于缺乏管理风险的金融中介而产生诸多问题，在国内尤其

表2-3 国内主要金融类证书培训和考试内容汇总

名称	发证机构	子类	培训或考试内容	备注
保荐代表人胜任能力考试	中国证券业协会		大纲包括证券综合知识、投资银行业务能力	证券综合知识中包括证券基础知识及财务成本管理、审计、评估等投资分析等证券基础知识；投资银行业务能力中包括资本市场定价、财务顾问业务、上市公司规范运作，信息披露及持续督导等涉及事前、事中、事后的风险管理方面内容
保险从业资格考试	中国保险监督管理委员会	保险销售从业人员资格考试	保险基础知识、相关法规	
		保险经纪从业人员资格考试	保险原理与实务、保险经纪相关知识及法规	
		保险公估从业人员资格考试	保险原理与实务、保险公估相关知识与法规	
北美精算师资格考试	北美精算师协会	准精算师	精算科学的数学基础、利息理论、经济与金融、关于风险的精算模型、精算建模方法、基本精算原理的应用、金融与投资	
		正式精算师	精算模型应用、特定的高级精算实务	
国际财资管理师（CTP）	国际财资管理专业人士协会		财资管理	指定教材《财资管理基础》的第二篇为财务会计、财务规划和财务分析，第三篇为流动性管理
国际金融理财师（CFP）	国际金融理财标准委员会		专业科目为《投资规划》、《风险管理与保险规划》、《员工福利与退休计划》、《个人税务规划》、《综合案例分析》产规划》	投资规划科目重点培养学员的测算能力、分析能力、判断能力
国家理财规划师（ChFP）	人力资源和社会保障部		考试内容包括职业道德、基础知识、现金规划、消费支出规划、教育规划、风险管理和保险规划、投资规划、税收筹划、退休养老规划、财产分配与传承规划等	
黄金投资分析师	中国黄金协会	助理级	黄金基础知识、价格基础知识、投资基础知识、黄金投资信息收集与整理、技术分析、黄金投资操作、投资咨询、行情软件使用说明	

续表

名称	发证机构	子类	培训或考试内容	备注
黄金投资分析师	中国黄金协会	中级	信息处理、黄金价格相关信息的内涵、黄金投资分析方法、黄金价格影响因素分析、黄金价格预测、黄金投资风险识别与衡量、投资计划拟定、风险承受能力分析、投资品种选择和投资时机选择、投资风险管理、投资咨询	
		高级	信息处理与分析方法、黄金投资分析方法、黄金价格形成机制、黄金价格影响因素的解析方法、黄金及相关市场的运行机制、黄金风险控制程序制定、黄金投资计划评估与修订、投资决策支持、黄金投资管理、黄金投资规划、价值评估、咨询与指导	
金融风险管理师（FRM）	全球风险管理专业人士协会	一级	主要包含了风险管理的基本概念、数量分析和全球金融市场的金融产品估值与分析	
		二级	主要考查市场风险、信用风险、操作风险和全面风险管理的实务性内容、侧重于对风险的衡量与管理	
金融理财师（EFP）	国际金融理财标准委员会		考试大纲：金融理财原理、投资规划、个人税务筹划、风险管理与保险规划、员工福利与退休规划、金融理财管理与法律、综合理财规划	
期货从业人员资格考试	中国期货业协会		期货基础知识、期货法律法规	"期货基础知识"考试大纲中包括期货市场监管与风险控制
期货投资分析考试	中国期货业协会		期货投资分析、期货公司期货投资咨询业务试行办法	
特许财富管理师（CWM）	国际金融管理学会		课程包括富人心理学、富人行销学、富人客户关系管理、大同期视角下的投资策略、财富管理与风险管理、资产管理、投资估值与税务技术分析、财务报表分析、投资银行业务与税务筹划	

续表

名称	发证机构	子类	培训或考试内容	备注
特许另类投资分析师（CAIA）	特许另类投资分析师协会	一级	数量分析、监管架构、交易策略、表现度量、房地产、对冲基金、大宗商品、管理型期货、私募股权、信用衍生品等	
		二级	资产配置、投资组合管理、风格分析、风险管理、结构化产品、指数化与基准、当前的课题与案例分析等	
银行从业资格考试（CCBP）	中国银行业协会		考试科目为个人贷款、公司信贷、个人理财、风险管理、公共基础	个人贷款科目需要考查针对不同个人贷款产品的贷款需求分析、操作流程和风险管理等方面；公司贷款考查贷款环境风险分析、借款需求分析、客户分析、贷款项目评估、贷款担保、贷后管理、不良贷款的计提、不良贷款损失准备金管理相关内容；个人理财其中包括个人理财业务风险管理等内容
银行风险基础国际证书（FBR）	全球风险管理专业人士协会		包括银行风险及风险管理概览、信用风险管理、市场风险管理的原理和知识、操作风险管理与监督	
银行风险与监管国际证书（ICBRR）	全球风险管理专业人士协会		全球风险管理专业人士协会的《风险系列丛书》，包括《市场风险管理》《信用风险管理》和《银行综合风险管理》《操作风险管理》四部分	
证券投资基金销售人员从业考试	中国证券业协会		证券投资基金销售基础知识	大纲中包括证券投资基金的运作、证券投资基金的销售（内含风险种类及风险防范措施）、证券投资基金的分析与评价、证券投资基金销售的适用性等内容

续表

名称	发证机构	子类	培训或考试内容	备注
证券业资格人员考试	中国证券业协会		考试科目为证券市场基础知识、证券交易、证券投资基金、证券投资分析及证券发行与承销	证券市场基础知识中包括掌握证券中介机构的主要业务和风险监管；证券交易中包括清算与交收的基本原则、流程和结算风险及防范；证券投资基金中包括基金投资管理有关证券投资方面的知识、运作实务以及与基金投资组合的价值分析、技术分析、公司分析、行业分析、宏观经济学方面的知识；证券投资分析中包括证券投资组合的理论与应用，证券发行与承销中包括首次公开发行股票的准备和推荐核准程序、首次公开发行股票的信息披露、财务顾问业务等
中国人身保险从业人员资格考试（CICE）	中国保险行业协会	中国寿险管理师	《风险管理与人身保险》、《保险从业人员职业道德》、《人身保险产品》、《人身保险合同》、《人身保险监管》、《寿险公司经营与管理》、《人身保险市场营销》、《寿险公司资产管理》、《人身保险会计与财务》、《寿险公司人力资源管理》	
		中国寿险理财规划师	《保险从业人员职业道德》、《人身保险产品》、《寿险公司资产管理》、《团体保险》、《养老保险原理及经营实务》、《企业年金理论与实务》、《健康保险原理及经营运作》、《养老保险外部环境及政策》、《健康保险外部环境及政策》	
		中国员工福利规划师	《保险从业人员职业道德》、《员工福利计划》、《团体保险》	
注册金融分析师（CFA）	CFA 协会		主要由四部分内容组成：道德和职业标准、投资评估和管理的工具和因素、资产评估、投资组合管理及投资表现报告	

续表

名称	发证机构	子类	培训或考试内容	备注
注册信贷分析师 (CCRA)	国际金融专业人士协会		课程内容：①职业道德及法律法规政策；②注册信贷分析师（CCRA）理论基础；③信贷管理实务与操作；④信贷营销与客户管理；⑤企业财务分析与授信评估；⑥信贷风险管理与控制；⑦注册信贷分析师分析工具与应用；⑧项目贷款与并购贷款与银团贷款；⑨国际信贷与产业分析；⑩当前中国宏观经济解读与产业分析	
注册国际投资分析师水平考试 (CIIA)	注册国际投资分析师协会		试卷一包括公司财务、经济学、财务会计和财务报表分析、股票估值与分析；试卷二包括固定收益证券估值与分析、衍生产品估值与分析、投资组合管理	
认证私人银行家 (CPB)	国际金融理财标准委员会		考试大纲：私人银行关系管理与沟通，私人银行客户需求分析，私人银行客户关系构建、高端值投融资管理，家族财富保全与传承构建，产权法律问题解析，资产增值与投融资管理，产权梳理与公司架构设计，全球税务统筹与家族成员身份安排，家族办公室，私人银行综合案例	
投资项目分析师 (CIA)	人力资源和社会保障部教育培训中心		综合知识和能力，投资项目评价	
投资项目分析师 (CIPA)	中国商业联合会商业技能鉴定指导中心		培训内容为：项目投资决策分析，企业投融资，政府投融资，项目分析指标，投资项目数据分析软件应用，如何编制现金流量表，如何编写商业计划书等	
职业风险管理师 (PRM)	国际风险管理师协会		金融理论，金融工具和金融市场；风险计量的数学基础；风险管理实务；案例研究	
中国精算师资格考试	中国精算师协会	准精算师	数学、金融数学、精算模型、经济学、寿险精算、非寿险精算、会计与财务、精算管理	

续表

名称	发证机构	子类	培训或考试内容	备注
中国精算师资格考试	中国精算师协会	精算师	保险法及相关法规、保险公司财务管理、非寿险定价、非寿险责任准备金评估、资产负债管理	
中国注册金融分析师（CRFA）	国务院发展研究中心金融研究所		职业道德与专业标准、投资工具、经济学、财务分析、定量分析、资产运作、另类投资、权益投资、固定收益、投资组合管理、中国金融法规	
注册会计师（CPA）	中国注册会计师协会		专业阶段：会计、审计、财务成本管理、公司战略与风险管理、经济法、税法。综合阶段：试卷一以鉴证业务为重点，内容涉及会计、审计和税法等专业领域；试卷二以管理咨询和业务分析为重点，内容涉及财务成本管理、公司战略与风险管理和经济法等专业领域	
国际注册企业价值评估分析师（ICVS）	国际企业价值评估分析师协会		培训内容包括：国际企业价值评估基本原理及步骤、案例分析、国际评估项目最佳操作模式、资本化率和折现率的选取及技巧、评估项目风险溢价的确定，以及无形资产评估中涉及的特别因素和评估方法的选择和参数的选取等	
注册资产评估师（CPV）	中国资产评估协会		考试科目是《资产评估》、《经济法》、《财务会计》、《机电设备评估》、《建筑工程评估基础》	

注：①有关培训及考试内容资料来源于各证书对应官方网站，日期截至 2014 年 7 月 26 日。
②其中注册资产评估师、国际金融理财师证书分别于 2014 年 9 月、11 月被取消，保荐代表人胜任能力考试、中国精算师资格考试不再作为准入类职业资格考试。
③与风险管理（评估、转移、再分配、控制等）相关的内容用下划线标示。

表现为对所谓"金融脱媒"的担心。但事实上，在直接融资领域，并非不存在金融机构，风险管理的职能同样是由众多金融机构来承担，只不过承担的形式与银行等传统的中介不同而已，并且在很多情况下风险管理的职能并非由某一个机构单独承担，而是通过复杂的合约安排，由众多不同的机构共同努力来实现。学界通常在考察金融结构时，会根据市场与银行的相对重要性将金融体系分为两种类型——银行主导型和市场主导型，虽然本书承认这种划分对于研究来讲是有意义的，但本书所要强调的是，所谓的"市场主导"并非如一些学者所理解的"脱媒"，而是"媒介"（金融机构）在其中发挥作用的形式发生转变，金融市场同样离不开金融机构的"主导"。例如，有效市场的形成离不开一些机构投资者在其中发挥作用，这包括金融机构，也包括一些事业法人，因为其资产管理一定是或直接或间接地通过专业人员来运作，而这些专业人员无论是否就职于真正的金融机构，从专业素质到职业发展与金融领域的相关从业者并无本质区别。事实上有学者明确指出以直接融资和间接融资区分融资形式是落后的，因为在全球最权威的金融学辞典中根本找不到直接融资和间接融资的概念（李扬，2007）。此外，也有研究指出金融业已从机构、市场和产品具有清晰分野的架构全面转向了统一且同一的金融服务（中国社会科学院经济学部，2013）。不过，由于两种合约安排形式确实具有显著的不同，因此本书在后面相应章节中会分开来分析，但在归纳抽象为一般理论时则会统一考虑。

第二，金融部门配置的不是资本，而是资金，即马克思理论中的货币资本。前文也提到金融部门有助于资本的有效配置，但是这并不是说金融部门或从业者直接以配置资本为生，而是说整个金融部门通常情况下通过市场化的运作可以达到为经济体有效配置资本的目的，但金融部门直接融通的只是局限于资本三种形态中的一种——货币资本。在西方经济学中，尤其是相应的模型中，金融部门的作用往往与配置资本品（模型中表现为 K）有关，这与现实的差距便更远一些，因为金融部门并不直接融通资本品，并且从融资者的角度来说，或许其打算购置资本品进行投资而需要一笔长期资金，或许只是为满足短期的流动性需求而需要一笔短期资金。在此情况下，相比于融资方会如何使用资金以及实际投资有多大概率会失败来说，为融资方筹资的金融机构更为关注的是融资方能否顺利还款。国内一个典型的例子便是评级机构通常根据主体的信用级别来评定债项的信用级别，例如大公国际资信评估有限公司官网上提供的评级流程中明确写道："通常，主体的信用级别与其一般无担保债务的信用级别相等。……对同一主体而言，其主体评级与特定的债项评级可能一致，也可能存在差异，但即使存在差异，这种差异也不会很大。"事实上，在笔者与大公国际的分析师私下进行沟通的过程中，对方明确指出，国内不仅绝大多数（他认为约占95%）债项评级与主体评级一致，并且债项评级报告内容通常也与主体评级报告内容一致。该分析师甚至称业内在写债项评级报告时通常直接摘抄主体评级报告内容，而其原因便在于缺乏更为准确的债项评级方法。在国外，与之相似的情况也存在，例如 Adrian 和 Ashcraft（2012）在分析资产支持商业票据（ABCP）市场中的信用评级错误时指出，从评级机构的报告中通常可以看出，其对 ABCP 的评级更多地依赖于发行者提供流动性的能力，而非相应的应收账款等资产的实际质量。

第三，本节所论述的金融从业者的专业性也就是相对于其他人来说具有比较优势。在通常情况下，人们在分工的基础上，通过各自发挥自己的比较优势，必然能够普遍增进人们的收益，或者可称带来了"分工净收益"（王诚，2012）。同样，金融部门在整个部门体系中形成独立的一个部门，金融业在整个职业架构中形成独立的一类职业，必然意味着其比较优势的发挥对于普遍增进人们的利益是有积极意义的。但是尤须注意的是，这个积极意义实现的前提是，相应的对金融机构及其从业者的激励约束机制必须要正常运转，而一旦在某种情况下该机制出现偏差，尤其是一些约束机制变得不起作用时，则激励不相容的现象便会出现，金融机构及其从业者便有可能反过来借助其比较优势从事寻租或分利行为。实际上另一个与之类似且比较形象的例子是职业军人作为一种职业分化出来，其目的便是发挥其武力上的比较优势来保护相应地域内的居民，但是在特殊的情况下（实际上在历史上反复会出现），他们也有可能会利用其武力的优势去勒索居民。

五、加入金融部门的发展模型

与创新发展模型相比，加入金融部门的发展模型实际上是将理性加入其中。在创新发展模型中，企业家的创新对于经济体系来说更像是一个 X 因素，虽然经济演化的规律必然是使得企业家在不断的试错过程中找到合理的创新方向，但是在这个过程中每一次创新都必然蕴含着巨大的不确定性。然而金融部门通过更好地管理风险使得投资大体上能够被配置到比较合理的地方，从而最大限度地减少了投资失败的损失。

金融学的教科书通常会告诉我们风险和收益是成正比的，从而会形成一个风险—收益的权衡取舍线，通常对此权衡取舍线之所以形成的解释是市场参与者的理性选择，例如对于 CAPM 的推导。不过，现实情况是这种理性正是由金融从业者引入市场的。在加入金融部门的发展模型中，我们可以简化地认为企业家所渴望推进的创新均为异质的，其广泛分布在一个由风险和收益所组成的二维空间中。如果没有金融部门对于风险的管理，储蓄会被这些追求创新的企业家随机地投入这个风险—收益空间中的任何点上。然而金融部门的存在则使得有限的资金只能合理地分配到这个空间中的一部分区域，那便是处于一条风险—收益权衡取舍线之上的点（创新项目），而其他的试图创新的企业家则会由于缺乏资金而放弃。这便使得总体上看与没有金融部门相比，存在金融部门的经济会具有更高的创新成功率，具有更高的创新收益水平，从而将使得整体经济被这些更好的创新不断地推进到更高的水平上。一个简化的加入金融部门的发展模型示意图如图2–5 所示。

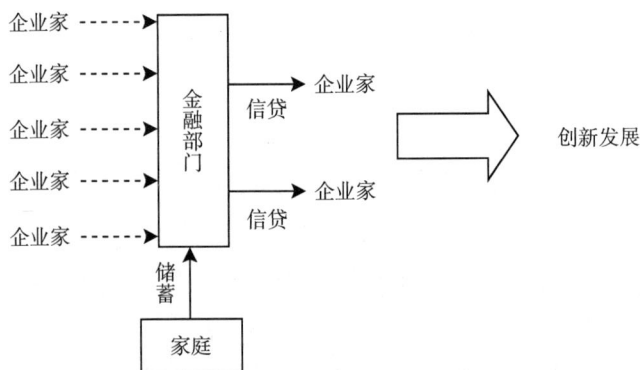

图2–5　加入金融部门的发展模型示意图

第四节　本章小结

本章旨在探讨金融在经济发展中的主要功能。相比于其他经济体制而言，市场经济优越性的体现有赖于金融部门在其中发挥重要的作用：有效价格体系的形成离不开货币的"润滑"作用，而经济的高速发展有赖于资本的合理配置。其中特别是对于经济发展来说，金融部门的作用尤为重要。经济发展的动力在于企业家的创新行为，但是企业家创新的风险并非由其一人承担，创新企业的供应商、客户以及企业员工等均在一定程度上分担着企业家的创新风险。不过最重要的风险分担者则是资本提供者，因为这促成了企业家与资本家功能的分离。金融部门的核心功能便体现在通过管理创新风险从而动员储蓄以支持实体经济的企业家行为。

对于金融部门管理风险的核心功能，本章进行了详细的阐释。从整个金融部门的角度来看，其通过有效评估投资风险为市场注入理性，通过匹配资金以及风险的供给与需求实现风险的转移与再分配，通过专业的事中、事后风险控制解决了道德风险问题；从金融从业者的角度来看，各类不同从业者的社会角色与职责均体现了评估、分配、控制风险中的一项或几项，同时掌握风险管理相关技能也是不同从业者专业知识中为数不多的共性之一。

第三章 金融机构收入模式与金融发展的倾向性

第一节 金融发展

一、金融部门的创新发展

提到金融发展，人们或许首先会想到戈德史密斯、金和莱文等学者以及他们所做的关于金融发展与经济增长之间的实证分析，接着便会想到诸如金融相关比率等一系列基于信贷总额、资产市值、M2 等构造出的指标以衡量金融发展水平。这些反映金融系统规模的指标有助于定量化地分析以得出颇具见地的论点，同时在一定程度上这些数量指标也能反映金融发展的情况。

事实上，现代西方学界是有较成型的金融发展理论的，其通过专门研究金融与经济发展之间的关系而展开，不仅涉及金融自身如何发展的问题，而且也试图解释金融发展如何作用于经济发展，前面提到的一些学者实际上都是此领域的佼佼者。本部分着重探讨的是金融自身如何发展的问题，金融发展理论中最有代表性的且与之相关的理论主要有如下三个。

第一，金融结构理论。实际上就是以戈德史密斯（1990）的研究为基础。他认为各国金融结构的差异能够反映其金融发展的程度，并提出包括"金融相关比率"在内的八个定量指标衡量这种金融结构状况。然而更重要的是，他发现即便各国金融结构不同，金融发展的趋势也是相似的。戈德史密斯总结了金融发展的十二条规律，以揭示金融相关比率的变化趋势，金融结构变化，金融发展，外部金融与经济发展之间的关系等方面的内容。虽然这些指标为人们认识金融发展提供了经验证据，但却并没有阐明这些指标之所以存在规律的背后原因，因此对于实践的指导意义便大打折扣。

第二，金融抑制理论与金融深化理论。这二者着重探讨的是发展中国家的金融发展。其认为发展中国家落后的金融体制成为经济发展的严重制约因素，一方面源于发展中国家落后的经济现实，另一方面在于发展中国家政府通常所实行的金融抑制政策。而解决之道是打破金融抑制，推进金融自由化改革。事实上，这种理论将发展中国家金融发展的滞后完全归因于过度的金融管制，因此放松管制成为推动金融发展的核心动力。然而，在现实中发展中国家金融自由化的改革大多数结果不尽如人意，失败的居多，成功的居少，这就使得这种理论的解释力有所下降。

第三，金融约束理论。金融约束理论的出现是建立在信息经济学取得重大突破的基础上的，以赫尔曼、穆尔多克和斯蒂格利茨为代表的新凯恩斯主义经济学家放松了金融抑制理论和金融深化理论中的完全竞争假设，从不完全信息市场的角度重新审视了金融中介和金融市场的作用。他们通过把内生增长和内生金融中介并入金融发展模型，力图解释金融中介和金融市场是如何内生形成以及金融发展和经济增长之间的关系。金融约束理论认为经济发展内生地需要金融体系的形成和发展以满足经济发展对降低信息不对称和交易成本的需要，这意味着金融发展在一定程度上是由实体经济对其的需求拉动的，当然该理论同时也认为合理的"金融约束"政策会有助于金融的较快发展。

不过正如第二章所论述的，创新才是发展的本质，在金融领域，这同样也是适用的，具体的则表现为金融创新。金融创新是金融发展的核心推动力，从发展的眼光来看，金融创新将远比金融规模的扩大重要，恰如铁路的创造远比马车数量的积累重要一样；放松管制只不过是有利于金融创新更好地推进，而实体经济的需求则是金融家努力创新的诱导因素。Tufano 在《金融经济学手册》（2003）中将金融创新区分为产品创新和过程创新，产品创新包括新的衍生品合约、新的公司证券以及新的集合投资产品形式，而过程创新则典型地表现为在证券分销、交易处理或交易定价等方面的新方法。不过他强调在实践中，二者通常是联系在一起的。从强调"新"这一点来看，金融创新与传统意义上的创新是相似的，但深究其本质，则二者明显有别。实体经济中的创新意味着引入一种实际生产要素的新组合，金融部门的创新则更像是带来一种新的市场经济的游戏规则，虽然也有所谓的产品创新，但是新证券的引入也不过是为原有的经济体系引入了一种新的转移资金的规则，当然它可以便于实体经济中的企业家更好地利用新规则而达到创新的目的。因此，若将金融创新定义为创新，则须在更为宏观的层面上考虑由于金融创新而带来的整个社会资源配置形式的改变，这样可将金融创新看作是带来一种更广义的新的组织形式。

除金融发展理论中提到的一些因素外，通常认为金融创新还与技术和制度息息相关。关于技术，人们探讨较多的是新技术革命，特别是电脑、电信工业的技术设备成果在金融业的应用，这被认为是促成金融创新的主要原因之一，因为信息及通信技术的进步为金融创新提供了物质上和技术上的保证。实际上我们也可以把这种技术因素看作是金融创新供给层面的因素，而上面提到的实体经济的需求则是金融创新需求层面的因素。而关于制度，人们探讨最多的则是金融机构为了获取利润而试图规避政府的管制。管制阻碍了金融企业获取利润，因而金融企业通过创新来逃避政府管制，但反过来当金融创新影响到政府维护金融稳定的目标时，后者又会进一步加强管制，整个金融体系则是在这种创新与管制的循环往复中不断地向前推进。与前文提到的通过放松管制推动金融发展相比，这种不断追求管制套利的创新并不是一种有效率的方式，因为即便在最终结果上其得以推进金融体系的发展完善，但在其过程中一定有大量的资源消耗在金融机构与监管层的博弈过程中。

二、金融经济协同发展模型

在经济发展的逻辑中，金融部门存在的核心功能就是在于通过对投资风险的管理，使得创新活动开展得更有效率，同时动员储蓄以支持更多的企业家创新行为。那么从理论上来讲，金融部门自身的发展便意味着金融体系通过不断地改善，更好地发挥上述功能。因此如图 3-1 所示，在金融经济协同发展模型中，企业家通过更好地创新获取利润，而金融创新者则通过更好地评估企业家创新、再分配和控制企业家风险来获取利润。在模型中，我们可以设想这样一种情景，那便是随着实体经济的不断创新发展，技术以及组织形式的复杂化会使得金融机构原有的风险管理手段变得越来越没有效率，这便会迫使金融家必须跟上企业家的创新步伐。为了使得金融体系能够持续良好地为实体经济融资，金融家必须不断地进行金融创新。

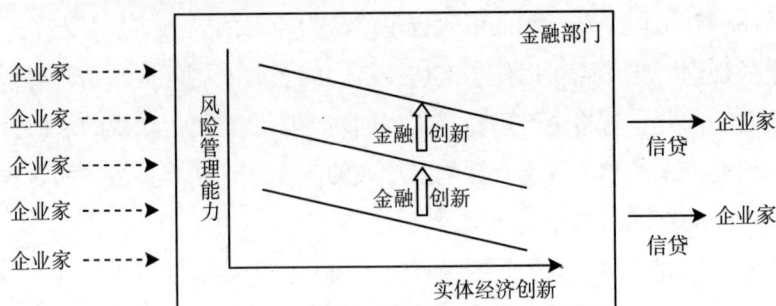

图 3-1 金融经济协同发展模型

我们可以借鉴 Laeven 等（2015）提出的一个数理模型来更清晰地了解一下金融经济协同发展模型中的主要思想，事实上由于从循环流转模型到金融经济协同发展模型是一种递进的关系，因此，前面三个模型中的思想均会在这里的数理模型中有所体现。

（一）模型的基本结构

假设在一个经济体中，每个人的生命仅为两期，效用函数为线性形式 $U = c_1 + \beta c_2$，其中 c_1 和 c_2 分别为第一期和第二期的消费，$\beta \in (0，1)$ 为第二期消费的贴现率；设每个时期经济中的产出函数为

$$Z_t = N^{1-\alpha} \int_0^1 A_{i,t}^{1-\alpha} x_{i,t}^{\alpha} di \tag{3.1}$$

其中，$x_{i,t}$ 为中间产品 i 在时期 t 的量，而 $A_{i,t}$ 则为 i 的生产技术水平；最终产出 Z 为单一产品，所有的消费、用于生产中间产品的投入、企业家及金融家进行创新的投入均来自于此；$\alpha \in (0，1)$；N 为劳动力数量，为简化起见，在此将其定为恒定值且令劳动力为同质的，因此事实上除了为保证产出函数的既定模式外，这个变量在整个模型分析中并无实际意义，不妨令 $N = 1$ 从而从模型中将其消掉，从而产出函数简化为

$$Z_t = \int_0^1 A_{i,t}^{1-\alpha} x_{i,t}^{\alpha} di \tag{3.2}$$

假定产出市场为完全竞争市场，因此中间产品价格等于其边际产出，即

$$P_{i,t} = \alpha \left(\frac{A_{i,t}}{x_{i,t}} \right)^{1-\alpha} \tag{3.3}$$

企业家的生命也有两期，其在第一期从事创新活动，第二期可知创新是否成功并实际进行生产。在每一个时期，每一个中间产品部门 i 都会有一个企业家是

具备创新能力的，从而使其能够在下一个时期以一个正的概率将其创新思想转化为现实，而同部门的其他企业家则不具备创新能力。定义每一期具备创新能力的企业家创新成功的概率为变量 $\mu_{i,t}^{e}$，而创新成功与否则直接影响到该部门的技术水平，因此有

$$A_{i,t}\begin{cases} \overline{A}_t，概率为 \mu_{i,t}^{e} \\ A_{i,t-1}，概率为 1 - \mu_{i,t}^{e} \end{cases} \tag{3.4}$$

其中，$\overline{A}_t$ 为技术前沿水平，设其每一时期以常数速率 g 向前推进。注意，一个部门如果没有成功的创新，则技术水平不会提升，而一旦企业家创新成功则可能会跨越式发展，在这里表现为直接跃升至技术前沿水平。

假设与其他企业家相比，成功创新的企业家将拥有成本优势，其利用 1 单位投入品（也是最终产出品）可生产 1 单位中间产品，而其他企业家则需使用 x 单位投入品生产 1 单位中间产品，其中 x > 1。假设在无创新发生时每一个中间产品部门均为竞争市场，因此产出价格为 x，企业家利润为 0；而一旦在该市场中具备创新能力的企业家创新成功了，他将利用其成本优势成为市场垄断者，获得利润 x − 1，但其垄断优势只能保持一期（实际上下一期创新者便已死去了），也就是说其通过创新所获得的技术在下一期将变为该部门的公共品。

由于这里给出了一个中间产品的价格 x，而式（3.3）则是通过价格等于边际产品推导出的一个中间产品价格公式，因此将二者结合起来便可推得

$$x_{i,t} = \overline{A}_{i,t}\left(\frac{\alpha}{x}\right)^{\frac{1}{1-\alpha}} \tag{3.5}$$

进而部门 i 的成功创新者的利润为

$$\pi_{i,t} = \pi\overline{A}_{i,t}，其中 \pi = (x - 1)\left(\frac{\alpha}{x}\right)^{\frac{1}{1-\alpha}} \tag{3.6}$$

值得注意的是，上面关于企业家创新的假设及公式实际上对任何一个中间产品部门都是通用的。

下面我们将目光转向金融部门。假设在每一期每一个中间产品部门都存在一个金融家对该部门的企业家进行评估，确定一个他认为最有可能具备创新能力的企业家。一方面企业家自己并不知道自己是否具备创新能力，另一方面家庭只会对金融家确定的企业家所进行的创新活动提供资金，因此只有经金融家认可的企

业家能够开展创新活动，其他企业家则由于不能获得资金而无法进行创新。金融家的生命也有两期，其在第一期会进行金融创新以提升其评估企业家的能力，第二期便可知创新成功与否并开始从事评估活动。成功创新的金融家会再以100%的概率确定具备创新能力的企业家，而其他金融家则具有正的概率判断错误。定义部门 i 中的金融家创新成功的概率为变量 $\mu_{i,t}^f$，因此其评估能力公式为

$$m_{i,t} = \begin{cases} \overline{A}_t, & \text{概率为 } \mu_{i,t}^f \\ m_{t-1}, & \text{概率为 } 1 - \mu_{i,t}^f \end{cases} \tag{3.7}$$

其中有三点值得注意：第一，出于简化以及对称性的考虑，将金融创新成功后的评估能力水平定为与中间产业部门的技术前沿水平相同，均为 $\overline{A}_t$，对此的解释是在实体经济中无论是技术还是组织形式出现了前所未有的创新，那么相应的元素也很有可能被金融部门所利用，虽然二者职能不同，但许多方面还是可以通用的。第二，金融部门是竞争性的，未创新成功的金融家具有相同的评估能力 m_{t-1}，m_{t-1} 为第 $t-1$ 期金融部门的平均评估能力水平。第三，换个思路来看，我们可以认为占 $\mu_{i,t}^f$ 比例的金融家会创新成功，并具有 $\overline{A}_t$ 的评估能力水平，而占 $1-\mu_{i,t}^f$ 比例的金融家创新不成功，并具有 m_{t-1} 的评估能力水平。

将金融家能够正确找到具备创新能力的企业家的概率设为 $\lambda_{i,t}$，其值为金融家评估能力与实体经济技术前沿水平的比例，结合前面针对金融创新方面的假设，可得到相应公式为

$$\lambda_{i,t} = m_{i,t}/\overline{A}_t \begin{cases} \overline{A}_t/\overline{A}_t = 1, & \text{概率为 } \mu_{i,t}^f \\ m_{t-1}/\overline{A}_t = \dfrac{\lambda_{t-1}}{1+g}, & \text{概率为 } 1 - \mu_{i,t}^f \end{cases} \tag{3.8}$$

这里需注意的是，由于 $\overline{A}_t$ 是持续增加的，如果 $m_{i,t}$ 不增加，则 $\lambda_{i,t}$ 会下降。

出于简化考虑，假设按照传统方法评估企业家的成本为 0，因此创新不成功的金融家将不向企业家收取费用；只有采用新方法（创新成功）的金融家向企业家收取费用，费用为后者利润的一定比例 $\delta_{i,t}$。

（二）企业家的创新

假设企业家创新成功的概率 $\mu_{i,t}^e$ 与前一期其为了创新而投入的产品的数量 $N_{i,t-1}^e$ 正相关，其关系为

$$N_{i,t-1}^e = (\theta \mu_{i,t}^e)^\gamma \overline{A}_t \tag{3.9}$$

其中令 $\gamma > 1$ 反映了边际递减规律，θ 反映的是由制度等因素造成创新难度，$N^e_{i,t-1}$ 和 $\overline{A}_t$ 成正比意味着随着技术前沿的不断向前推进，创新成本在不断增加。

在 $t-1$ 期，企业家会选择 $\mu^e_{i,t}$ 来最大化预期利润。这里谈的利润均指尚未支付金融家费用时的利润，由于金融家是按比例抽取费用，因此这并不影响企业家的最大化选择行为。被采用新方法的金融家认可的企业家（成功概率为 1）的预期利润为

$$\prod^e_{i,t} = \beta\mu^e_{i,t}\pi\overline{A}_t - N^e_{i,t-1}$$
$$= \beta\mu^e_{i,t}\pi\overline{A}_t - (\theta\mu^e_{i,t})^\gamma\overline{A}_t \tag{3.10}$$

可解得

$$\mu^{e*}_{i,t} = \left(\frac{\beta\pi}{\gamma\theta^\gamma}\right)^{1/(\gamma-1)} \tag{3.11}$$

其中，为保证 $\mu^{e*}_{i,t} < 1$，需假设 $\beta\pi < \gamma\theta^\gamma$。由于 π 和 θ 在各中间产品部门是一样的，且与时期 t 无关，于是便有 $\mu^{e*}_{i,t} = \mu^{e*}$。将式（3.11）代入式（3.10）中可得

$$\prod^{e*}_{i,t} = \mu^{e*}\varphi\overline{A}_t，其中 \varphi = \beta\pi(1 - 1/\gamma) \tag{3.12}$$

被采用传统方法的金融家认可的企业家的预期利润为

$$\prod^{e'}_{i,t} = \beta\lambda_{i,t-1}\mu^e_{i,t}\pi\overline{A}_t - N^e_{i,t-1}$$
$$= \beta\lambda_{i,t-1}\mu^e_{i,t}\pi\overline{A}_t - (\theta\mu^e_{i,t})^\gamma\overline{A}_t \tag{3.13}$$

可解得

$$\mu^{e'*}_{i,t} = (\lambda_{i,t-1})^{\frac{1}{\gamma-1}}\mu^{e*} \tag{3.14}$$

将式（3.14）代入式（3.13）中可得

$$\prod^{e'*}_{i,t} = (\lambda_{i,t-1})^{\frac{\gamma}{\gamma-1}}\mu^{e*}\varphi\overline{A}_t \tag{3.15}$$

从式（3.14）中不难看出

$$\frac{\partial\mu^{e'*}_{i,t}}{\partial\lambda_{i,t-1}} > 0 \tag{3.16}$$

这意味着企业家创新的力度是金融家评估能力的增函数。此外，在 $t-1$ 期企业家可以选择委托采用新方法的金融家来评估，也可以选择委托采用传统方法

的金融家来评估，因此在竞争性金融市场中，二者对于企业家来说预期利润应相同，于是便有

$$(1 - \delta_{i,t})\prod_{i,t}^{e} = \prod_{i,t}^{e'} \tag{3.17}$$

结合式（3.12）、式（3.15）、式（3.17）可求得均衡时创新成功的金融家收取的费用水平为

$$\delta_{i,t} = 1 - (\lambda_{i,t-1})^{\frac{\gamma}{\gamma-1}} \tag{3.18}$$

从中可见，在竞争性金融市场中，由于传统评估方法与新评估方法在一定程度上存在替代性，因此创新成功的金融家收取的费用 $\delta_{i,t}$ 与未创新成功的金融家评估正确的概率负相关。

（三）金融创新

同企业家的创新相似，假设金融家创新成功的概率 $\mu_{i,t}^{f}$ 与前一期其为了创新而投入的产品的数量 $N_{i,t-1}^{f}$ 正相关，其关系为

$$N_{i,t-1}^{f} = (\theta_f \mu_{i,t}^{f})^{\gamma} \bar{A}_t \tag{3.19}$$

其中令 $\gamma > 1$ 反映了边际递减规律，θ_f 反映的是由制度等因素造成金融创新难度，$N_{i,t-1}^{f}$ 和 $\bar{A}_t$ 成正比意味着随着金融部门评估能力的不断向前推进金融创新成本在不断增加。

在 $t-1$ 期，金融家会选择 $\mu_{i,t}^{f}$ 来最大化预期利润。根据前文的假设，可得金融家的预期利润函数为

$$\prod_{i,t}^{f} = \mu_{i,t}^{f} \beta \delta_{i,t} \prod_{i,t}^{e*} - N_{i,t-1}^{f}$$

$$= \mu_{i,t}^{f} \beta [1 - (\lambda_{i,t-1})^{\frac{\gamma}{\gamma-1}}] \mu_{i,t}^{e*} \varphi \bar{A}_t - (\theta_f \mu_{i,t}^{f})^{\gamma} \bar{A}_t \tag{3.20}$$

可解得

$$\mu_{i,t}^{f*} = \left\{ \frac{\beta \mu^{e*} \varphi [1 - (\lambda_{i,t-1})^{\frac{\gamma}{\gamma-1}}]}{\gamma \theta_f^{\gamma}} \right\}^{\frac{1}{\gamma-1}} \tag{3.21}$$

这里需假设 $\theta_f > \theta$ 以保证 $\mu_{i,t}^{f*}$ 总能够小于 1。

为了观察整个金融部门的效率，我们需要对每个中间产业部门的金融家的行为进行加总，以求得其平均评估能力水平和平均评估正确概率。简化起见，本书选择忽略掉各个金融家在规模方面的差异，于是根据式（3.8）不难得出

$$\lambda_t = \mu_t^f + (1 - \mu_t^f)\frac{\lambda_{t-1}}{1+g} \tag{3.22}$$

或许我们希望观察在动态均衡状态下平均评估正确概率是怎样的，于是令 $\lambda_t = \lambda_{t-1} = \lambda^*$，且 $\mu_t^f = \mu^{f*}$，将其代入式（3.22）中可求得

$$\lambda^* = \frac{\mu^{f*}}{g + \mu^{f*}} \tag{3.23}$$

进而可得

$$\frac{\partial \lambda^*}{\partial \mu^{f*}} > 0 \tag{3.24}$$

可见，在动态均衡状态下，金融部门评估能力水平随着金融创新力度的增加而增加。进而由式（3.16）可知企业家创新的力度又是金融家评估能力的增函数，因此综合可得在均衡情况下，实体经济中的企业家创新的力度将会随着金融部门创新力度的增加而增加。

另外，在动态均衡状态下，式（3.21）可转化为

$$\mu^{f*} = \left\{ \frac{\beta\mu^{e*}\varphi\left[1 - (\lambda^*)^{\frac{\gamma}{\gamma-1}}\right]}{\gamma\theta_f^\gamma} \right\}^{\frac{1}{\gamma-1}}$$

$$= \left\{ \frac{\beta\mu^{e*}\varphi\left[1 - \left(\frac{\mu^{f*}}{g + \mu^{f*}}\right)^{\frac{\gamma}{\gamma-1}}\right]}{\gamma\theta_f^\gamma} \right\}^{\frac{1}{\gamma-1}} \tag{3.25}$$

可将其简写成隐函数形式

$$F(\mu^{e*}, \mu^{f*}, \theta_f) = 0 \tag{3.26}$$

进而可得如下几个关系。

第一，$\dfrac{\partial \mu^{f*}}{\partial \mu^{e*}} > 0$。金融部门创新的力度也会随着实体部门企业家创新力度的增加而增加，这与前面的结论刚好是对称的，这意味着金融经济将出现协同发展的局面，共同推动实体部门的技术水平以及金融部门为实体经济部门服务的能力不断提升。

第二，$\dfrac{\partial \mu^{f*}}{\partial \theta_f} < 0$ 和 $\dfrac{\partial \mu^{f*}}{\partial g} > 0$。前者意味着由制度等因素（例如金融管制）造成的阻力的降低将有利于金融创新在更高水平上开展，后者意味着实体经济部门技术革新速度的加快将有利于金融创新速度的加快。将二者结合起来便可以从理

论上解释为什么金融自由化以及新技术革命会带来金融创新以及金融部门的高速发展。事实上，加速推动技术前沿发展更多的可能是发达国家的策略，而完善金融制度、减少创新阻力可能更有效地促进发展中国家的金融创新发展，并进而促进实体经济在一个更高水平上创新发展。

三、现实中的金融创新

虽然在前文的模型中，我们看到了一个金融与经济二者协同发展的局面，金融创新不断地改善着金融部门为实体经济部门管理风险的职能。然而在现实中金融的创新发展是否必然能为经济带来更完善的风险管理呢？实际上这个问题却是难以回答的，至少一次次金融危机对经济带来的破坏性似乎暗示人们金融发展与经济发展之间并非是简单的线性关系。国内学者通常是从虚拟经济与实体经济的关系角度对此问题加以考察，并注意到虚拟经济和实体经济在现实中往往并不能很好地协同发展。当二者的规模以及发展速度相互间保持在合理水平时，便可以实现相辅相成的协同发展；当虚拟经济的发展较实体经济落后时，二者间的互补关系便会出现问题，实体经济便会受到某种程度的压抑；当虚拟经济自身出现脱离实体经济的膨胀时，便容易形成"泡沫"甚至"泡沫经济"，这会使得金融发展出现破坏实体经济的异化（陈文玲，1998）。刘霞辉（2004）通过构建数理模型也证明了这一点，当虚拟经济与实体经济二者不能很好地协同发展时，必然会导致投资波动的加剧。在此波动过程中，资源在虚拟经济投资与实体经济投资之间不断地发生转移以形成最终的均衡状态，而在此过程中一些无谓的损耗则是不可避免的。

学者普遍认为金融发展与经济发展二者贵在平衡，也有学者强调，这种平衡不仅仅只是发展水平的平衡，还应包括结构上的平衡，即金融结构要与经济发展阶段中的产业结构特点相吻合（龚强等，2014）。但是如果我们认识到金融创新发展的本质，那么便可能明白为何二者经常不会保持平衡了。

以金融为代表的虚拟经济的发展一定是以实体经济的发展为基础的，但毕竟二者各有各的发展轨道，实体经济的发展依靠的是企业家的创新，而虚拟经济的发展依靠的是金融家的金融创新。在市场经济中，企业家与金融家分别出于逐利目的的创新不可能永远保持同步的水平，这使得实体经济与虚拟经济也不能够永远做到平衡发展。如果追本溯源的话，那么对金融创新的认识同样是源自奥地利经济学大家约瑟夫·熊彼特的创新理论。同实体经济中的创新一样，金融创新同样是"金融厂商"基于利润目标而推行的"金融生产函数"创新，金融创新背后的根本经济力量同样也是竞争。金融家们为了其自身的盈利动机，为了在竞争中脱颖而出，为了持续不断地追求利润而不断地推动着金融的创新发展，从而使得整个金融部门呈现出缓慢推进、持续不断的发展过程，当然在这个过程中也不乏"突破性"的进展。虽然从长期视角来看，无论是在宏观、中观还是微观层面，金融创新似乎都给经济社会发展带来了诸多好处，然而在短期内来看，这个论断却并非时时成立。如同实体经济中的创新并非一定能够成功一样，从为实体经济服务的角度来看，金融创新同样存在失败的风险，甚至于这种失败风险比实体经济中的创新失败风险来得更猛烈，影响更深远，波及面积更大（详见第四章第一节）。特别是随着金融自由化和新技术的快速发展，金融创新发展的速度更是显著加快，从而使得相应矛盾显著地增大，在这一波创新浪潮中，实体部门的需求在金融创新中似乎逐渐落到了"次要位置"，而金融部门自身的"供给创造需求"似乎成为金融创新的主要模式。

如果能够不受表扬者和批评者声音的干扰，站在一个更加客观的立场上来看待这个问题，那么事实上便会发现，金融创新其实本身并无"好的创新"和"坏的创新"之分，而只有"可控创新"与"失控创新"的差异。当金融创新者所受到的激励与约束大体能够保持平衡时，从经济体整体来看金融创新便是可控的，便是能够更好地服务于实体经济的；相反，如果金融创新者所受到的激励与约束之间的平衡关系被打破了，那么"失控创新"很可能会出现，并会使得金融与实体经济逐渐背离，甚至反过来对实体经济发展产生破坏作用。因此，回到本部分开头的问题——金融的创新发展是否必然能为经济带来更完善的风险管理，若要真正试图解答此问题，则需深入地考察金融创新的背景，即创新者所受到的激励与约束。对于金融机构或从业者来说，对其激励的考察实际上便是考察其收入模式，这是本章第二节的主要内容；那么在特定的收入模式下金融发展会出现何种特点呢，第三节将告诉我们金融发展事实上会呈现出某种自我服务的倾向性；第四节则着重探讨金融创新发展的约束机制，正是这种约束机制保证了具有自我服务倾向的金融创新发展客观上仍然能够做到更好地服务于实体经济。

第二节 金融机构的收入模式及其演进历程

一、关于收入模式的两个事实

法博齐等（1999）认为金融机构主要提供以下相关的一种或几种服务。

（1）将从市场中获得的金融资产进行转换，将它们组合成不同的或广泛受欢迎的另外一种资产。

（2）代理客户进行金融交易。

（3）进行金融资产自营交易。

（4）帮助客户创造金融资产，并将这些金融资产卖给市场的其他参与者。

（5）为市场其他参与者提供投资建议。

（6）为市场其他参与者管理投资组合。

其中，第（1）类服务是由金融中介来完成，第（2）、第（3）类服务则主要是指经纪人和交易商功能，第（4）类服务是承销业务，第（5）类是金融咨询服务，第（6）类的一个典型表现就是信托功能。本部分通过分别对银行、证券、基金进行分析，来归纳上述六类业务的收入模式的大致共性。

（一）按转移资金量收取一定比例费用

1. 银行

银行作为最主要的金融中介，其最典型的业务便是存贷款业务，而该业务收入主要来自净利差，即银行存贷款的利差。如果从经济体整体来看，这可以看作是在融资的过程中，按某交易费率（存贷款利差）对转移资金收取一个变相的中介费用。

对于国内银行来说，净利息收入是其最主要的收入来源。根据安永发布的《中国上市银行 2013 年回顾及未来展望》和《中国上市银行 2014 年回顾及未来展望》中提供的数据计算可得，2014 年上市银行净利息收入占营业收入的比重平均约为 76%。另一个重要的收入来源则是手续费及佣金净收入，2014 年国内上市银行该收入占比约为 20%。这部分收入主要来自银行的中间业务，而这其中，不论是理财产品手续费、托管费收入，还是投资银行业务收入，都是更为典型的按转移资金量收取一定比例的费用。虽然银行确实也有不少固定或大致固定数额的收费项目，但这并不影响银行总体上按转移资金量收取一定比例费用的事实，因为在银行的总收入中这种固定数额的收费占比通常较小，同时这类收费往往对不同规模客户具有价格歧视，这意味着其对储户增加存款规模或办理业务规模的激励作用明显大于增加银行额外收入的作用。事实上，在利率市场化的国家中，存贷款利差已经不是其利润的主要来源，银行则更加类似于在中间抽取服务费的服务商，例如美国的银行主要开展的是资产证券化业务等，这意味着银行的收入模式在向着更为典型的按转移资金量收取一定比例费用的形式转化。

2. 证券

这里主要考虑的是经纪业务、做市交易、承销业务和投资顾问。实际上证券公司往往还有更加典型的自营交易，即纯粹为自身的利润而交易，虽然这块业务对于许多金融机构来说十分重要，但由于这种交易并不具有协助市场融通资金的功能，因此在此不予考虑。

（1）经纪业务。

证券公司按实际成交金额数的一定比例收取佣金，我国规定的佣金最高比例为 3‰。

（2）做市交易。

购买者与出售者之间的买卖价差，与银行利差相似，可看作是对转移资金收取一个变相的中介费用。

（3）承销业务。

主要费用——承销费或销售特许佣金——通常是对融资额收取一定比例的费用，具体比例视谈判而定。在国内，券商一般就是收取承销费。国内针对首次公开募股（IPO）会收取固定的保荐费，不过其与承销费相比数额要小得多。

（4）投资顾问。

投资顾问业务的收费形式较多，有固定费用或年费，也有不收投资顾问费是通过扩大经纪业务规模来赚取更多佣金的，还有类似于基金的管理费加业绩费模式等。《证券投资顾问业务暂行规定》中列出了国内最常见的两种收费模式：一是按照服务期限、客户资产规模收取服务费用；二是差别佣金模式。不过无论是按资产规模收取服务费用，还是差别佣金模式，大致上均是按转移资金量收取一定比例的费用。

3. 基金

基金的收费内容主要包括销售费用（包括申购费、赎回费、转换费等）和运行年费（管理费、托管费、业绩费等）两大类。并不是所有基金都会全部收取上述费用，不同种类基金收费内容及费率标准不同，不过上述几种主要收费内容，均是对相应资金按一定比例提取。最主要的管理费有固定费率和浮动费率两种形式，其实固定管理费用与业绩费的组合本身便是国外最普遍采用的一种浮动费率形式，其中业绩费通常是对收益或高于门槛收益率的收益按一定比例提取。此外，也有按业绩分档划定管理费率等其他浮动费率形式。

（二）不承担或较少承担投资失败损失

1. 银行

或许有人会认为银行存款是无风险的，因为其会在到期时提供一个事先约定好的收益率，这不像证券市场投资那样存在收益率的不确定性。银行并非每一笔贷出去的资金都是万无一失的，但其管理风险的专业性可以保证其总体上可得到较为可靠的回报率，同时还可保证流动性。但这并不意味着存在银行的钱一定没有风险，因为银行也会倒闭。在 1929 年 6 月的"大风暴"前，美国共有商业银行 24504 家，而到 1933 年该数目为 14440 家，损失总计 25 亿美元，其中大概一半由储蓄者承担（怀特，2008）；而 FDIC（联邦存款保险公司）数据显示，在存款保险制度建立之后（1934 年）到次贷危机前（2006 年），美国平均每年（承保）商业银行倒闭和救援数量为 29.48 家，当然每年的数目是随着经济的波动而波动，大多数年份（占 67%）该数目仅为个位数，不过也有两年（2005 年、2006 年）未发生商业银行倒闭和救援情况，现在看来这似乎更像是"回光返照"时期；次贷危机之后，该数目持续攀升，在 2010 年顶峰时有 132 家。

当倒闭发生时，银行承担的损失是十分有限的。《巴塞尔协议Ⅲ》规定了 3% 的最低杠杆率，而中国《商业银行杠杆率管理方法》则要求最低为 4%。事实上，杠杆率规定恰恰反映了对银行股东应承担的最小损失比率的要求。当然，有人会说存款保险制度会保证储户的存款不受损失，但是一则存款保险往往是有上限的，二则这也正意味着倒闭银行自身可以对其失败的投资不承担很大的责任。此外，由于普遍的"大而不倒"现象的存在，使得大银行可以更为大胆地追求收益，而让纳税人承担风险。

2. 证券

经纪业务与证券投资顾问业务不承担风险。由于做市商需要以自有资金为市场提供流动性，以维持市场价格的短期平稳，而当其错误地估计了价格或交易规模时，便使其自身暴露于风险之中。如果承销商采取包销方式，则其须承担承销过程中证券价格下跌的损失。但是做市交易和承销业务承担的风险则更加类似于其自身在资本市场上的投机风险，而不是分担客户的证券投资风险。

在上市公司募资后，保荐人需要对其进行持续督导，国内最长时间一般为 3 年（创业板首发时），特殊情况下可延长。不过持续督导通常针对的是融资方对资金的使用情况，而并不考虑企业后期的实际投资成败。

3. 基金

即便是采用浮动费率形式，基金公司依旧不承担基金亏损的损失，而只是少收甚至不收管理费，或没有了业绩费。固定费率形式则是"旱涝保收"。

二、政府管制与收入模式的演进：以美国为例

本部分以美国为例来说明银行利率、证券佣金以及基金管理费的演进历程，之所以选择以美国为例，其原因有三：第一，在金融发展方面，美国一直处于领先的地位，大多数金融创新源自美国，因此对金融发展的考察以美国为例最为合适。第二，美国的金融体系是典型的内生型的，即大多数金融领域创新（包括监管制度方面）均是在实体经济中自发生长出来的，而不是由政府依据国外经验植入的，更容易据此分析金融发展的自然逻辑。第三，美国的数据时间跨度较长，而长时间跨度的数据是分析金融创新发展所必需的。后文基于同样道理，在案例分析时也多会选用美国的例子。

（一）银行利率

在"大萧条"之前，虽然联邦法例和州立法规对美国的商业银行设立分支机构、贷款规模、证券组合选择以及其他活动加以限制，但是对于其存贷款利率却未加干涉。"大萧条"之后，人们意识到要对金融体系进行重建，虽然后来的学者普遍认为是美联储不适当的货币政策对金融体系的崩溃起到了更大的作用（Wheelock，1990；怀特，2008；弗里德曼、施瓦茨，2009；等等），但是当时美国政府和国会深受"银行危机的产生是由于激烈的市场竞争导致银行不得不支付过多利息"这一观点的影响，将限制竞争的思想全面引入了银行监管领域（怀

特，2008）。在这一理念的指引下，美联储推出了著名的"Q条例"，明确禁止银行和其他储蓄机构对活期存款支付利息，对定期存款的利率也有严格的上限规定。"Q条例"本身在贷款利率方面并没有太多限制，不过不少州政府却对该州的储蓄机构和银行的最高贷款利率进行了规定。而其他的法案也对准入以及设立分支机构进行了更严格的限制。

一系列限制竞争的措施有助于商业银行赢得较好的收益率，银行破产数目明显下降，对于迅速恢复金融秩序以及"二战"期间借款筹集和战后恢复都起到了积极的作用，但却不利于银行自身的创新发展。随着经济的发展，利率及其他管制逐渐由早期的对银行利润的保护，变为对银行经营的制约。不仅银行自身在试图向新的领域扩张时屡屡碰壁，而且蓬勃发展的金融创新也愈发威胁到银行的传统业务，尤其是货币市场共同基金对存款机构的资金来源形成极大的冲击。在此背景下，从20世纪70年代起，美国开始逐步推进利率市场化。美联储于1970年对90天以内的大额可转让定期存单（CDs）的利率允许其市场化，同时逐步提高定期存款利率上限。1973年5月，10万美元以上的存款不再受到"Q条例"规定的利率限制，所有大额存单的最高利率限制被取消。1973年7月，1000万美元以上且期限在5年以上的定期存款利率上限被取消。1978年，在资金市场利率被允许浮动后，小额存单的利率也开始被允许市场化，同时货币市场存款账户（MMDA）推出。1980年，国会出台了《储蓄机构放松管制和货币控制法案》，决定分6年逐步取消对定期存款利率的管制，对之前贷款利率受到的较少限制也予以放松。1982年出台的《加恩—圣杰曼法案》则详细制定了废除"Q条例"的实施步骤，进一步拓宽银行和储蓄机构的经营范围。1986年4月，"Q条例"被完全废除，利率市场化全面得以实现（巴曙松等，2012）。

由于利率市场化使得商业银行的存贷利差逐渐收窄，同时一些经营方面的限制取消又加速了银行自身的业务创新，二者共同促进了银行业务结构以及收入结构的转型。由图3-2可见，存贷利差持续收窄，由1980年《储蓄机构放松管制和货币控制法案》推出时的5.72%降至2006年次贷危机爆发前的4.43%。这使得银行想要单纯依靠净利差来保证其盈利能力变得越发不可能，银行因此加大了业务创新的力度，特别是加大了中间业务的发展力度，对此较为详细的描述可参见王佃凯（2014），其中详细介绍了花旗银行、富国银行和摩根大通是如何通过业务转型来开辟新的收入渠道的。从收入结构上看，商业银行非利息收入相比于净利息收入的比重逐年增多（图 3-3）。虽然中间业务中的一些收入来源，特别是存款账户服务费往往并不是按转移资金比例收取，但是另一些重要的收入来源，诸如信托业务收入、投资银行和交易收入、手续费收入等却多是按此方式收取，并且与存贷利差相比也更为典型。因此总体上抽象来看银行按转移资金比例收取费用的模式并没有改变。从承担风险或损失的角度来看，相比于利息收入，非利息收入基本上都属于服务费，几乎不承担风险。

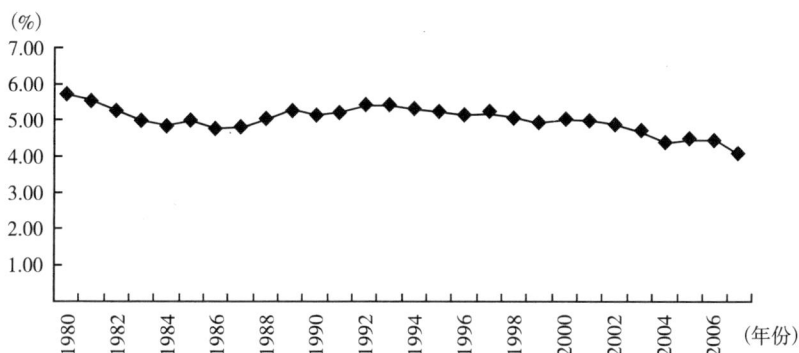

图 3-2 FDIC 承保商业银行存贷利差变化趋势

资料来源：根据 FDIC 数据计算得出，计算公式：存贷利差 = 贷款及租赁收入 / 总贷款及租赁 – 存款利息支出 / 总存款。具体数据详见附表 2。

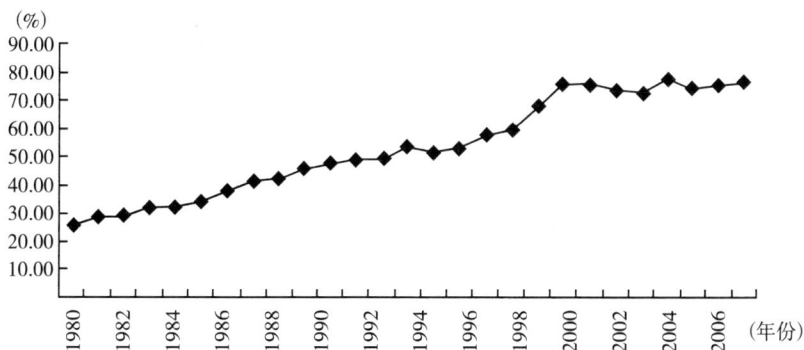

图 3-3 FDIC 承保商业银行非利息收入与净利息收入比例变化

资料来源：根据 FDIC 数据计算得出，具体数据详见附表 2。

虽然利率市场化使得银行业的竞争日益激烈，银行倒闭、被兼并频现，但是存活下来的银行则通过提供更优质、更能满足客户需求的服务，反而不断发展壮大，提升了自身的盈利能力。FDIC 数据显示，1980 年美国共有（承保）商业银行 14434 家，而到 2006 年时仅有 7401 家，减少近一半，但是分支机构数量却由 38738 家增长至 76611 家，增加了近一倍，同时，平均资产回报率（ROA）从 1980 年的 0.75%增加到 2006 年的 1.27%。

（二）证券佣金

股票或债券的交易行为在 18 世纪的纽约并不常见，当时如果有人希望购买或转让这类有价证券，则不得不自行寻找并联系愿意与之进行交易的对家。1792 年，约翰·萨顿敏锐地嗅到了商机，他在华尔街 22 号组织起了美国第一个有价证券交易所，组织拍卖有价证券，并从中收取手续费。事实上，这个简单的类似于行会的组织便是纽约股票交易所的前身。随后，当时 24 位最著名的经纪人为了防止经纪人间的恶性竞争，签订了《梧桐树协议》，约定场内经纪人必须"以不低于 0.25%的佣金费率为任何客户买卖任何股票，同时在任何交易的磋商中给予会员彼此优先权"（中国人民银行，2007）。这使得操纵市场的卡特尔得以形成，同时这也意味着从萌芽时期起，经纪人便以费率的形式收取佣金。

1868 年现代意义上的纽约股票交易所正式成立，其依旧是卡特尔性质的组织，并且由于交易所的全部资金都是由它的会员提供的，即所有者和会员是同一群人，因此使其得以成为一个高效率的卡特尔组织。它执行固定佣金制，同时限制会员人数，以保护会员的收益。虽然伴随着经济的快速发展，纽约股票交易所也得以迅速扩张，成立后 20 年间，交易的公司数目翻了三番，但是同期在伦敦股票交易所交易的美国公司数目更是增加了 13 倍，学者普遍认为以固定佣金制为代表的一系列限制是造成美国公司舍近求远的主要原因之一，因为伦敦股票交易所 1912 年才形成固定佣金制（戴维斯、科尔，2008）。

《谢尔曼法》出台后，固定佣金制所存在的卡特尔行为并没有被禁止，原因是国会当时并不确定证券是否属于"商品"（Commodities），因此将其置于法律管辖之外。至 20 世纪 20 年代末期，针对固定佣金制所存在的卡特尔行为的争论才开始出现，不过紧接着便被"大萧条"的混乱湮没了。"大萧条"后，为了重建金融体系，《1933 年证券法》和《1934 年证券交易法》相继推出，有学者指出，其中并没有支持固定佣金制的明确条款，同时也没有反对的意思，不过美国证券交易委员会却始终默认固定佣金制的存在具有合理性（Baxter，1970）。

固定佣金制保护着成员的利益，但却并不能够完全阻止竞争。成员为了扩大各自的市场份额秘密地变相竞争着，例如提供免费的托管、顾问服务以及各种各样的回扣，包括与非成员公司签订互惠协议，客户导向的交易费减免，"无偿"地帮助销售共同基金，以及提供给基金经理其他好处等（Baxter，1970）。事实上在经营上思考各种新的措施以突破管制本身也可视为一种创新行为。

1975 年，美国国会通过《有价证券修正法案》，明令禁止国家证券交易所制定其成员可收取的佣金、津贴、折扣或其他收费的细目或固定价，这意味着在美国实行了 180 余年的固定佣金制得以废除。对于废除固定佣金制的原因，一些学者认为是多方面的，包括技术的进步、国际竞争的加剧、机构投资者的讨价还价、网上交易等创新形式的发展等（陈灿煌、万娟，2003）。不过，经济自由化的思潮取代新政时期的凯恩斯主义，或许对政策制定者的思路转变起到了更为根本性的作用，而加速促使限制竞争的制度破灭的则是 20 世纪 70 年代的"后勤办公室危机"（Back-office Crisis）以及市场的崩盘（怀特，2008）。事实上，在 20世纪 60 年代中后期到 70 年代初期，针对固定佣金制是否应被废除，学界展开过激烈的辩论，以 NYSE 为代表的一些机构发表论文提出了各种支持固定佣金制的理由，但是学术界却更倾向于废除固定佣金制，关于争论的相关内容可参见 Jennings（1965）、Baxter（1970）、West 和 Tinic（1971）等。

固定佣金制的废止给美国证券业的发展带来了深远的影响。

第一，竞争的加剧使得佣金率大幅下降，过分依赖于佣金收入的证券公司被迫合并或清算。在美国，1975 年交易每股的平均佣金为 26 美分，而仅仅到 1980年其便已降至 11.8 美分，1997 年平均每股交易佣金仅 5 美分，当然这里也存在网上交易造成佣金大幅下降的因素。同时佣金收入占证券公司总收入的比例也一路下跌，1978 年为 43%，1980 年为 35%，1982 年为 26%，1991 年则只占 16%。不过，存活下来的证券公司则规模增大，力量增强，证券经纪业的集中程度提高（何雁明、朱震，2002）。

第二，证券公司在细分市场中的定位日渐清晰，差异竞争战略明显。美国的证券公司大致分为四类：第一类是全面服务型证券投资顾问，这类证券公司由于提供全面的服务和产品，因此收费较高，其客户主要是对服务质量以及产品多样化有更高要求，却不太关注服务价格的富裕阶层，美林证券是这类证券公司的典型代表；第二类是为独立意识较强的中产阶层提供较为多样的标准化产品和多样化的交易渠道的个人金融服务商，其服务价格较全面服务型证券投资顾问要便宜很多，大约仅为前者的 1/3，此类证券公司的代表是 Charles Schwab；第三类是社区经纪商，其主要是为小城镇的投资者提供高质量和长期的理财咨询服务，这类客户通常会被大型券商所忽略，其佣金水平与全面服务型证券投资顾问相当，代表性证券公司为 Edward Jones；第四类是以 Etrade 和 Ameritrade 为代表的折扣网上经纪商，主要面向对价格敏感的频繁交易者，只提供简单产品而不提供服务，佣金只相当于个人金融服务商的一半（刘运哲，2010）。

第三，业务创新带来服务种类与收入来源多样化。在技术创新和产品创新的基础上，证券公司开始提供多样化的增值服务，将许多服务项目从固定费率价目表中分拆出来，对履行订单分别收费但同时又创新服务项目组合，以种种方式更好地为投资者提供服务。而各大券商也在各自个性化的服务领域打出了品牌，例如美林集团在基础设施融资和证券管理方面享有盛誉，第一波士顿擅长于安排私募以及组织辛迪加，所罗门兄弟以做公司并购业务以及发行商业票据而闻名，高盛则普遍认为是拥有更好的行业分析及研究能力。这些变化集中表现为券商更加多元化的收入结构（表 3-1）。不过值得注意的是，虽然收入来源更加多样化，但是前文总结的收入模式两点事实并未改变：绝大部分收入仍是以资金量为基数按比率提取，而在佣金浮动后，只不过是增加了佣金费率针对不同的客户或在不同的竞争环境下自由调整的程度，同时证券投资者的投资损失仍然与证券公司无关。

表 3-1　美国券商的收入结构（2004 年）

项目	佣金	自营收入	交易收入	承销及包销收入	共同基金销售收入	资产管理和服务收入	利息净收入及其他与证券相关收入	研究商品及其他收入	净收入
收入比例（%）	27.18	1.01	12.84	10.38	10.65	11.82	8.55	17.57	100

资料来源：李彦. 股权分置改革后时代我国券商业务创新与盈利模式转型探讨 [D]. 西南财经大学硕士学位论文，2007.

（三）基金管理费

在美国，除了共同基金普遍收取固定费率管理费外，其他积极型基金，如对冲基金、风投基金、大宗商品基金、养老基金等，均是以管理费加业绩费的形式收取报酬。学界普遍认为收取业绩费的取酬形式更为合理。例如 Sirri 和 Tufano 便认为在固定费率形式下，基金虽然可以选择追求好的业绩表现从而增加基金规模（业绩导向型），但是也可以选择增加营销力度从而增加基金规模（营销导向型）（Sirri and Tufano，1993、1998）。Heinkel 和 Stoughton（1994）则明确指出业绩费有利于证券投资者识别谁才是真正以业绩为导向的基金经理，而不是以营销或其他为导向。而 Lynch 和 Musto（1998）更加直接地表示逃避通过业绩费取酬形式的基金经理是低技能的。那么为什么共同基金普遍采取固定费率管理费的形式呢？事实上这与政府管制密切相关。下面将结合美国股票共同基金收费形式变化表（表 3-2）来梳理一下美国在基金领域的管制及收费形式变迁。不过首先须强调的是，总体来看以资金量为基数按比率提取费用的模式不曾改变，虽然早期曾有过收取固定费用或工资的收费形式，但已逐渐被淘汰掉；而对称式的业绩费在原则上可以使基金公司承担证券投资失败的损失，但是现实中通过收费形式以及费率的调整，基本上不会出现基金公司承担基金亏损损失的情况。

表 3-2　美国股票共同基金收费形式变化

单位：只

收费形式	1927 年	1932 年	1942 年	1960 年	1969 年	1974 年	1984 年	1995 年
固定费率	6	65	87	223	303	405	449	2190
分级浮动费率	0	0	0	1	56	38	27	39
固定费率+业绩费	1	4	0	0	6	23	23	107
纯业绩费	13	32	11	7	5	3	0	0
固定费用	1	6	6	4	2	2	0	0
股票或期权	3	41	2	0	0	0	0	0
销售费用、工资或其他	104	271	170	97	86	77	42	15
总计	128	419	276	332	458	548	541	2351

资料来源：Golec J. Regulation and the Rise in Asset-based Mutual Fund Management Fees [J]. The Journal of Financial Research，2003，26（1）：19-30.

　　早期的基金管理费完全由市场决定，法律基本上不施加任何干预，但是由于要适用衡平法的一般原则，而衡平法本身则并没有有关报酬的信赖义务方面的规定，这意味着被信任者对委托人负有的信赖义务与关于报酬的信赖义务之间不存在必然的联系，因此当时的基金管理费主要是带有补偿性质，更类似于信托，基金管理人并不能借此谋利（王苏生，2002），因此从表 3-2 可见在 1927 年和1932 年时，绝大部分股票共同基金主要采取销售费用、工资或其他收费形式。

　　《1940 年投资公司法》明确了基金管理费的两项标准——"公司财产浪费"标

准和"信托权力滥用"标准，这给基金收取管理费提供了法律依据，即只要不违背这两项标准，基金公司可以取酬。随后管理费逐渐成为基金公司的主要收费形式（表 3-2 中 1942 年、1960 年、1969 年）。同时《1940 年投资公司法》严格限制共同基金收取业绩费，特别支持固定费率制，因此造成在 1960 年以前几乎没有按固定费率加业绩费形式收费的股票共同基金，而按纯业绩费收费的也越来越少。但是从 20 世纪 60 年代开始，股票共同基金公司开始创新收费形式以规避管制。主要的创新形式便是分级浮动费率，并且绝大部分是非对称浮动费率，即超过门槛时分得奖励而低于门槛时却受到很少惩罚甚至不受惩罚，同时这种奖惩采取看涨期权的形式，从而合理地规避了《1940 年投资公司法》的管制（Golec，2003）。

针对这种情况，1971 年，美国国会修订了《1940 年投资公司法》，明确规定了共同基金的费率浮动必须要符合对称原则，即管理费因证券投资业绩而得到的奖惩（上下浮动）必须对等，并且一直延续至今。这个限制对美国共同基金业随后的发展路径带来了巨大的影响。

第一，正如前文所提及的，美国的共同基金逐渐转向了固定费率形式。由表 3-2 中的数据可以算出，采用固定费率形式的基金占全部股票共同基金的比例持续上升，由 66%（1969 年）到 74%（1974 年）到 83%（1984 年）再到 93%（1995 年），而采取浮动费率或固定费率加业绩费的比例持续下降，由 14%（1969 年）到 11%（1974 年）到 9%（1984 年）再到 6%（1995 年）。这是因为在这种对称浮动形式下小基金（新基金）和业绩导向型基金会发现他们如果采用浮动费率形式（包括业绩费形式）收费，将很难赚得在固定费率形式下所能赚得的管理费，而在越来越多小基金和业绩导向型基金转变为收取固定费率管理费后，证券投资者将变得很难区分究竟哪只基金是业绩导向的，而这使得大基金和营销导向型基金更加缺乏足够的激励去选择浮动费率收费形式（Golec，2003）。

第二，随着越来越多的共同基金采取固定费率收费形式，费率水平也有所攀升。根据表 3-3 中的数据可得，费率大于 0.5% 的基金在固定费率股票共同基金中的占比持续上升，从 15%（1969 年）到 25%（1974 年）到 49%（1984 年）再到 80%（1995 年）。Malkiel（2013）则继续考察了 1996 年至 2011 年的股票共同基金管理费率的总体变化情况，发现无论个人投资者还是机构投资者所承担的费率都在上涨，尤其个人投资者的费率上涨显著。虽然有学者指出基金经理平均技能的上升有助于解释费率的提升（Heinkel and Stoughton，1994），但是 Golec

表 3-3 美国固定费率股票共同基金的费率分布变化

费率水平	1927 年	1932 年	1942 年	1960 年	1969 年	1974 年	1984 年	1995 年
0.5%	4	33	46	166	235	269	185	357
< 0.5%	1	10	20	16	24	36	43	76
> 0.5%	1	22	21	41	44	100	221	1756
总计	6	65	87	223	303	405	449	2190

资料来源：Golec J. Regulation and the Rise in Asset-based Mutual Fund Management Fees [J]. The Journal of Financial Research，2003，26（1）：19-30.

（2003）却证明了正是由管制带来的大规模地向固定费率收费形式转向，造成了管理费率大幅的提升。事实上，Sirri 和 Tufano（1998）发现降低费率对于扩大共同基金的规模作用不大，这在一定程度上也支持了 Golec 的观点。

（四）小结

经过对美国银行利率、证券佣金以及基金管理费的演进历程的冗长梳理后，在此简要地总结三点结论，第六章将对此三点结论的政策含义进行更为详细的探讨。

第一，前文总结的金融机构收入模式的两点事实总体上看并未发生过根本性的改变。这意味着在金融行业各机构以转移资金量收取比例费用来作为其提供服务的补偿存在某种合理性，又或者是金融机构拥有一定的市场势力，从而使其得以维持对其有利的收入模式。

第二，在金融领域几乎所有的收入模式调整的背后都存在政府的力量，而反过来政府无论是从放开到管制，还是从管制到放开，也都会引发金融机构收入模式的转变。

第三，总体来看，管制更多地发挥着保护金融机构既得利益的作用，而创新通常会打破管制与垄断。但是这并不意味着管制与创新是正相关的，恰恰相反，相对自由的环境更能激发金融机构的创新，并且这种创新通常是以更好地服务客户为导向的创新，而不是在管制情况下纯粹为了降低交易成本（管制套利）而进行的创新。

第三节 金融发展的倾向性

一、金融部门收入公式与金融发展的倾向性

（一）金融部门的收入公式

谈及金融发展，自然指的是整个金融部门的发展，分析金融发展的倾向性，也须站在整体部门的高度上来看待。在市场经济环境下，除了个别金融机构外（如监管机构），基本上都是市场化的运作，因此，追求自利的金融部门的发展，必然也受到市场环境下的某些激励约束机制的引导。其中，激励机制指的便是金融部门的收入模式。

不过在继续探讨之前，首先需澄清其中可能存在的几个问题。

第一，或许有人会质疑，个体对利益最大化的追求是否必然意味着整体上看也是追求利益最大化的呢？最为典型的持反面观点的理论便是传统的公共品分析。严格地说，对公共品的分析属于外部性理论，现实中外部性的存在是相当普遍的，阿尔奇安（2003）曾根据是否侵犯别人私有产权而将外部性区分为两种，并举例来说明二者区别："假如我在你家附近开了一家餐馆，并以优质服务在营业中取胜，你就会像我烧了你的一些房子那样受到了伤害；如果我开了一家餐馆，在你家邻近的土地上放臭味，冒黑烟，从而改变了你的财产的物质性能，这样，我就侵犯了你的私有产权。"公共品实际上可以归属于第一种外部性，即不侵犯别人私有产权的外部性，或者可归纳为"竞争性外部性"，博弈论工具的发展对分析这种外部性大有裨益，例如众所周知的"囚徒困境"。教科书中的一个典型分析公共品的例子便是公地放牧或公海捕鱼，由于每个人只考虑个人的成本收益而不考虑外部性，造成过度地放牧或捕鱼。其实金融行业也可被看作是一片"公海"，按传统的公共品理论的分析，如果没有行业保护的话，随着资本越来越多地涌入这片"公海"，会使得金融行业的整体利润降为零，按张五常（2014）的话说便是租值全部消散。不过张五常却指出这种分析并不符合现实，现实中一定会存在其他的种种安排，最终形成的一种均衡安排一定是将消散的租值减到最

小，也即将总租值增到最大。以公海为例，虽然对于公海里的鱼没有私产权利的界定，意味着谁都可以下海捕捞，但是不同的人拥有的知识不同，而知识将自然地成为维护资源使用的权利。鱼无价但知识有价，想要多盈利的捕捞者不得不出价购买知识，这代表着资源租值的转移，结果是知识这种局限的保护可以导致资源使用近于私产的效果（张五常，2014）。回到金融行业，同样的逻辑依然成立，而更具体地来讲，金融资本想要在这片"公海"中攫取更多的利润，必然需要出价购买金融从业者的知识，尤其是会以"天价薪酬"雇用金融高管，最终形成的一种合约安排的格局一定是使整个金融行业的租值最大，当然其中很多租值是作为知识的回报转移至从业者手中。关于知识的重要性，可以再举一个不太恰当但很形象的例子，那就是股评和股经。股票市场也可看作是一片"公海"，谁都可以进去炒一炒，随着股民越来越多，繁荣起来的不仅仅是股票二级市场，还有各种股评栏目以及股经书籍。通常的微观经济分析告诉我们，租值最大一定是完全垄断，或形成稳固的卡特尔，但那只是静态分析的视角，从动态的、发展的分析视角来看，一个竞争性的行业更容易繁荣发展。虽然创新理论的鼻祖熊彼特并不反对垄断，并且认为形成垄断的地位本身就是创新的一种（熊彼特，2009、1999），后来罗默、格罗斯曼、Dinopoulos 等人在模型中也将追求垄断租金视为内生增长的动力，但是不可否认在现实中竞争激烈的行业发展的速度会比较快，至少在激烈竞争下企业创新的动力或者说被迫创新的压力一定会更大，从前面梳理的银行和证券的发展史中也可看出这一点。并且在竞争环境下，企业会选择各自发展不同的核心竞争力，采取多样化的竞争形式和发展方向，更加细分市场并深挖市场潜力，或者可以说企业追求在大行业下的细分行业中的垄断地位，这些都有助于使得总租值最大化。

第二，本书强调的作为激励机制的金融部门收入，具体指的是金融部门的增加值而不是其利润。上述第一点澄清中实际上已给出了如此分析的一个理由，即金融行业的租值实际上是被金融资本所有者和金融从业者共同获得。不过更重要的还在于另一点。由于本书希望通过激励机制来探讨金融发展的倾向性，而第二章说过发展归根结底来自于创新，而创新者一定是人，是企业家，因此我们需要看的是对这些创新者的激励。在现实中或许是金融资本所有者扮演企业家角色，或许是作为雇员的金融高管扮演企业家角色，甚至是较低层的管理者也有可能扮演企业家的角色，正是对他们的激励主导着创新的方向，而创新的思想得以实现却又离不开企业家率领下的其他金融从业者的共同努力。因此可以说，探讨对金融创新发展的激励，则必然需要同时探讨对资本所有者和雇员的激励，因此增加值作为分析目标比其他变量更能反映出对二者同时的激励。

第三，在概括和抽象金融部门收入公式时，需要尽可能地平衡模型的真实性和简洁性。对此方面的论述可追溯到罗宾逊夫人，她在谈论经济学理论时曾指出，经济学的假设要兼顾"易于处理"和"符合实际"两方面（科斯，2007）。用一个小故事来说明这个问题：国王想要一份地图，首相拿来一张比例尺度为200000：1的地图，国王沮丧地说他在地图上根本看不到想看的东西，并要求拿一张更大比例的地图，后来首相拿来了一张1：1的地图，当然这次足够真实了，但却没有任何简洁性可言了（西蒙，2009）。

在厘清了上述几个问题之后，便可以继续本书的探讨。金融部门的收入模式事实上是对各个不同种类金融机构收入模式的一个总体上的概括与抽象，本书在前一节之所以大费周章，便是要为此处的分析进行一个基本事实的铺垫。我们可以将前文得到的金融机构收入模式的两个事实推及至整个金融部门，因为金融部门无外乎是各个金融机构的加总。这两个事实是：①按转移资金量收取一定比例费用；②不承担或较少承担投资失败损失。据此可得金融部门的增加值为：

$$R = \lambda r Q \tag{3.27}$$

其中，R 为金融部门收入，r 为平均费率，Q 为转移资金量，λ 为附加价值率。

简单说一下附加价值率 λ。中国投入产出学会网站上提供的各年投入产出表中的数据显示，中国在正式转为 SNA 核算体系（1993 年）后，历年的投入产出表中金融部门的附加价值率分别为 0.62（1995 年）、0.61（1997 年）、0.74（2000年）、0.64（2002 年）、0.61（2005 年）、0.69（2007 年）、0.65（2010 年）。从中可以看出，金融部门的附加价值率相对来说是比较稳定的。长期来看，随着金融的不断发展，随着融资规模的增大似乎并未带来明显的附加价值率的提升。因此本书将以一个固定的 λ 来代表附加价值率。注意，这里的"固定"主要强调的是长期来看 λ 不随金融发展而改变，同时不随 Q 的变化而变化，但并不意味着 λ 不会发生暂时性的改变。

事实上，该公式可通过第一点事实直接推得，而第二点事实则可以排除在式中考虑失败预期的因素，如果考虑则需将 r 变为 Er。注意，该式同样适用于分析个别金融机构。

前文提过，部分收费会根据投资盈亏有所奖惩，但是在此加总抽象时并未对此予以考虑，原因有二：①这种依收益浮动的收费形式虽然存在，尤其是在资产管理领域，但是更多的收费却并不考虑实际的收益水平；②总体上看，金融部门总是倾向于出现以金融危机为代表的整体失败（第四章会解释），而即便在失败前，通常还处处体现着成功的迹象，并且在失败后，金融部门在经济中的地位依旧不可动摇，因此即便考虑增加这种风险预期，排除掉失败发生的时点外，其他时间资金总体的收益水平波动长期来看并不足以对金融发展带来多大的影响，这就好比数学中的积分计算，某一点上的特殊值并不影响积分值，因此考虑到模型的简洁性而以平均费率来计算更为合理。

需要强调的一点是，从公式看，金融部门的收入公式似乎和其他部门收入公式并没有多大区别，在不考虑中间品投入的情况下，r 可以理解为价格，Q 则可以理解为产量，而收入等于价格乘以产量是适用于任何生产单位的。但是，这个貌似合理的说法其实是经不起推敲的。原因在于对通常的生产部门或服务部门来说，收入公式中的产量指的是产品或服务（后面均简称为产品）的数量，而提供的每一单位产品一定符合如下两个条件之一：一是可以单独核算成本的，其中成本通常分为固定成本和可变成本，每一单位的产品中仅包含固定成本中的一部分，但要注意每一个产品必然至少要有一种可变成本是可以单独核算的。二是其对于使用者来说，或者是可独立地为其带来效用，或者是可作为生产过程中的独立的一单位资本品或中间产品，在本书简称其具有经济价值。事实上，这也是通常情况下以这样一单位产品作为定价的基本单位的原因。反观金融部门的收入公式，其中并不体现其提供产品的数量——为多少人多少次提供了融通资金的服务。当然，我们也可以有另一种理解，那就是将"融通每一单位资金"作为整体金融部门提供的一单位产品，这包括两种形式：一种是借贷，比如银行的存贷款；另一种则是纯粹的资金转移，比如金融资产的买卖。这样 Q 便貌似成为其产量的衡量，但是这样便存在更大的问题，因为对于"融通每一单位资金"这种产品来说，人们根本没有办法单独衡量其成本，而这种产品也没有办法独立地带来经济价值，因此以"融通每一单位资金"作为衡量金融服务的基本产品单位没有道理。因此，这意味着转移资金量只是用来作为定价基数的一个"委托量"。关于"委托量"的详细探讨可参见张五常（2010），这里简单来说，"委托量"只是一种方便计量的量，需求者并不是真正需要用其计算数量的东西，真正需要的是包含在它里面的东西，而后者并不容易准确度量，因此选用前者大致作为度量的单位，比如说时间工资，老板事实上想要的是员工为他完成指定的工作，但却是按时间支付工资。不过需要注意的是，本书前面提到的性质与张五常的"委托量"想要表达的意思还不完全一致，本书是从供需两方面考虑的，而在张五常那里"委托量"只是从需求一方考虑。事实上，大部分带有中介性质的部门通常和金融部门一样，其收入也是以某一资金量（销售额）为基数乘以一定的比率，这作为基数的资金量统统属于"委托量"，也就是说这些中介部门提供的服务的数量及质量与作为"委托量"的资金量并不直接相关，再进一步便意味着这些部门在整个经济体中的功能发挥情况与其收入并不直接相关。我们可以抽象地将功能发挥情况理解为服务的量（数量及质量）乘以服务的经济价值，而收入则是资金量乘以比率，由于二者的基数不直接相关，而比率与服务的经济价值更是几乎没有任何关系，因此得出功能发挥情况与收入不直接相关的结论。不过，不直接相关并不意味着不相关，事实上在市场约束下，收入通常是对其功能发挥情况的衡量，否则以资金量作为"委托量"便不可能在该部门持续地存在下去。正如第二章所论证的，金融部门的核心功能是管理风险，而根据此功能发挥情况而得的报酬却选择委托在转移资金量中来收取。当然现实中采用"委托量"定价的不仅仅是文中提到的中介部门，范围要广泛得多。

但是，金融部门作为资金融通的中介部门，又与其他中介部门不一样。一般中介部门转移的产品本身仍然是具备上述提及的通常生产部门或服务部门产品的属性的，而金融部门转移的产品——资金在一定时期的使用权——在现代经济中却是不具备这种属性的。首先，并不存在资金使用权的生产成本，一单位资金使用权并不需要某些生产要素组合而成。其次，资金或资金使用权只是一种交换媒介，其本身并不为使用者带来经济价值，而是用其交换来的商品为使用者带来经济价值。之所以要强调单独一单位产品的成本或经济价值，是因为正是这二者的存在，使得在每一价格水平下，产品量的扩大都会受到供给方面的成本或需求方面的经济价值的制约。在量容易受到这种制约的情况下，根据该部门贡献衡量"委托量"的价值便相对较容易，因为量的变化不会太频繁，这便有时间逐步将价格逼近真实水平，这样将使得按委托量所取得的收入水平更容易作为其功能发挥情况的近似衡量。反观金融部门，其转移的产品由于不具备这种属性，意味着其产品量的扩大将不受到类似的客观因素的制约，相反其供求取决于人们的一些主观因素,因此量的变化相对来讲会更大、更频繁,使得"委托量"的价格很难调整到位,这使得在金融部门更加难以准确地用委托量的方法近似衡量其实际贡献,这意味着金融部门相比于其他中介部门来说,其功能发挥情况与其收入之间的关系被进一步拉远。

(二)金融发展的两个方向及现实中的倾向性

根据前文总结的金融部门增加值的公式,从激励的角度看,金融部门发展围绕着 r 和 Q 存在两个方向,并且这两个方向分别代表了两种不同的创新形式。一个方向是增加 Q,这更多地需要依靠引进新产品或开辟新市场,这个较容易理解;另一个围绕 r 的发展方向则更多地需要依靠采用新方法、控制新供给来源等来降低成本,这须结合个体金融机构与总体金融部门来综合分析。当个别金融机构通过创新降低了中间品消耗时,便意味着其成功地减小了自己的 λ,同时这意味着其自身增加值的增大。但是随着创新逐渐地扩散开来,所有机构甚至新的进入者都采取了这种创新时,便意味着创新者将不再能稳定地获得超额收益,相互间的竞争必然会带来 r 的下降,并随着 r 的下降使得 λ 又被重新拉回到较高的水平。从整个金融部门的结果来看,这个创新发展的方向必然是带来整体部门 r 的降低,而在创新扩散的过程中,全部门的 λ 会经历暂时的下降,使得整体部门暂时性地获得创新收益。可见,通过简单的理论分析便可看出,选择围绕 Q 展开的创新是可以将创新的收益延续下去的,而选择围绕 r 展开的创新则具有暂时性,其创新收益很难长久地持续,除非持续不断地降低成本。

从另一角度也可清楚地看到两种不同创新方向的区别,那便是站在实体经济立场上来看,金融部门无外乎是以一个融资中介的身份服务于实体经济,那么其服务水平提升了,要么体现为帮助实体经济转移的资金额 Q 增大了,要么体现在转移资金的成本(费率)r 降低了。

那么现实中金融发展究竟更倾向于 Q、r 两个方向中的哪一个呢?Philippon (2012)通过对美国金融机构进行的十分细致的测算给出了答案。他在一个含有家庭、非金融企业、金融机构三部门模型的框架下,分别测算了信贷市场、权益市场、货币和流动性市场的产出并加总为总产出,基本上涵盖了所有的金融服务,虽然衍生品市场没有计算进总产值,但 Philippon 认为在总产值中,衍生品带来的益处已经被包含进去了;同时他衡量了金融服务成本,也即金融部门的收入,对于 1947 年至 2009 年的数据,他使用增加值来衡量金融服务成本,而之前由于没有准确的增加值数据，他使用金融部门雇员收入占总体雇员收入比重来近似衡量金融部门增加值在 GDP 中的比重。单位成本即为金融服务成本与金融服务产出之比。事实上，我们可以看出，Philippon 测算的单位成本更接近于本书提出的金融部门收入公式中的 λr，而不是 r。

图 3-4 反映的便是美国金融产出单位成本变动的测算结果，其中两条线是使用流量数据，以及使用流量及存量数据的组合分别测算而得。而图 3-5 则考虑了金融服务质量的变化，质量主要衡量的是监督和筛选融资者的难度，该图的结果是使用流量及存量数据的组合测算的。由图可见，无论是考虑质量调整，或是不考虑质量调整，在长达 140 年的发展历程中，总体来看金融服务成本并未见到明显的下降，甚至有所上升。

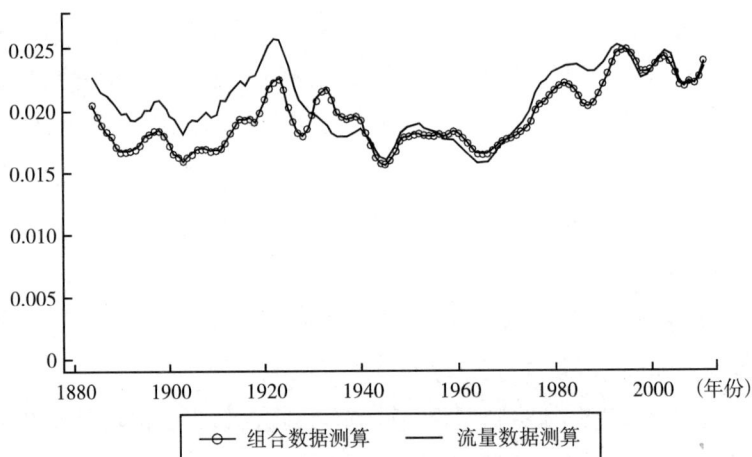

图 3-4　美国金融产出单位成本变动趋势

资料来源：Philippon T. Has the U.S. Finance Industry become Less Efficient? On the Theory and Measurement of Financial Intermediation [J]. NBER Working Paper, No.18077, 2012.

Bazot（2014）在 Philippon 研究的基础上，对欧洲的金融产出单位成本变动情况进行了测算。Bazot 基本上沿用了 Philippon 的测算方法，只是稍有改动。他认为使用银行的增加值会忽略掉一些银行的资本收入，例如资本损益、证券的股息和利息等，而用银行收入替代银行增加值或许会更好。

Bazot 对欧洲的测算结果反映在图 3-6 和图 3-7 中，同时为了比较他的稍做改动的测算方法与 Philippon 方法的差异，两个图中也画出了在 Bazot 方法下测算

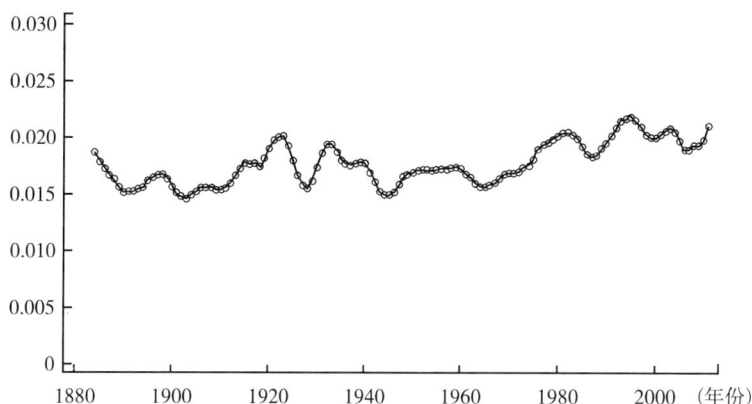

图 3-5 美国质量调整后金融产出单位成本变动趋势

资料来源：Philippon T. Has the U.S. Finance Industry become Less Efficient? On the Theory and Measurement of Financial Intermediation [J]. NBER Working Paper, No.18077, 2012.

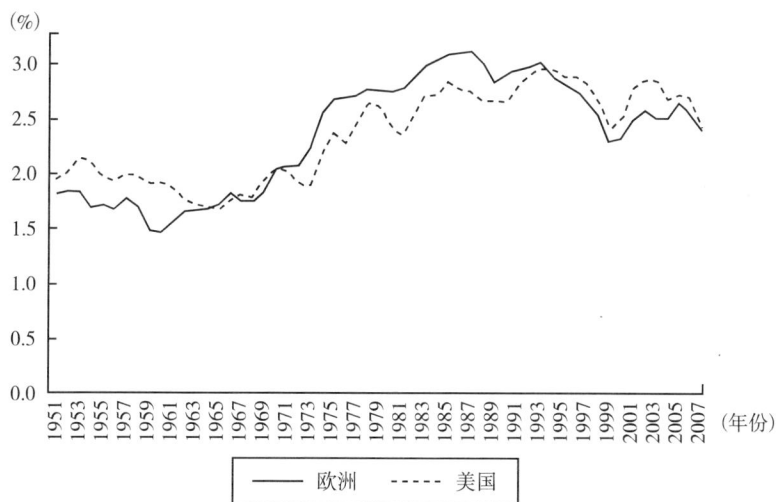

图 3-6 欧洲和美国金融产出单位成本变动趋势比较

资料来源：Bazot G. Financial Consumption and the Cost of Financial：Measnring Financial Efficiency in En-vope（1950~2007）[J]. Paris School of Ecmomics Working Paper, No.2014-17, 2014. 其中欧洲包括德国、法国、英国、意大利（1970~2007 年数据）、西班牙（1970~2007 年数据）、荷兰（1961~2007 年数据），这六个国家 GDP 总和占相应研究时期欧洲所有国家 GDP 总和的 85%。

的美国的结果。由图 3-6、图 3-7 可见，除了法国在 50 年间金融服务成本趋于降低，欧洲以及德国、英国等主要欧洲国家的金融服务成本同样并未见到明显下降，甚至有所上升。这充分说明发达国家金融部门普遍不会朝向 r 降低的方向发展。事实上，由于发展中国家在金融创新领域基本上少有建树，大多借鉴发达国

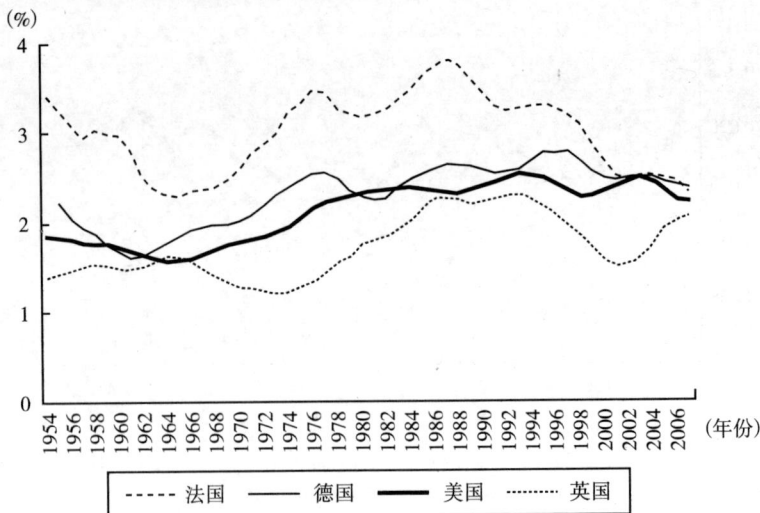

图 3-7　美国、法国、德国、英国的金融产出单位成本变动趋势

资料来源：Bazot G. Financial Consumption and the Cost of Financial：Measnring Financial Efficiency in En-vope（1950~2007）[J]. Paris School of Ecmomics Working Paper, No.2014-17, 2014.

家经验，因此发达国家金融发展的倾向性基本上可以代表在市场经济环境下金融发展普遍的倾向性——不在 r 的方向上发展，那就只剩下 Q 的方向了。

至于为何总体金融服务的成本普遍呈上升趋势，Philippon 并未给出解释，仅仅猜测这或许是源于缺乏效率的管制（Inefficient Regulations），而 Bazot 则给出了两个原因，一个是与名义利率的变化趋势相关，另一个则是由证券化的创新及扩散所带来的金融部门收入变动。不过需要注意的是 r 的升高并不意味已有各种金融服务的成本在升高，相反这些服务通常的改进方向一定是朝向降低成本，但是新的高成本服务的出现会不断拉升总体金融服务的成本。此外，还需注意的是，这种总体性的分析结果只能证明金融部门更加倾向于沿着扩大 Q 的方向发展，而不是说它根本不会朝降低 r 的方向发展，只是降低 r 的动力远不如扩大 Q 的动力强而已。

二、如何扩大转移资金规模：自我服务式发展

从本部分开始，将会反复出现"自我服务"的概念，此概念已在第一章中详加界定，不过这里还是有必要做一个简单的提醒，"自我服务"指的是金融机构或金融产品为其他金融机构或产品服务，而非局限于金融机构为本机构服务或金

融从业者为本人服务。

麦肯锡提供的数据显示，20世纪以来，金融始终在以超乎想象的速度发展着，以美国为例，1900年其总金融资产占GDP比例为101%，也就是说二者基本持平，但到了1980年，这个数字已经变为了194%，即总金融资产达到了GDP的近两倍，而更迅猛的增长恰恰从此时才开始，到2008年这个数字达到了392%，即该比例进一步翻番至GDP的近四倍（McKinsey Global Institute, 2009）。另一组全球的数据也可以证实1980年之后金融在全世界的高速发展态势。如图3-8所示，1980年时，全球金融资产规模与GDP规模相仿，而到了次贷危机前的2006年，全球金融资产规模已经是GDP规模的3.46倍。易纲和宋旺（2008）核算了中国的金融资产规模变化，其中国内金融资产占GDP比例由1991年的191.0%持续上升至2007年的395.7%。金融资产与GDP比值翻番增长，意味着金融资产的迅速增长完全不能用经济总量的增长或人们收入水平的增加这些外在的变量来解释，而只能是由金融自身的迅速发展造成的。其实，金融资产规模事实上也并不能完全体现金融服务的产出规模或本书抽象公式中的转移资金量，实际上它与前文Philippon等人核算的产出的差距还是相当大的，因为金融资产不仅被创造出来，还在不停地被交易，这些都是金融服务的产出，都伴随着资金的转移。

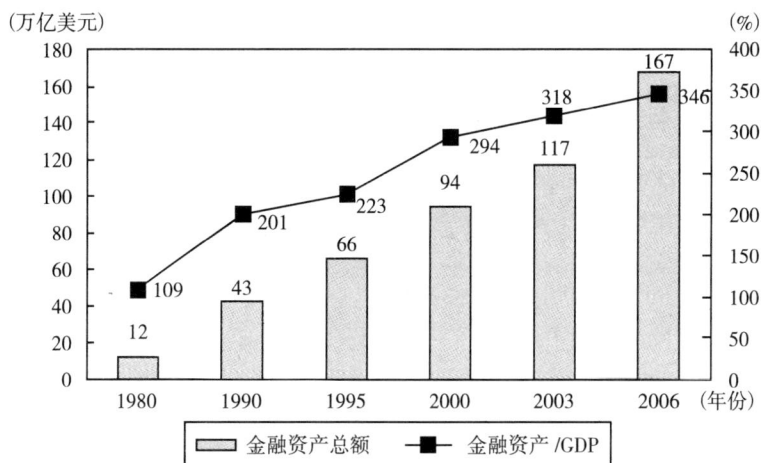

图3-8 全球金融资产变动趋势

资料来源：麦肯锡2008年报告 *Mapping Global Capital Market：Fonrth Annual Report.*

此外，另一点也特别值得注意，通常产品或服务需求量的增加往往伴随着价格的降低，或是质量提高而带来"单位质量价格"的降低，但是如上文所述，在金融发展过程中，以单位资金衡量的金融服务价格并未有明显的下降趋势，甚至在考虑了某种质量调整后也同样如此。在这种情况下，金融服务的产出规模大涨则更加堪称奇迹。那么金融发展中的奇迹是怎样做到的呢？

（一）创造新产品

从创新的角度来看，在扩大量的发展方向上的创新努力最主要地便体现在推出新的产品，并以之开辟新的市场。这是金融创新在现实中表现出来的第一种倾向。Graham 和 Dodd（1934）曾在 1934 年试图列举当时存在的证券的清单，其中包含 258 种证券，虽然他们列举的只是由通常的金融产品形式衍生出来的证券，并且他们自称为"部分清单"（Partial List），但是他们却也说是要尽量完整地展现，因此我们据此可以大致想象到当时存在的金融产品的种类数目。而在Tufano 准备为《金融经济学手册》撰写"金融创新"一文时，他的助手为他列举了一张包括 1836 种证券的清单，这些证券均是在 20 世纪 80 年代到 2001 年间出现的创新产品，并且 Tufano 认为即便如此也并不完整，因为其忽略了许多重要的交易所交易衍生品、场外交易衍生品、新的保险合约和新的投资管理产品（Tufano，2003）。虽然 Graham 等人清单中的金融产品数目与 Tufano 清单中的数目并非使用可比的同一统计口径，但通过两个数目至少能明显地看出，分别存在于这两个时代的金融产品种类存在量级上的巨大差异。看到这种量级上的巨大差异，我们便不难理解为何金融资产总量会如此迅速地膨胀了。尤其是伴随着现代资产组合理论的逐渐兴起，金融工程师们更是拥有了加速金融产品创新的"利器"。无怪乎 Miller（1986）在 80 年代中期会感慨："历史上有哪个二十年的时间能够出现过去二十年金融创新数量的十分之一呢？"而 Tufano（2003）则进一步指出，这个创新的浪潮还在继续延续。

由于两点原因，不断创造新的金融产品确实可以做到在总体价格水平不下降的情况下使需求量大增。首先，新的金融产品可以开拓新的市场需求。第二章曾指出，资本所有者可以通过金融安排来分担企业家的创新风险，事实上，购买任何一种金融资产都是在购买一种风险，虽然一些金融产品的设计是为了对冲某种风险，但是如果我们先不看被对冲的那部分内容，仅单独看这个金融产品，那一定是存在风险的。大家的风险偏好各有不同，因此原有的金融产品或许并不能迎合部分需求者的偏好，而新产品恰恰通过挖掘这些偏好从而额外增加了金融部门总体的资金转移量。甚至一些学者相信，金融产品种类增加本身便有利于人们进行更好的资产组合以降低风险（Chen，1995），因此增加的新产品一定会有需求。其次，新的金融资产种类，尤其是交易性金融资产，一定会带来大量的投机需求，事实上这对扩大资金转移量来说更为关键。学界对有效市场假说一直存有争议，2013 年的两位诺贝尔经济学奖得主法玛和希勒恰是各自一方的代表人物。本书并不想纠结于该假说是否成立，但仍然认为市场虽不一定时时有效，但大致上应该是有效的，否则便会被淘汰掉，而一个有效市场的形成则必然需要大量的投机者，正如许多学者认为即便基金经理不能战胜市场，但是如果通过他们的投机行为创造出有效市场，那么他们的劳动仍然是有价值的（Greenwood and Scharfstein，2013），当然也有人对此表示怀疑，如 Malkiel（2013）。不过即便市场被证明无效，也还是需要大量的投机者，例如希勒（2007）认为市场的波动大于有效市场假说可以解释的程度，但是这种过大的波动恰是由于人们非理性的投机造成的。德鲁克曾说过："在跨国经济中，90%或者更多的金融交易并不是在履行经济学家心目中的经济职能，而纯粹是在履行金融职能。"[①]事实上，任何一种新的交易性金融资产的成功推出，一定意味着大量的投机性资金竞相涌入。

更为重要的是，这些创造新需求的金融产品创新通常都是在原有金融产品的基础上"加工"而得，或者是与原有金融产品存在密切的联系。在原有金融产品的基础上"加工"的例子最典型的莫过于金融衍生品，另一个例子是在股票的基础上"加工"而得的基金；与原有金融产品密切联系的例子有风险投资基金或私募股权基金，这些基金与股票发行密切相关。因此对于新产品的需求增加往往也会同时增加对作为其基础的或存在密切联系的原有金融产品的需求，这便形成了一种金融发展的自我服务倾向，即一些金融产品的诞生或是主观上，或是客观上促进了对另一些金融产品的需求。再次强调一下，降低成本或提高质量的替代产品也是存在的，但如前文所述这不是金融发展的主要方向。由于所谓的金融产品事实上也只是代表着一种转移资金的规则，因此通过现代的金融学理论便容易将存在的一些规则再进行拼接，于是理论上讲金融产品的创新可以在已有的金融产品的基础上一层一层地垒上去，衍生之后再衍生，因此我们在现实中得以看到前

[①] 德鲁克. 新况实［M］.刘靖华译. 北京：中国经济出版社，1993：104.

文所述的金融产品创新浪潮。不过在这个过程中金融就会变得离实体经济越来越远（李扬，2009）。

（二）提高资金运转速度

由上述的第一种倾向又会进一步引出金融创新的第二种倾向，那便是不断地加快资金在金融体系内的运转速度。由第一种倾向可推得，对于金融产品的需求量会变得越来越大，不仅增加了对新产品的需求，同时也增加了对原有产品的需求，但是如果人们手中的资金量是一定的，那便存在一个很大的问题，即哪里来的资金支持迅速膨胀的金融资产需求。那便是通过加快资金在金融体系内的周转速度来变相地扩大可用于购买金融资产的资金规模。

经典的交易方程告诉我们 $MV = PY$，实际上我们很容易将该方程进行扩展，并将其中的部分概念稍做改变，从而得出一个方程组：

$$\begin{cases} M_a V_a = P_a Q_a \\ M_b V_b = P_b Q_b \\ M_a + M_b = M \end{cases} \tag{3.28}$$

合并可得

$$(M - P_a Q_a / V_a) V_b = P_b Q_b \tag{3.29}$$

其中，M_a、M_b 分别表示用于进行商品、服务等实际产品交易和金融资产交易的货币量，M 为总货币量，V_a、V_b 分别表示两种交易各自的货币流通速度，P_a、P_b 分别表示实际产品与金融资产的价格水平，Q_a、Q_b 分别表示二者的交易量。在方程中我们看到，如果能够通过创新不断地增大 V_b 的值，事实上相当于变相地扩展了货币供给的规模，这将使得一定量的货币得以支持的金融资产交易额，即 $P_b Q_b$ 被放大，整体金融部门按交易额抽取的费用也将扩展。当然，增大 V_a 具有类似的效果。事实上，这个逻辑并不难理解，早已有学者由此展开分析相关问题了，例如刘骏民（1996）在相似的货币数量公式的基础上分析了虚拟资本的运行与"泡沫经济"。

有几种方法有助于加快金融资产交易资金的周转速度。

第一，将人们的长期资产转变成短期资产，将不可流动资产转变成可流动资产。尤其是发展证券等直接融资途径，因为证券会具有更强的流动性，更易频繁转手。这造成的一个直接后果是存款在金融资产中的占比减少，根据 McKinsey Global Institute（2008）中的数据计算可知，在全球金融资产中银行存款所占比重由 1980 年的 41.67% 降至 2006 年的 26.95%。

第二，建立并完善金融资产的二级市场，促进交易的活跃，增强资产流动性。

第三，直接创新加速交易的方法。例如引入高频交易，Hu（2012）便指出由高频交易带来的交易速度加快是证券市场微观结构（Market Microstructure）的重大转变。

第四，推进支付体系建设，这可同时适于增大 V_a 和 V_b。

随着金融资产流动性越来越强，同时金融部门自身也在发展货币与流动性市场方面不断努力突破，越来越多的金融资产逐渐衍变成为准货币或广义货币，这意味着增大了 M，这将进一步为金融资产交易提供资金上的支持。

为了增加流动性，金融机构需要通过各种金融创新来辅助原有的金融功能发挥，或者是进行产品的创新，或者是过程创新，也有可能二者兼有，并且大多数情况下表现为主观上有意进行的自我服务式发展，即某金融机构（有可能是全新的金融机构）进行创新以增加其他金融机构的或增加自己的相关资产的流动性，或者直接通过创新注入新的流动性。创造出票据用来结算就是产品创新的一个例子，同时这也是金融机构创新以增加自己资产流动性的例子；交易所的建立则是过程创新，同时也是为其他金融机构创新的例子；一个复杂的二者兼有的例子便是美国次贷危机前的复杂的"影子银行"系统的建立，这也是通过创新注入新的流动性的例子，不过注入新的流动性的更好的一个例子是比特币。其实央行（也是金融机构）经常也创造新的工具为整个金融系统注入流动性。总体上看这些都为整个金融体系增加了流动性，有效支持了金融资产的膨胀及越发迅速的交易，充分体现了金融部门内部合作共赢的"自我服务精神"。当然不可否认，这种"自我服务"通常情况下也是为了更好地为实体经济服务。不过，这带来的一个直接的后果便是越来越多的资金开始在金融系统内部打转，而原本一个完整的融资过程便被拆散成一个个环节，并拉成一个长资金链条；而实体经济中投资项目的成功与失败原本或许应由一个中介承担责任，现在也变成由这一链条上的所有参与者共同负责，而大家负责的结果有时又进一步变成谁都不负责。尤其是伴随着市场越来越多地取代中介，金融机构则可进一步推掉责任，将风险留给证券买卖者自行承担。对此问题更为详细的分析留待第四章展开。

（三）竞争还是合作

现实中，也频有与原金融部门直接展开竞争的金融创新出现，例如货币基金给银行存款带来了竞争等，但是更多的创新还是体现着金融机构间的合作精神，即便是刚刚提到的货币基金本身的创立也体现着金融机构间自我服务式的合作，因为它在为同业拆借市场提供资金。在一些时候，这种合作创新体现了金融机构规避监管或管制的需要，例如资产证券化。实际上，任何国家对于金融行业的管制或监管都会格外严格，远超对其他行业的管制或监管，这实际上构成了激发规避型金融创新的一个动因，在这方面已经有比较成型的理论。不过由管制或监管带来的另一种影响更加值得深入探讨。管制或监管，尤其是管制往往在初期都具有保护既有金融机构的色彩，正如第二节的历史梳理中所体现出来的那样，而金融部门的每一个子部门通常在特定的监管者或政策制定者那里也能占据一定的位置。因此在这种情况下，创新者如果采取自我服务式的合作创新来实现总体资金转移量的增长，更容易被既有的相关子部门所接纳，甚至既有子部门由于自身受到限制会很乐意给予这种创新以或明或暗的支持；反之，如果创新者采取竞争性的或创造性毁灭式的创新形式，比如前面提到的降低成本式的创新，势必带来与既有子部门间的直接冲突，这种竞争不仅直接增加了创新的难度，而且既有子部门还可以通过影响监管者或政策层，进一步在合法合规性等方面给创新者带来极大的阻力，在任何国家，政策取向对于金融发展的路径选择都是至关重要的。当然监管者或政策层阻挠创新并不一定由于其被既有金融机构"俘获"，很多时候也是出于风险的考虑，希望维护金融体系稳定。只不过，遇到竞争性创新时，既有金融机构会更多地鼓吹风险，而遇到合作性创新时则不会，甚至故意隐瞒或低报风险。事实上，我们可以进一步推断，管制越严格的国家，对这种竞争性创新的阻力越大。

除上述管制或监管因素外，金融体系内部极强的关联性也使得任何一种金融服务都很难独自发挥其功能，因此即便是与实体经济紧密相连的金融创新，往往也需要借助于已有的金融体系才得以发挥作用，反过来该创新也将为原金融体系服务。下面列举几个20世纪极其重要的金融创新来说明这一点。

第一，风险投资基金。许多新兴产业的高风险企业通常很难通过发行股票筹资，同时由于信用程度低且缺乏抵押资产，也很难从银行得到贷款，而风险投资基金则可以在掌握与监控所投资的企业，甚至参与其经营的基础上，对其进行资金支持。风险投资基金的退出方式之一便是公开上市，并且对于企业上市来说，风险投资的支持作用变得越来越明显。数据显示，20世纪80年代美国的IPO中由风险投资支持的比例不足 10%，而到 90 年代则升至 31%，尤其是 1999 年高达 56%（Gompers and Lerner，2001）。由于种种原因受风险投资支持的新企业更容易获得上市机会，这意味着风险投资基金可以给投行业务带来很大的支持，实际上一些投行为了自己未来的承销业务也亲自去做风险投资业务，而反过来一个成熟而完善的资本市场同样也是风险投资基金得以健康发展的保障。关于风险投资对于企业的积极作用的一个简单但很全面的文献罗列可参看 Hellmann 和 Puri（2000）。

第二，共同基金。共同基金自 1924 年成立以来，经历了高速的发展。美国投资公司协会（Investment Company Institute）网站上发布的 2015 *Investment Company Fact Book* 中显示，截止到 2014 年年底，全世界共同基金总值达到 31 万亿美元；其中美国拥有世界上最大的共同基金市场，其拥有共同基金数量达到 7923 个，总值近 16 万亿美元，有 5320 万个家庭持有共同基金，占总家庭数的 43%。作为一种金融创新，共同基金与原有金融体系关系十分密切：一方面，其投资对象就是原有的各种证券与金融工具；另一方面，共同基金通过投资于原有的证券和金融工具，也能促进相关金融机构的发展。以股票基金为例，由于其专业化的运作以及分散的证券投资组合，使得其证券投资风险及操作成本与散户比起来要大大降低，同时其也为市场带来了更多的理性与稳定，这些均能起到动员储蓄、促进股票市场繁荣发展的作用，自然有利于承销商、经纪商等一系列相关金融机构的发展。

第三，资产证券化。这是一个最好的合作创新的例子。资产证券化是以某种资产及其未来现金收入流为基础和保证而发行债券、进行融资的方式，其最初产生是为了支持住房抵押贷款，后来被扩展到其他消费贷款领域。随着创新的逐渐深化，重复证券化使得资金链条越拉越长。以一个典型的美国"影子银行"链条来展示一下这种合作创新的复杂性，如图 3-9 所示。从中可以清楚地看到，一个由存款到贷款的过程怎样被这种合作创新拉成了一个的长链条。其中包含着的多个金融机构一层层地为其他金融机构服务，也包含着多种金融产品一层层地为其他金融产品服务。

最后，需要特别强调的是，金融行业的每个个体创新者进行金融创新时只是为了自己能够赚取利益，并不一定考虑到为其他金融机构提供自我服务式的合作创新，但是由于种种原因（或许有一些原因在上文也并未涉及），客观上造成的

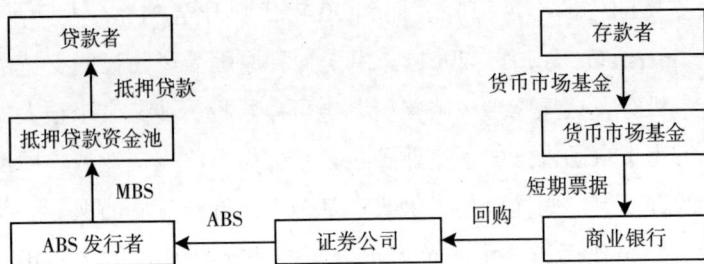

图 3-9　美国"影子银行"链条

资料来源：Adrian T. and H.S. Shin. The Changing Nature of Financial Intermediation and the Financial Crisis of 2007~2009 [J]. Annual Keview of Economics，2010（2）：603-618.

结果是成功的创新更多的是具有自我服务倾向的，而正是这种自我服务倾向确保了整体上的金融发展得以在价格不下降的情况下使产出规模大涨，这可以抽象地被理解成为是整个金融部门整体选择的结果。

第四节　约束机制

一、概述

收入模式作为一种激励机制，决定了金融部门通过自我服务式的发展扩大转移资金规模的倾向性，事实上同样的收入模式也给单个金融机构甚至从业者带来同样的激励。虽然单从激励机制上看，金融机构的收入与转移资金量成比例，且其往往并不承担或较少承担投资失败损失，似乎并没有足够的动力推动金融机构及其从业者朝着实现其核心功能——管理风险——的方向努力，但现实中我们能够看到大多数情况下金融机构及其从业者也并不会不顾及风险而盲目进行量的扩张，而整个金融部门发展的结果也确实是朝向改善金融功能和服务实体经济的，其根本原因便在于现实中存在对于金融机构及其从业者的约束机制。

本节将指出在现实经济中，金融机构及其从业者的行为会受到三类约束，它们分别为市场约束、行业约束和官方约束。由于这三个词或许并不能很好地概括本书希望表达的三类约束，因此有必要简单说一下三类约束划分的标准。这还是从分工的角度进行的划分，市场约束主要强调的是非金融专业人士对金融机构及其从业者的约束，而行业和官方约束则是专业人士对其的约束，其中行业约束强调的是通过其专业性在金融行业内谋取经济利益的专业人士之间的约束，而官方约束则是那些不在行业内谋取经济利益的专业人士（监管者）对金融机构及其从业者进行的约束。其实对于金融监管体系的研究通常也有类似的视角，例如IMF的癸田（1999）便指出银行业稳健的三大支柱为官方监督、内部管理和市场纪律，而《巴塞尔协议Ⅱ》也将最低资本要求、外部监管和市场约束作为资本监管的三大支柱，在此影响下，许多学者也往往将行业自律、市场约束等内容统一在金融监管体系的框架内。不过本节讨论的约束与通常从监管体系角度探讨的内容不尽相同，同时本节旨在罗列出金融机构及从业者现实中主要受到的约束，而并不涉及相应的改进思路，完善监管方面的政策建议留待第六章讨论。

二、三类约束

（一）市场约束

按照本书的分类标准，市场约束的实施主体主要包括三种：金融资产需求者、融资者、股东，这里的股东主要指大众的非专业的金融机构股票持有者，而非金融大鳄们。不过股东方面的"用脚投票"以及融资者方面的优质客户流失等约束机制，也可以看作是同业竞争的结果，因而在此不做更多探讨。这里强调的市场约束主要来自金融资产需求者，事实上正是他们持有或买卖金融资产的行为直接与金融机构扩大转移资金规模密切相关。

需求者在选择购入或持有金融资产时，一定会进行风险、收益的权衡，并选择最符合其偏好的金融资产。如果金融机构并未尽到良好的管理风险职能，使得相应的金融资产的风险收益情况不符合需求者的偏好，那么该资产会很难出售，如果金融机构后期的运作违背了需求者最初选择时的初衷，那么他们便会抛售这些金融资产，比如存款人挤兑银行或者股民从股市撤资等，这些都会给相应的金融机构带来很大的经营困难。如果是个别机构出现问题，那么这些资金可能会转移到同类的其他机构，而如果一类机构普遍出现问题，则资金会转移至其他类金融资产。可以说，在市场经济中，需求者的需求是对金融机构扩张转移资金量的最主要制约。当然这有赖于一个有效的金融市场。不过正如前所述，尽管有学者可以证明市场并非时时有效，但也一定在大致上是有效的，否则该市场便会随着经济发展逐渐被淘汰掉。

（二）行业约束

对于金融机构来说，行业约束主要包括两方面。最主要的一个是同业竞争带来的约束，如果一个机构并未尽到其管理风险的职能，那么便很容易在竞争中败北；另一个约束便是行业自律，通过共同组建行业协会来规范金融机构行为，建立良好的行业秩序，行业协会的监管通常被看作是官方监管的有益补充。在这两方面约束的情况下，金融机构会进行自律，即约束自己的机会主义行为，因为这种行为虽然可以在短期内增加机构收益，但是长期来看必然损害其在市场中或行业中的声誉，进而遭到市场和其他金融机构的排斥以致经营失败，因此，机构自律事实上也是建立在利益最大化的基础上。其实还有一种约束来自于会计师事务所、评级机构等社会中介组织，这有时也被看作是一种市场约束，因为其通常是作为独立的第三方立足于金融机构与相关利益者之间。不过在本书的划分标准下，更倾向于将其看作是一种行业约束，因为这些社会中介组织的从业者与金融机构的从业者在专业素质方面相差并不大，并且二者在很多时候（例如证券发行）表现出来的是一种合作关系，因此在理论上将其纳入金融行业或许更为合适。

当金融机构进行自律时，从业者的行为必然也要受到约束，因为从业者自身的机会主义行为一旦暴露，其将面临被公司解约乃至在金融行业内再也无法找到类似工作的风险，同样，长期来看这并不符合其利益最大化的目标。

（三）官方约束

官方约束主要指的是通常说的金融监管与管制，之所以没用"金融监管与管制"来概括相应内容，主要是考虑一些学者会将行业自律、市场约束等内容均包括在金融监管体系的框架内，而这里谈论的监管只是官方的监管，即政府通过特定的机构对金融交易行为主体进行的某种限制或规定。本质上讲金融监管与管制均属于政府的微观规制行为。

官方的监管与管制涉及事前、事中、事后的诸多内容，比如前期的准入和审批，运行过程中出于防控风险的目的对金融机构诸多指标的要求（比如对银行杠杆率或资本充足率的要求）、为维护金融市场秩序而制定的一系列规则（比如信息披露）以及一些更为直接的管制（比如对利率或信贷方面的管制）等，而发生问题时还要有相应的援助救济及危机处理机制，包括存款保险、最后贷款人制度等。此外，对金融机构的违法违规问题也要进行追查和处罚。

　　这些监管和管制必然给金融机构的经营带来很大的制约，无形中增加了其经营成本，减小了其可自由选择的空间。监管或管制的最重要的理由便是要矫正金融机构经营过程中产生的外部性，尤其是针对其风险的扩散，例如金融机构破产所带来的巨大的负外部性。因此，通过增加金融机构成本，促使其尽量做出符合社会目标的选择。

第五节　本章小结

　　金融经济协同发展意味着金融部门自身的创新发展能够使其管理风险的核心功能得到不断的改善，从而使其更好地支持实体经济发展。然而在现实中，金融发展与经济发展之间却并非是简单的线性关系。金融发展依赖于金融家进行金融创新，而这种创新同样存在风险。金融创新者所受到的激励与约束之间能否平衡，决定了金融创新究竟是"可控创新"还是"失控创新"。

　　从现实中金融机构提供的各类服务来看，其收入模式是按转移资金量收取一定比例费用，并且不承担或较少承担投资失败损失。这种收入模式长期以来并未发生实质性的改变。在这种收入模式下，金融部门的收入水平并非与其管理风险的核心功能的发挥相对应，而是由一个委托量——转移资金规模——来决定。由于金融产品的虚拟性，相比于实体经济部门来说，这种委托量事实上难以衡量其对实体经济的贡献。在这种收入模式的激励下，金融创新发展明显具有倾向性，即倾向于关注转移资金规模的扩大而非金融服务效率的提升。为了做到规模的扩张，金融部门倾向于进行自我服务式创新，这主要通过创造新产品和提高资金运转速度两种途径来实现。

　　不过，虽然金融部门所受到的最基本的激励机制难以促使其自发地实现与实体经济的协同发展，但这并不意味着其始终在进行着脱离实体经济的异化发展。金融机构及其从业者的行为受到诸多外部力量的约束，这保证了其创新发展在大部分时间里仍能围绕着金融经济协同发展的目标，这些约束包括市场约束、行业约束和官方约束。

第四章 金融部门的创新与异化

第一节 金融创新与风险：文献述评

一、金融创新与风险化解

Van Horne（1985）曾经指出，金融创新是一个金融体系的基石，是维系一个有效且灵敏的资本市场生命的"血液"。从前面章节的论述中不难得出如下结论，那便是金融创新可以更好地完善金融部门的风险管理功能，使得金融从业者得以更好地处理实体经济中的风险。即便是被国内一些学者所谈之色变的高风险衍生品，其创设的目的以及现实中的作用也在于更好地管理风险，包括处在次贷危机旋涡当中的信用衍生品。虽然相对于金融创新的重要性来说，学界对其的研究明显偏少，例如在 Frame 和 White（2004）的一篇综述中，他们仅能找到 39 篇关于金融创新的经验研究，但是我们仍然能够通过梳理现有文献中的相关观点，而使得相应的观点更加清晰地展现于此。

学者们探讨最多的是金融创新如何更好地再分配风险。专门针对此问题进行的较早的研究来自 Allen 和 Gale（1994），虽然他们认为阿罗 1953 年便已经对此有所涉及。不过实际上，在 Allen 等人之前，学者们（包括阿罗）的研究虽然涉及了风险分散，但其目的主要是研究证券投资组合，在这些研究当中，相对来讲，Merton（1987）的引入不完全信息的资产市场均衡模型或许与本书所探讨之问题更为相关，因为其模型的构建确实是充分考虑了罗杰斯的创新扩散理论。Allen 等的研究系统地考察了金融创新，尤其是探讨了其与分散风险之间的关系。

他们重点考虑的是引入新证券的作用，强调在不完全的市场环境中，企业和政府在一些约束条件下（例如对于卖空机制的限制等），为了更好地分散投资者风险而具有金融创新需求。Chen（1995）模型化了金融中介在原有证券基础上衍生出新证券的机制，他同样是考虑了 Allen 等人研究中的卖空限制，并指出金融创新可以通过降低市场的摩擦成本而为创新者带来利润，而摩擦成本的降低使得市场得以朝着更加完善的方向改进，也因此使得投资者能够更好地分散风险。虽然按照 Tufano 的分类，上述两个研究都只是考虑了产品创新，但是其研究是建立在一般均衡的基础上，因此可以说是在将金融创新纳入主流经济理论体系的道路上迈出了比较坚实一步。其他一些与证券创新相关的研究虽然或多或少也能体现出创新促进风险分散的论点，但其研究重点却在于证券设计（Duffie and Jackson，1989；Cuny，1993）。

还有学者立足于其他一些视角对金融创新的风险分散功能进行了探讨。其中一个视角是国际化。随着全球经济、金融一体化步伐的加快，国际资本流动愈加频繁，与之相伴的则是新制度、新技术、新载体的出现以满足金融国际化的需求。因此，这种金融体系的国际化融合本身便符合一种广义的金融创新。一些学者便立足于国际化的大背景来探讨国际范围的风险分散。普遍的观点（尤其是金融危机之前）是由于金融体系的融合，风险可以被更好地定价以及被更好地跨国再分配，而追求这种更有效率的再分配风险的金融创新也给人们带来更好的生活标准（Blommestein，2000；Mendoza，2009）。另一个研究比较多的领域则是证券化。虽然在次贷危机后，对于证券化的认识更多地集中在其增加系统性风险上，但是之前的研究则更加关注其积极的一面，尤其强调其有利于银行更好地管理风险，例如通过减少挤兑可以降低银行脆弱性（Santomero and Trester，1998）等，从而敢于承担更高水平的风险贷款以支持实体经济的发展。

除了分散风险外，其他的探讨领域还有金融创新有利于解决代理问题，对于企业外部的投资者来讲，这意味着可以帮助他们更好地控制投资风险。Ross（1989）指出代理问题使得借款成本高昂且受到限制，外部投资者很难评估一些资产的价值，尤其是一些劣质资产，但随着经济环境的变化，金融机构发现销售这些劣质资产变得有价值，这时投资银行便可以通过金融创新来为这些资产开辟新的融资渠道。Harris 和 Raviv（1989）认为解决代理问题是证券设计需要考虑的一个关键因素，由于对公司的控制将会给管理者带来私人的利益，因此使其有动机为了获取公司控制权而降低公司的市值，这必然带来管理者与投资者之间的利益冲突，而有针对性的证券设计则试图解决相应的利益冲突，以最大化公司价值。另外，也有学者另辟蹊径地模型化了金融创新降低操作风险的作用机制（Philippas and Siriopoulos，2009）。

综观学界对于金融创新促进风险管理方面的研究，金融创新似乎普遍表现为一种被动的创新，即被动地适应市场的需求，在许多学者的研究中不难看出这样一种思路：只要实体经济发展受到了现有的金融体系的限制，那么便会自动地产生金融创新去完善市场。这实际上与经济学其他领域对于创新的研究有很大不同，在那里创新是主动的，与企业家精神密不可分。这并非是专门针对研究金融创新的学者的苛责，实际上金融本身至今也未能很好地融入整体的经济发展理论之中，正如 Allen（2001）所指出的，金融机构似乎在大部分金融经济学领域的研究中是不存在的。不过最近，一些学者开始试图在这个方面有所突破，例如本书在第三章第一节中重点介绍过的 Laeven 等（2015）的金融经济协同发展模型，便是考虑了熊彼特意义上的金融创新，在他们的模型当中，企业家通过更好地发明新产品获取利润，而金融创新者则通过更好地识别企业家来获取利润。随着实体经济中的技术进步，原有的识别过程变得越来越没有效率，因此迫使金融家必须跟上企业家的创新步伐，通过不断的金融创新来保证金融体系能够很好地发挥作用。该文章的研究重点虽然并非针对本部分所论述之主题，但却可以从三个方面完善对本主题的认识：第一，通过强调金融创新者为进一步的研究引入了一个熊彼特意义上的动态视角。第二，它考虑的金融创新不仅仅局限于产品创新，而是将其扩展至过程创新。第三，识别企业家本身便包含着对于投资风险的识别，事实上，更好的风险识别作用在原有的金融创新领域理论文献中并不多见。

除了理论上的探讨外，经验分析往往是通过某个特定的创新事例来进行分析。由于金融创新有助于更好地控制风险的观点比较普及，因此与之相关的案例研究不在少数，一本比较好的著作来自梅森等人（2001），他们提供了足够多的案例以帮助人们理解金融创新与控制风险之间的关系，包括控制发行者面临的风险以及管理投资风险。特别需要提及的是一个有趣的相反逻辑的论证，它来自 Rogalski 和 Seward（1991）。他们通过外汇兑换权证（Foreign Exchange Currency Warrants）的案例来说明金融创新与风险管理之间的关系。从传统的莫迪利亚尼-米勒理论进行扩展，会认为对冲和风险管理行为对公司价值并无影响，但

Rogalski 等则认为如果投资者高估了创新的公司证券的价值，则公司便可通过对冲和风险管理技术将由此带来的净收益保存住，因此他们认为公司增加对冲及风险管理行为是金融创新的直接后果。

另一个角度则是强调金融创新在识别风险、解决信息不对称问题方面的作用，这在诸多基于历史的研究中有所体现，例如研究美国 19 世纪的铁路融资（Chandler， 1954、1965；Tufano， 1997）或美国战后风险投资的逐渐兴起（Gompers and Lerner， 2001）。一个对于金融发展与企业资金筹措的历史的梳理，可参见巴斯金与小米兰蒂（2002）的《公司财政史》。

虽然，对于金融创新，人们的共识是更好地控制风险，但是我们必须要明白控制风险的目的还是要使得风险的承担更加有效并且更加符合投资者的偏好，以便于筹资者更好地筹措资金，例如，Tufano（1989）统计了 1974 年至 1986 年的 58 项金融创新，它们共计在美国的资本市场上筹措了 2800 亿美元。在经济体系中，金融部门作为一个整体，其主要功能并不在于生产有形的产品或提供实实在在具有某种效用的服务，而只是作为资金融通的中介。因此，在教科书中，转移资金往往会被排在金融功能的第一位，虽然对于金融部门包括其从业者来说，管理风险才是其真正的专业之处。实体经济中的筹资者筹集资金往往用于与创新相关的投资——这里的创新应从更加接近熊彼特意义上的创新来理解，那便是基于企业家精神的探索行为，即便是简单的扩大再生产，本身也是被探索更大的销售市场的动机所推动，且是对简单的循环流转经济的突破。那么，金融创新通过控制风险从而增进资金筹措能力的逻辑，便意味着金融创新的直接后果一定是支持了更多的创新活动。不管金融创新如何更好地再分配风险，具体的一个个企业家创新失败的可能性并不会因此降低。因此从全社会角度来讲，更多的创新活动一定意味着更多的风险积累。简言之，金融创新将通过降低个体风险而使得全社会得以更有效地承担更多的风险。

二、金融创新的风险来源

虽然我们应该承认长期来看，金融发展是促进经济发展的，但这并不意味着金融发展时时刻刻都必然增进社会福利。金融发展的根本动力在于金融家不断地创新，问题是金融家出于自利的创新是否必然增进社会福利。长久以来金融体系不稳定的事实令我们有足够的理由看到此问题所具有的不确定性。问题的关键便在于创新所固有的风险。Rajan 在 2006 年便提出问题：金融创新到底是给经济减少了风险还是增加了风险？考虑到人们那时仍陶醉于金融创新所带来的一片欣欣向荣的景象之中，不得不说 Rajan 的认识是极富预见性的，因为仅一年之后危机爆发的事实便验证了他的怀疑。事实上，Rajan 的问题也是人们对于金融创新与风险之间关系的模糊性认识的一种凝练：金融创新本是用来更好地化解风险的，但却又增加了风险，甚至是更大的风险，从形而上的角度来看，这似乎正是一种矛盾的体现。次贷危机后，学界对于金融创新与风险之间关系的认识似乎在一夜之间发生逆转，传统的认为金融发展降低投资者风险的看法近来备受抨击（Piazza，2010），类似 Rajan 的问题也被更多的学者反复提及，尤其是针对证券化这种金融创新形式（Turner，2010；Blommestein，2012；等等）。对于金融创新的研究也纷纷以探讨其如何带来风险为主题，当然其中大部分实际上探讨的又是证券化或"影子银行"所带来的风险问题（Ashcraft and Schuermann，2008；Covitz et al.，2009；等等）。不过与这些研究的不同之处在于，本书旨在研究的并非某种特定的金融创新所带来的特定的风险，而是希望从更抽象的层面上来考虑金融创新的风险源自何处。虽然从现有研究来看，从抽象的理论层面把握金融创新与风险之间关系的研究十分稀少，但是我们仍然能够从更多相关的研究中提取富有启发性的见解，以丰富对这个问题的认识。

从风险的根源上讲金融创新与其他创新存在共性，那便是引入新事物可能带来的后果的不确定性，即人们（包括创新者和使用者或其他相关者）对于创新认识不清。主流的经济理论包括金融理论往往将人们假设得过于理性，现实中的人们往往不会试图追求对事物的完全认识，因为增加些许认识的边际代价会变得越来越大；而对于新事物来说，完全认识则根本不可能。科兹纳（2012）曾指出所谓未来的"现实"根本就不是现实，而是由其本身是否内在一致还需要得到检验的活动所创造的，因此就这样的"现实"而言任何均衡的跨期概念都必须抛弃。事实上，即便在模型中加入某种表示随机的概率分布也不足以解决问题，虽然主观概率的提出有助于解决不确定性问题，但是创新活动毕竟不同于其他事件，它无法提供给决策者据以形成较好的主观概率分布的经验累积。如果引入了某种非理性，那么便会对金融创新的风险有一个更贴近现实的认识，有证据证明，许多家庭并不真正了解其所购买的金融产品（Capon et al.，1996）。由于许多金融创新本身便是针对处理实体经济风险的，于是对金融创新认识不清也就意味着对创新产品所代表的实际经济风险认识不清。例如，Montesano（2009）指出金融创新尤其是场外交易市场产品本身很难得到足够的风险评估，有时候对其销售者来讲也一样。而 Pagano 和 Volpin（2010）则指出，对于创新产品的评级注水与投资者的"天真"共同导致了大量对于风险的错误估价，而对错误的改正则直接触发危机。事实上，对于上述学者们提出的逻辑，至少有两个方面值得深入探究：第一，简单地用人们认识不清是否足够解释投资者的"天真"。第二，专业的金融机构为什么同样会"犯错"。

有两种观点可以增进对投资者"天真"的认识。一种观点来自于 Piazza（2010），他援引标准的道德风险的分析视角，认为金融创新恰是给予投资者更大的保险，这减少了投资者（被保险者）主动采取避免风险的行动的动机。另一种更具代表性的观点则是考虑尾部风险。Gennailoli 等（2012）认为由于市场摩擦的存在，投资者倾向于局部思考（Local Thinking），往往将金融创新产品的极小可能性的风险视同零风险，这会使得创新产品发行过量。事实上，Rajan（2006）更早提出了相似的观点，同时还指出随着创新产品的过量发行，会使得小概率风险的发生概率增大，不过 Rajan 并未对其思想进行模型化的分析。这种观点确实有事实根据，Acharya 等人（2009）便发现在次贷危机发生前些年，这种尾部风险在迅速累积。

至于说参与到金融创新产品发行、交易过程之中的专业机构何以相继"犯错"，比较保守的解释指向模型问题，一个代表性的观点来自 Blommestein（2012），他抨击现代的风险管理模型是一种伪科学。他认为如今无论是金融中介、评级机构还是老练的投资者都过度依赖于这些被伪装成超出其实际风险管理能力的模型，并由此得出对于创新产品的错误认识。他指出虽然一些学者（默顿等）曾强调过这些模型只是对复杂现实的近似反映，在每一种特定的使用情况下都应谨慎地考虑其局限性及弱点，但众多受过训练的专业人士（包括学者和从业者）仍然不顾前人的警告。尤其是在高速的金融创新环境下，将这些模型用于金融工程更是存在巨大的风险。相似地，Caccioli 等（2009）也指出正是用于金融产品设计的套利定价理论带来了金融系统的不稳定。其实早在次贷危机以前，便有一些学者对于这些模型提出质疑。例如，Mandelbrot（1999）曾指出在投资组合理论背后的那些降低风险的公式存在着一系列错误的假设，如忽略了大规模的市场环境的变化，认为所有价格的变化在统计上是独立的，一个银行的投资组合与其他银行不相关，等等。因此过分相信投资组合理论是危险的。对于专业机构"犯错"的较为激进的解释则是强调道德风险：对风险认识更清楚的金融机构，出于自身利益的考虑故意利用消费者对创新产品认识不清，甚至故意制造模糊的创新产品卖给投资者。在这方面学者们似乎更加有共识（Rajan，2006；Acharya et al.，2009；Montesano，2009；Henderson and Pearson，2010；Keys et al.，2010；等等）。从这个意义上说，这便不再是犯错，而是一种利用其专业优势及信息优势进行的机会主义行为或寻租行为。正如 Khwaja 和 Mian（2011）所言，"（在此次金融危机过程中）金融创新沦为一种混淆、利用甚至创造扭曲从而为金融中介产生租金的行为"。由此看来，Baumel（1990）认为将企业家才能配置到金融交易领域通常只是试图寻租的观点是有一定道理的。

此外，沿着金融创新带来人们认识不清进而带来风险这条逻辑，还有两类研究值得关注。第一类研究不仅强调认识不清，更强调由此带来的人们的信念分歧。例如，Simsek（2013）认为金融创新产生信念分歧，而信念分歧则进一步增加了交易者的组合风险。他区分了产品创新和过程创新，并沿着如下逻辑建立模型：信念分歧是投机根源，产品创新会产生新的信念分歧，而过程创新则会加剧在原有分歧基础上的投机，而当信念分歧足够大时，这两种创新均会加剧交易者的组合风险。这符合很多人的直觉认识：虽然投机是形成有效市场的基础，但似乎现实中的投机活动确有些过度了。正如德鲁克（1993）曾经指出的："在跨国经济中，90%或者更多的金融交易并不是在履行经济学家心目中的经济职能，而纯粹是在履行金融职能。"

第二类研究则是强调对于金融创新风险的认识过程。上文提到 Gennailoli 等（2012）认为金融创新使得投资者忽略尾部风险，不过他们的研究更重要的贡献是模型化了这种小风险逐渐被认识到的过程，当人们对风险的认识更为清晰时，他们会迅速地将资产转移至安全领域，而这种突然的撤资是金融创新脆弱性的根源。Thakor（2012）的逻辑与之相似，只不过他强调的是信息不对称使得投资者起初难以认清金融机构的行为（实际上可归至道德风险一类），而 Gennailoli 等则并不关注金融机构的动机。Lerner 和 Tufano（2011）的观点和他们正好相反，即随着时间的推移，认识不清情况将会加剧。他们基于罗杰斯的创新扩散理论，认为先行者实际上是认识更清楚的人，而随着金融创新扩散至更广泛的领域，后期采用者则可能错误地认识和使用创新产品，或仅仅部分地使用创新产品，并由此造成负面后果。他们举了一个有趣的例子，那便是在涉及失败的金融创新产品的案件中，后期采用者提起的诉讼居多，并且他们往往会声称没有认识到产品的潜在缺点，甚至有时会声称其从没看过证券的说明书。

综合上文可见，金融创新模糊了人们对于实体经济风险的认识，由此引发的一系列问题均指向了新的风险。由于整个金融体系构成一套转移资金的规则体系，金融创新更像是带来一种新的市场经济的游戏规则，因此，金融创新的风险便意味"新规则"或许没能达到预期的目的，或者带来了负外部性——以一种意料不到的隐蔽方式累积实体经济风险。其中后者尤为重要，因为它将促使许多企业家才能被配置到"破坏"领域，前文提到的诸如投机、道德风险等均属此类。鉴于此，金融监管对金融体系，甚至于整个经济体系的良性发展便尤为重要。不幸的是，金融创新使得金融系统的复杂程度提高，同样给金融监管带来了挑战（Ely，1995；Crockett and Cohen，2001；Awrey，2011；等等）。

因此，由整个金融体系构成的这样一套转移资金的规则体系如果不发生改变，即金融没有发展，那么长期来看基本上就不会出现问题。既定的规则体系在经过时间的检验后，必然日趋完善，其中很重要的金融监管一环也必然逐渐堵住规则体系中存在的各种漏洞。但现实是永远会有创新者在不断地引入新的规则从而打破原有的体系，而创新必然意味着存在风险，这是我们时常会看到金融发展与经济发展发生背离的原因。

三、金融创新与系统性风险

次贷危机明显加深了研究者及决策者对于系统性风险的认识，其中典型表现之一便是在监管领域从微观审慎升级到宏观审慎。同时，与之相应的是，系统性风险的概念被更为广泛以及更高频率地提及。在学术界，对于系统性风险的研究在次贷危机后可谓"大爆发"。即便在受危机影响较小的中国，学者们同样紧跟潮流，在 CNKI 中搜索以"系统性风险"为主题的研究，70%以上来自于 2008 年以后。按照官方的解释，系统性风险是指可能导致金融体系部分或全部受到损害进而致使大范围金融服务紊乱并对实体经济造成严重影响的风险（FSB et al.，2011）。用一个不太准确的表述来说，系统性风险是可能造成金融危机的风险。事实上，人们对于系统性风险的恐惧往往就是对金融危机的恐惧，因此在研究中这两个概念也常常联系紧密。

很多学者将金融创新与系统性风险联系在一起，然而其中绝大多数研究只是重复一个较为普遍的观点，或简要地阐释自己对该观点的一些认识，这个比较主流的观点可以由两类研究做支撑，从而形成一个完整的逻辑链条：一是将一些特定的金融创新与过度的信贷或过高的杠杆率联系在一起。二是强调高信贷或高杠杆容易增加系统性风险或诱发危机。实际上这两类研究在学界几乎都是可以得到定论的。前者几乎可以从任何关于证券化或"影子银行"的研究中提炼出来，在这里仅推荐其中两篇对系统性风险进行了较细致研究的文章，一篇是 Yorulmazer 的理论分析（Yorulmazer，2013），另一篇是 Judge 的案例分析（Judge，2010）。后者则更加具有共识，不仅从诸如信贷周期等方面的研究中能得到证实，并且人们在探索衡量系统性风险过程中主要就是围绕着信贷、杠杆等指标进行的。

但是，这种相对泛泛的认识存在明显的缺陷：第一，很难将其解释力进行扩展，从而试图理解创新本身（而不是某种特定的创新）对于系统性风险的影响，更不用说去探讨影响机制了。第二，它也没能体现出为何相比于其他创新，金融创新会带来如此巨大的危害性。

对于理解第一个问题，仔细考察一些专门针对金融创新与系统性风险之间关系的研究是有帮助的，虽然这类研究数量很少。较早对此进行研究的有前文提到过的 Santomero 和 Trester（1998）。虽然他们的研究针对的也是证券化对银行系统带来的影响，但是他们将创新引入模型的方式更容易被扩展。他们认为非对称信息影响了银行资产的流动性，因此银行有动机支付成本让第三方的评级机构出具证明，从而降低非对称信息的程度，而金融创新便是以降低此过程成本的形式被引入。实际上这种处理方式在 Berger 和 Udell（1993）那里便已使用，不过 Santomero 等则利用其研究银行部门的风险。他们的结论是虽然创新增加了银行部门持有风险资产的动机，但这并不意味着银行系统变得更加有风险，而是降低了由外部冲击引发流动性危机的脆弱性。当然，他们的研究相对较早，如果是在次贷危机后，则更多的因素肯定需要被考虑，比如评级机构本身的道德风险。不过对于理解金融创新与系统性风险之间的关系来说，这种以交易成本来衡量金融创新的方式是一个很好的思路。

次贷危机后，研究者思考更多的是为什么金融创新会加剧系统性风险。一个简单的解释是，在风险分担能力提高的情况下，银行倾向于承担更大的风险，但其带来的结果必然是每个银行的组合风险（Portfolio Risk）在增大。Kero（2013）

对此进行了细致的研究，在他那里金融创新被解释为银行更好地对冲风险的能力，这也是研究金融创新的学者们比较普遍的思考方式之一。Kero 的研究基本上是沿着正统的金融学理论逻辑在思考，之所以称之"简单"，是由于考虑到越来越多学者对标准的金融学理论的质疑，尤其是斥责它在基本假设上未考虑更多更为现实的因素。不过，这种解释却很容易为主流的经济学及金融学学者所接受，并且它也能成为上面提到的那种强调信贷、杠杆的泛泛观点的理论基础。Brock 等（2009）也是从对冲风险的角度考虑金融创新，不过他们分析的是在市场中引入更多的对冲工具的影响。他们在 Brock 和 Hommes（1998）的异质性信念资产价格模型中考察增加阿罗证券数量所带来的影响，结果发现这将加剧市场的不稳定。这种不稳定归根结底是由交易者的信念分歧产生的。Brock 等进一步分析在市场中引入具有足够理性的机构投资者（在文中考虑为完全理性）是否可以缓解这种市场不稳定的状况，结果证明机构投资者并不必然能够成功地稳定市场，这取决于非理性交易者的分布情况以及收集信息的成本。

Corsi 等（2013）也是从对冲风险的角度考虑金融创新，在他们那里，金融创新被考虑为降低多样化（Diversification）的成本，这将带来银行部门更高的杠杆率以及银行之间反应的相关性。这二者增强了内生的反馈效应，即带来资产价格和银行部门总资产的急剧上升或反过来急剧下降。可以看出，与前面介绍的两个研究不同，他们不是静态地考虑创新带来某方面的改进增加了危机爆发的可能性，而是考虑危机爆发的强度。与之相似视角的研究还有 Boz 和 Mendoza（2014）。他们在一个随机的家庭债务和土地价格的均衡模型中研究了金融创新、学习过程以及费雪债务—通缩机制之间的互动关系。他们的研究并未特别地探讨金融创新的作用机理，而是简单地用一种金融体制的转换来反映金融创新：金融创新的发生伴随着一种适合于更高杠杆率的金融体制的形成。不过他们研究了一个很重要的问题，那便是对于新体制的建立，人们要有一个认识的过程。他们将人们考虑为贝叶斯学习者，需要经历一个长期的观察才能认清体制转换概率。他们发现由于人们起初无法正确认识新环境的风险，因此累积的乐观是金融创新的一个自然结果，这造成了过度的借款。而随着人们认识的清晰，则累积的乐观转化为累积的悲观，由此带来"泡沫"的破灭，在这个过程中，费雪的放大机制发挥了重要作用。Gai 等（2008）则通过建立一个一般均衡模型来考察金融创新对宏观经济波动带来的影响。在他们的比较静态分析中，金融创新通过两个变量的改变起作用：一是增加抵押率；二是增加资本再出售的价值（原文是减少相应的折扣率）。他们发现金融创新对于系统性风险的影响是复杂的：一方面其降低了危机发生的概率；另一方面却增加了危机的破坏性。

上面总结的为数不多的细致考察金融创新与系统性风险间关系的研究，对弥补本部分开头提出的两个缺陷中的第一个缺陷有帮助，但对弥补第二个缺陷却作用有限。虽然其中涉及带来过度的风险分散以及风险累积，确实是金融创新所具有的独特性质，但仅仅这些不足以完整理解金融创新与系统性风险之间更为紧密的联系。若要完整理解，则须放宽视野，借鉴一些能体现金融系统本身的某种特质的研究，即金融系统如何帮助放大原始冲击的负面效果，尤其需要参考有关传导机制的研究（如 Cifuentes et al.，2005；Gai and Kapadia，2007；艾伦、盖尔，2010；等等）。

事实上，整个金融体系内部具有极强的关联性，并形成一个复杂的系统。与微观审慎相比，宏观审慎的提出恰是考虑了金融机构间的复杂联系。不过这种关联性并不仅仅限于机构之间，更在于不同金融服务之间，任何一种金融服务都很难独自发挥其功能。金融体系这种内在关联的系统性，使得某一项金融创新（无论是产品创新还是过程创新）更有可能产生一个复杂的外部性网络（Lerner and Tufano，2011），恰如投入一粒石子会波及整个湖面。本书反复地将金融创新比作引入一种新的规则正是出于这种考虑。同样，前文提到 Boz 等将金融创新视为一种体制转换看来也并非单纯从易于处理的角度出发，也是经过了缜密的思考，从新规则的角度来理解金融创新。因此，从更加抽象的角度来看，这样一种系统性的创新容易带来系统性风险便不足为奇了。但从另一个角度来看，与实体经济创新相比，金融创新更容易带来更大的系统性风险，其背后的根源正是在于金融的创新发展更容易出现脱离实体经济的异化现象，随着这种异化发展带来的风险不断被累积，终会使得整个金融系统的风险变得不再可控，从而以一种异常剧烈的形式爆发出来。

第二节 金融异化与"泡沫"

一、金融异化

在导论中曾简要地介绍过异化以及金融异化的概念，将金融异化定义为本应由实体经济中产生并为实体经济服务的金融部门，在发展过程中出现脱离实体经济的自我膨胀，甚至反过来对实体经济发展产生破坏作用的现象。而在这里则希望首先针对这个概念再多说几句，以加深人们对此问题的认识。

第二章曾详细论证过金融部门的核心功能就是为实体经济管理风险，更具体地来说就是将实体经济中的创新风险控制在可控范围内，或者说尽可能地降低经济发展中的不必要风险，然而本书谈到的金融的异化发展则是指金融部门在某种特定情况下却选择通过（有意或无意地）放大经济风险以达到攫取自身利益的目的。金融异化形成的背景，即这种所谓的特定情况，主要便是由于全社会普遍形成的一种非理性而产生的对于金融创新发展的约束的放松。这种约束的放松打破了原有的对于金融创新的激励与约束之间的平衡，从而使得更多的"失控创新"更容易涌现出来。金融异化发展的直接诱导因素则是金融创新本身，在很多情况下又是由技术或制度因素催生的（详见第三章第一节的论述）。由于金融创新往往具有自我服务倾向，这就造成金融创新的风险更容易在整个金融部门进行传导，并且由于金融部门本身是为整个经济体管理风险，因此这种风险会进而在整个经济体中传导。因为金融功能的正常发挥是靠金融机构之间紧密的联系共同实现，因此金融功能失调也会使得相应的风险在金融机构之间传导。与对企业家创新的谨慎态度相反，金融部门对于具有自我服务倾向的金融创新的态度则过于激进，各金融机构不仅容易接受其他金融机构的"问题创新"，而且还会在此基础上推波助澜——在一项本应值得怀疑的金融创新的基础上再衍生出或寄生出更多的"问题创新"，这背后的根源则在于它们之间共同的利益纽带。

在现实中，金融异化发展可以具体表现在很多方面。比如金融部门与实体经济部门之间出现显著的利润差异，特别是当实体经济部门陷入困境，大多处于微利、零利或负利时，快速发展金融部门仍能享有极高的利润。又比如随着金融的创新发展，资金流越来越多地在金融部门内部打转，更多的是为金融投机者自娱自乐提供资金支持，而并不是被更好地引导到合适的实体经济部门。还比如一些具体的金融创新行为明显脱离了实体经济的需求，例如在基础性金融产品体系还未丰富和完善的前提下，大量出现的结构性产品、衍生产品，很明显就缺少坚实的"地基"，更多的作用可能就是套利，特别是在金融管制比较严重的环境中，更容易催生这种套利型金融创新而非真正服务于实体经济的金融创新。不过归根结底评价金融发展是否出现了异化，还是要看金融部门是否能够在经济体系中合理地发挥其自身的功能，金融异化的本质表现便是金融功能的失调，在许多情况下这种失调往往是与金融功能的盲目地、过度地混杂相伴而生，从而使得"问题创新"背后的问题更不容易被看清楚。由于金融功能的实现往往需要借助金融产品，并且以金融产品的合理定价为基础，因此金融功能的这种异化最终会反映在金融产品价格的背离上，那便是通常所说的"泡沫"。

二、异化的原因及典型表现："泡沫"

（一）"泡沫"的概念及类型

在《新帕尔格雷夫经济学大辞典》中金德尔伯格（1992）认为"泡沫"是指资产价格持续上涨的过程，初期的价格上升引起了继续上涨的预期，从而吸引了投机者，而这些投机者只想赚买卖差价，并不在乎资产本身的使用和盈利能力。而野口悠纪雄在《泡沫经济学》中则更明确地指出"泡沫"是"资产价格中与实体经济无关的上涨部分"[①]。事实上，"泡沫"的概念本身是相当有争议的，有很多学者或许并不承认这是一个严谨的学术概念，即便有学者在探索检验"泡沫"的方法，至今也尚未得到一种方法能够被各国官方认可并且用来指导政策。

不过，即便如此，"泡沫"的概念仍然被广泛地使用。2015 年 8 月，笔者利用百度搜索关键词为"泡沫"的新闻，可以找到相关新闻约 48.3 万篇，而在CNKI 期刊文献中的"经济与管理科学"领域可以搜到 16095 篇以"泡沫"为主题的文章；从国际上看，很多知名学者（如布兰查德、梯若尔、艾伦等）纷纷投

[①] 野口悠纪雄·泡沫经济学 [M]. 曾寅初译. 北京：生活·读书·新知三联书店，2005：3.

入对"泡沫"的研究中，而世界银行和 IMF 的官方报告中也使用了"泡沫"（Bubble）一词，例如世界银行的《全球经济展望 2010》和 IMF2010 年 4 月的《世界经济展望》等。这充分说明即使这个概念很难界定，但与此概念相关的一系列问题一定值得研究。

本书分析的"泡沫"指的是"资产泡沫"，事实上在中文的语境下，它与其他几个词——"经济泡沫"、"金融泡沫"——通常在概念上一致。在货币经济中，任何一种物品或资产的名义价格都有可能超过其实际市场价值，但是只有资产的名义价格超过实际价值时才被称为"泡沫"。此外，历次"泡沫"总是非对称的，即由某些资产引领"泡沫"的膨胀，因此"经济泡沫"和"资产泡沫"基本上就是同义词。而资产价格膨胀又特别表现在股票等金融资产上，所以"经济泡沫"或"资产泡沫"又往往被称为"金融泡沫"。还有另一个常用的词是"泡沫经济"，这又与上述概念不同，"资产泡沫"或"经济泡沫"是市场经济中常见的、不可避免的经济现象，而"泡沫经济"则具有突发性、破坏性、灾难性，因而是市场经济国家所尽量避免的。可以说，"资产泡沫"是"泡沫经济"的基础，但只有在"资产泡沫"短期内大量地快速积累起来时，才会形成"泡沫经济"（王诚、桁林，2004）。鉴于目前尚没有普遍被认可的判断"泡沫"是否存在的方法，因此在本书后面的研究中，所使用的案例均是已经破裂了的"泡沫"，这或许是目前我们唯一能确定出现过"泡沫"的情况。另外，这并不是说"泡沫"一旦出现了便一定会最终破裂，或者说以一种崩溃的形式结束，或许随着经济、金融的发展"泡沫"可以慢慢地被吸收和消化，但是以目前的经济学、金融学的研究水平，似乎很难对这种情况进行判断。

如第三章所述，自我服务式发展是金融部门长期以来体现出来的一个发展的倾向，但是不可否认，发展的过程通常还是围绕着功能的改进。不过前文也指出，这并非在任何时候都是必然的，尤其是历史中反复出现金融发展由于所谓的脱离实体经济带来"泡沫"并继而破灭从而形成经济动荡的情况。据此一些人可能会认为"泡沫"与金融异化二者本身就是一码事，但是本书虽然承认"泡沫"与金融异化二者间存在某种联系，却还是要对其进行明确的区分。本人认为，"泡沫"并不等同于金融异化，而是金融异化的原因和典型表现。金融异化强调的是金融部门的一种畸形的发展过程，而"泡沫"则强调的是一种状态。第一，"泡沫"是金融异化发展的原因。"泡沫"形成于人们普遍的非理性，例如人们普遍认为经济进入了"新时代"，又或者人们普遍地接受所谓的"改革牛"，又或者人们普遍地认为某个所谓的"战略性新兴产业"大有可为从而一哄而上，换句话说，人们普遍地对经济或某产业又或某种资产的认识变得非理性时，"泡沫"便产生了。"泡沫"的形成或许与金融部门没有任何关系，但是会促使金融部门出现异化发展。前文反复强调金融部门在经济体系中的主要作用便是给经济体注入理性，金融部门通过识别哪些投资是理性的、哪些投资是非理性的而为整个经济体系管理风险。然而当非理性之火不再是星星点点而是普遍点燃的情况下，金融部门会发现其通过"火上浇油"的异化发展会比试图为实体经济"扑灭火"更有利于其自身获益，原因是"泡沫"带来的这种普遍非理性改变了原有的平衡的激励约束，使得"火上浇油"式的发展变得更加容易。当然在这里并不想表达一种阴谋论式的逻辑，而是认为这是广大分散的逐利的金融家出于自利考虑而进行的选择的集合表现，实际上是对市场经济的这种分散决策有助于增进社会福利的主流观念的一种否定。第二，"泡沫"是金融异化发展的典型表现。"泡沫"只要形成便很少能够马上破灭，而是会不断地膨胀、放大。在这个过程中，金融的异化发展一定在其中起到了推波助澜的作用，因为其直接为这种"泡沫"的膨胀提供资金支持。因此到最终"泡沫"破裂后，当人们在回顾"泡沫"的膨胀过程时，往往会清晰地看到金融异化在其中发挥的至关重要的作用，这也是为什么许多人会将金融异化与"泡沫"看作一码事的原因。但本书想强调的是正是由于金融的异化发展才促成"泡沫"的不断膨胀，因此"泡沫"是金融异化发展的典型表现，然而金融异化本身主要强调的是金融部门功能的失调，事实上，无论是整个经济的、特定产业的还是某种资产市场的过度繁荣与金融部门的功能失调并非是等价的。

实际上从上面的表述中，我们大致可以从对实体经济影响的角度对"资产泡沫"分为如下三种：①"资产泡沫"只是伴随着投机性的货币投入，而并未有大量生产要素投入该领域，例如对古玩字画的投机形成的"泡沫"。②伴随着某类"资产泡沫"，投资向该领域倾斜，从而当"泡沫"破灭时，会发现该领域存在严重过剩的供给，类似的例子可考虑对郁金香的投机。③如若与"泡沫"领域相关联的行业甚多，那么便会形成"泡沫经济"，类似的例子可考虑对房地产的投机。进而本书认为，上述三种"泡沫"更容易（并非必然）分别在如下的三种不同的经济状态下产生，即经济紧缩时期、经济常态时期和经济繁荣时期，并使得金融异化也被分为紧缩状态下的金融异化、常态下的金融异化以及繁荣状态下的金融异化。不过实际上无论是从金融异化产生的原因及背景、异化的诱导因素，还是异化发展的机制及直接的后果表现等方面，三者除了程度上的差异外，并没有实质性的区别，这种区分更主要的目的只是要强调金融的异化发展并不完全与经济的繁荣和萧条相对应，非繁荣状态下仍然存在金融异化的可能。当然金融异化最典型表现一定是第三种形式——"泡沫经济"及金融危机。

（二）"泡沫"产生的根本原因：财富的虚拟性

1. 两种理论的比较

主流经济理论在研究"泡沫"时，一般要遵循其固定的研究模式，比如金德尔伯格曾毫不客气地指出：

所有的经济学都坚持理性主义的假设……这是经院主义的需要。……采用理性假设的理由是，因为这是标准的……这让我产生技巧超过经济本质的感觉。今天的经济学坚持任何内容都应以数学的形式表达。旧的思想装上了数学符号就变成新的了。真正的问题是，这些数学是否帮助我们加深了对经济现象的理解。对许多复杂的问题，我有理由相信是如此。但在其他一些问题上，数学则可能主要是形式性的，就像所有的共产主义作者在论及主题之前都要从卡尔·马克思的《资本论》中引用五句语录一样。[①]

不可否认，通过这种数学方法得以更细致地考察"泡沫"形成的微观机制，但是它的局限性也是明显的。一方面，数学模型的分析虽然更贴近经济的实际运行规律，却往往就事论事，很难更深层次地去探讨"泡沫"产生背后的根源。另一方面，更重要的是，数学模型的构建通常需要建立在理性假设以及静态均衡分析的基础上，在分析"泡沫"这种明显的具有非理性以及非均衡特点的问题时，方法上的限制便显得格外明显。不过需要注意的是，这里的"静态"不是指现代经济学意义上的静态，而是指熊彼特意义上的静态，即不考虑持续地打破均衡力量的存在，在现代经济学中，只要加入时间变量 t 便被称作是动态的了。此外，也有学者通过加入某种非理性因素（通常是信息方面的因素）而得到"非理性泡沫模型"，通过加入一些决策者行为方面的假设，可以给出更为贴近现实的"泡沫"形成原因，但却也使得模型解释往往不具普遍性。

---

① 金德尔伯格.疯狂、惊恐和崩溃：金融危机史（第四版）[M].朱隽等译.北京：中国金融出版社，2006：273-274。

事实上，一些马克思主义学者通过对虚拟经济的研究恰恰可以弥补上述两方面的局限。从马克思的虚拟资本理论出发，国内学者创造出"虚拟经济"的概念，从而将虚拟经济与实体经济区别看待，以发掘二者间截然不同的运行机制，这对分析"泡沫"来说，有利于发现其背后的更为根本的原因。不过马克思主义经济学的研究模式也有它自身的缺陷，其分析往往更多地是从概念到概念，不可否认其对于金融及"泡沫"的分析极具见地，但是却缺乏更加贴近金融市场运作现实的更为形象的解释，这给不甚了解相应概念体系的读者带来了阅读上的障碍，在一定程度上降低了该理论本应具有的影响力。实际上，都不用去说更为本质的"资本"、"价值"等概念与主流经济理论界的差异，就是在虚拟经济研究领域，对于为什么称之为"虚拟"，大部分研究都未给出更为形象的解释，这使得主流理论界有足够的理由排斥相应概念的使用以及相应理论的传播。本部分主要致力于以更为形象的方式从虚拟经济的角度对"泡沫"进行分析。

2. 虚拟财富

本书提到的"虚拟财富"中的"虚拟"是从"虚拟资本"（Fictitious Eapital）概念引申而得，不同于一些人从数字化的角度提出的"虚拟"（Virtual）的财产，如游戏币等，不过在一定条件下后者可以转换成现实中的财产，并且也确实可以成为财富的一种保有形式时，那么其也可划归为虚拟财富之列。

财富具有双重属性，即物质性和社会性。其中物质性表现为产品或服务具有实实在在的使用价值，社会性则主要表现为商品可进入交换领域，而交换则体现了人与人之间的关系。由于在商品经济中，财富的主要部分是商品，商品交换是商品所有者按照等价交换的原则实现价值的过程，因此社会性就表现为价值性。在纸币出现之前，一个人无论是拥有商品还是货币（特殊的商品），其物质性和价值性是并存的；但在纸币出现之后，财富则逐渐虚拟化了，具有价值性的财富更多地开始表现为一个价值符号，并且随着金融的不断发展，真实财富与虚拟财富之间的距离越来越远（张仁德、王昭凤，2004）。

"虚拟"这个词来自于马克思的"虚拟资本"，之所以称为"虚拟"，不仅仅是因为该资本是无形的、非物质的，更重要的在于其价格具有很强的不确定性。在《资本论》第三卷第二十五章"信用和虚拟资本"中，"虚拟资本"共出现了两次（其中一次是恩格斯的增补），两次或明或暗均表达了金融家"制造"虚拟资本在一定程度上带有欺诈的意思（马克思，1953）。第一次是引用了银行家威·利瑟姆对票据的看法，其中特别指出"要判断票据有多少来自实际的营业，例如实际的买和卖，有多少是人为地制造的，只有融通票据构成，这是不可能的。……通过单纯流通手段的制造，就创造出虚拟资本。……这个办法被人使用到惊人的程度"。第二次是恩格斯对《曼彻斯特卫报》上的一则贸易欺诈记载所做的注解。事实上这对后来的研究带来了很大的影响，使得后来对虚拟经济的研究虽然总会强调虚拟经济与实体经济有统一的一面，但是文章的基调大多对虚拟经济（或金融）发展带有贬低的意味。实际上，虚拟经济的发展对于实体经济的运行和发展至关重要，而任何金融资产只要被市场所认可，即便其价格可能被高估，它的存在对于实体经济运行来说也一定是有意义的，包括被一些人诟病的衍生品，例如在有的学者那里，指数期货似乎不提供任何实际效用，似乎只是投机者借以投机的工具（刘骏民，2002），但现实是，市场之所以承认它的价值是因为它可以被用来对冲资产市场的系统性风险，即 CAPM 模型中的市场投资组合风险。不过也必须承认现实中许多人购买指数期货根本就不是为了对冲风险而完全是为了投机。

实际上，如果深究，财富虚拟化的过程从货币成为一般等价物时起便已开始。以金属货币为例，如果不将其留下来作为金属使用，那么货币便只是"实际财富的纯粹抽象，因此，保留在这种抽象上的货币只是一种想象的量。……货币作为一般财富的物质代表，只有当它重新投入流通，和特殊形式的财富相交换而消失的时候，才能够实现"[①]。第二章曾指出市场经济的资源配置优势需要货币的"润滑"作用，人们以积累货币的形式积累财富只是为了日后可以用货币交换想要的产品和服务，因此在人们的头脑中，他对货币财富多少的衡量不在于货币的量，而在于其能交换的产品或服务的量。但是由于存在通货膨胀或紧缩，积累的货币财富量有可能发生升值或贬值，即出现前文提到的价格的不确定性，这是"虚拟"的一个重要表现。同样的道理可以进一步解释纸币，并且随着纸币与金银脱钩，其虚拟程度更是有所增强。而在现代的银行体系中，货币中很大一部分甚至已经与实物脱钩，而只是央行电子支付系统中的数字。对于其他资产的分析与之相似，只不过储存其他资产时本身还要寄望其升值。不过由于现金资产的价值稳定性及流动性最强，因此本书选择暂不考虑其虚拟性，而是重点关注非现金

---

① 中共中央马克思恩格斯列宁斯大林著作编译局. 马克思恩格斯全集（第四十六卷下册）[M]. 北京：人民出版社，1980：482-483.

资产在兑换现金资产时的价格不确定性，并在相应分析时假设现金资产兑换以商品为代表的实际财富时比例不变。

有几点值得注意：第一，金融的发展过程带来了财富或资产越发的虚拟化，不同学者从不同角度对此进行过概述，例如夏濮焱（2002）、成思危（2005）、李扬（2009）等，不过对本部分的论证并无必要考虑这一点，因此只是统一地考虑非现金资产的虚拟性。第二，对于现金资产、非现金资产、货币性资产、非货币性资产的概念辨析可参见章成蓉和钟朝宏（2001）。第三，现金资产兑换实际财富的比例不变意味着"将虚拟财富兑现"与"将虚拟财富兑换成实际财富"两种表述是等价的。第四，不考虑现金资产虚拟性还有一层原因，是因为相比于其他资产，其在经济中是有其独特的使用价值的，那就是便利交易（交易媒介功能）。

事实上，任何生产出来可作为实际财富的商品的价格都是可以波动的，但是之所以称一些资产为虚拟的财富，是基于以下三点考虑。

第一，造成商品价格波动的供需双方均受到实际的成本和使用价值的约束，而许多资产本身被人们持有时是忽略其使用价值的，甚至很多金融资产只是数字，其被生产的成本也可以被忽略，因此造成价格波动的供需主要受人们心理因素的影响，这是称其为"虚拟"的最主要原因。例如，当人们普遍地认为银行一定不会破产时——在美国或许这是因为其"大而不倒"的地位，在中国或许是因为具有国有背景——即便银行运营确实有问题，人们还是相信其存款是安全的，而这种信任则可以使该银行得以渡过难关，实际上这体现着人们对其存款价值的一种高估，或是对存款风险的一种低估；反之，即便银行的经营是比较健康的，只是由于流言而导致的挤兑也足以给银行带来很大的冲击，尤其是在相应的援助机制不健全的情况下，便有可能导致银行的倒闭以及存款人财富受损。股市的例子则更为直观，当人们普遍看好某只股票时，即便该股票所代表的企业经营并不理想，也不会妨碍其价格的上涨，国内股民对 ST（Special Treatment，特别处理）股的疯炒在一定程度上便带有这种色彩，例如国内 A 股市场连续涨停纪录便是 ST 长运的连续 45 个涨停，此外，ST 金泰也曾走出连续 42 个涨停的行情；反之，即便企业经营良好，只要市场认为其股价会下跌，这种预期也极易自我实现。

第二，表面上看，在市场经济中，无论是作为实际财富的商品还是作为虚拟财富资产的定价机制似乎是相同的，价格都是在交易过程中形成，但实际上二者存在很大的差别。因为人们购买商品是为了投入"使用"而并非将其仅仅视为一种价值符号保存并坐等其升值，虽然有存货等因素，但每一时期商品的交易量和投入"使用"量大体上是较为接近的，因此可以理解为人们当期购买商品是为了当期投入"使用"，于是便可认为某一时期存在的全部可流通商品的价格大体上是在全部可流通商品的交易过程中形成的。注意，除将其仅仅视为一种价值符号而保存以外的一切用途在此均称为"使用"，比如商人通常出于流通商品的目的购买商品在此也应定义为"使用"，因为其购买商品并非打算长期持有，又比如购买房屋的目的用于出租赚取收益在此也应定义为"使用"。许多人购买资产是为了保存自己的财富，是为了其跨期的配置，甚至于跨代际的配置，而不是为了"使用"，因此在购买时看好的是其未来的前景，往往不会在当期马上兑现，这使得在每一时期都会存在大量的资产被持有而不被交易，使得存在的资产量远大于被交易的资产量，这使得每一时期全部可流通资产的价格只是在其中一小部分可流通资产的交易过程中形成。例如，2015 年 7 月 31 日沪深两市的成交额总计为8781 亿元，而沪深两市的流通市值为 405231 亿元，也就是说，405231 亿元的可流通股票市值是在 8781 亿元的股票交易过程中形成的。这意味着一小部分资产的高价或低价成交便可以很容易地造成总财富量的大幅波动。举个极端的例子，如果曾经价格为 100 元的 10000 股股票中今天只有 1 股以 200 元成交，那便意味着全部 10000 股的持有者的总财富瞬间增加了 100 万元，而转天其中有 1 股又以100 元成交，那么全部股票持有者的总财富瞬间又减少了 100 万元，股票持有者财富的这种莫名其妙的增值或贬值，可以更为形象地展现为何将这种以资产形式保有的财富称为"虚拟"。

第三，总虚拟财富和总实际财富在价值上背离是正常的，但却由此造成了被"挤兑"的隐患。总体来看，虚拟财富的总价值应该等于相应的实际财富的总价值，但是并非等于现存的实际财富的总价值。构成虚拟财富的资产其价值的形成更多是基于未来经济发展的前景，因此未来的实际财富的价值往往也会凝结在虚拟财富的价值中，这使得虚拟财富价值总量及增速都有可能大大超过实际财富，并且如果以现有的价格在当下兑现，现存的实际财富将不足以用于分配给虚拟财富的持有者，即使在一个健康的金融体系中也会存在这种现象。但是现实中表现出来的虚拟财富的价格又是人们对于未来发展或者说对于一个个创新后果的预估，而再理性的人也不可能完全认识到创新的后果，因此由预估所形成的资产价格或多或少带有盲目性。另外，虽然人们对于资产的估值是基于未来的收益，但是其将资产兑现却不一定非要等到未来。在虚拟财富不断增值时，只有一部分资产在进行交易，但是当社会情绪转为悲观时，当人们认为资产价格已达顶点时，往往会造成全部的资产都希望被出售，因为即便是想要持有资产以保存财富的人在此关口也不会坐等手中的财富贬值。这时问题便来了，表面上看是没有如此多的现金能够在此价位上将希望出售的资产全部收购，而其背后的实质则是现存的实际财富不足以按账面价格分配给虚拟财富的持有者，即便不存在"泡沫"也不足以分配，因为正常情况下它们只需分配给一部分希望当期兑现的资产所有者。更甚的是，如果这种"挤兑"传染至整个金融系统，那么将带来信用体系的瓦解，又由于信用体系是现代经济体系的基础，因此又会进一步导致整个经济体系的瓦解。或许有人还是无法透过货币的面纱看到问题的本质，他们或许认为即便市场上没有足够的现金接收人们抛出的资产时，在关键时刻官方为了维持稳定也会"救市"，而官方则似乎具有无限的潜在货币发行量。我们不能否认在现实中这种情况是存在的，但一方面，官方为了维持货币的购买力，大多数情况不会通过滥发货币的方式来解决金融系统中现金不足的问题，这也是为何前面专门强调了假设现金资产兑换以商品为代表的实际财富时比例不变；另一方面，即便官方出手，也只是为了避免短期内灾难的发生，这意味着官方的"救火资金"只是具有临时的性质，不可能从根本上改变问题的本质。

上述三点原因使得这类资产相比于其他商品来说，其票面价格的波动通常会远远超过其实际价值的波动，这是其虚拟性的最根本的表现。特别是这种极强的波动性往往是建立在社会情绪的基础上，一旦社会存在普遍的乐观情绪时，这些虚拟的财富便很容易形成"泡沫"，例如希勒便梳理过历次"泡沫经济"中存在的"新时代"（New Era）思想（希勒，2014）；反之，一旦社会情绪由乐观转为悲观，则会引发"泡沫"的破灭。

以股票的例子来说明"泡沫"形成和破灭机制或许最为直观。2005 年上证综指在 998 点时，沪深两市流通市值仅 1 万亿元，而到了 2007 年上证综指达到 6124 点时，沪深两市流通市值达到 36 万亿元，两年增量为 35 万亿元，事实上 2005 年和 2006 年两年国内生产总值的和仅为 40 万亿元。这充分反映了现存虚拟财富与现存实际财富在价值上的背离，因为如果简单从账面上看，这两年生产出的绝大部分财富都应贡献给股票投资者。自从上证综指从 6124 点高位跌下来后，多年过去却再也没能回到如此高位，直到 2015 年 7 月末仍处于 3000 多点的位置上，由此可以大致地断定6124点应该是个"泡沫"。而在"泡沫"形成过程中，社会情绪的影响是很明显的，当时不少所谓的股评专家纷纷表示涨到10000点只是时间问题，国内主流媒体纷纷发布以相应预测为题材的新闻报道，例如《上10000点只是时间问题》（网易2007-07-25）、《据传，指数将上10000点！》（搜狐2007-12-20）、《2007犇2008鑫上证指数或至10000点》（人民网2007-12-29）、《2008年股市十大猜想上证指数可能上10000点？》（新华网2007-12-30）、《招商证券：明年沪指最高将到10000点 锯齿型上升》（上海证券报2007-12-06）、《和谐牛市：2008年6000点还是10000点？》（中国证券网2007-07-25）等。这些都给予股民极大的鼓舞，使得现金持续入场。从另一个角度来说，这也可说明新闻媒体在引领社会情绪方面的作用，不少学者对此进行过探讨，例如希勒在《非理性繁荣》中对新闻媒体鼓吹"泡沫"的作用进行了专门的探讨，他甚至认为"'投机性泡沫'的历史几乎是与报纸的产生同时开始的"（希勒，2014）。对于新闻与商业周期关系的更为严谨的学术探讨可参看 Beaudry 和 Portier（2006）、Schmitt-Grohe 和 Uribe（2010）等。

下面以一个虚构的数字例子来具体说明"泡沫"的形成和破灭。假设某只股票仅有1股，有买者和持有者达成协议以100元购买，那么该股票价格便为100元；而后又有人希望以110元现金购买该股票，如果达成交易，该股票价格变为110元；以此类推，只要有越来越多的现金投入该股票的交易中，那么该股票的价格便会持续上涨。但是如果该股票有10000股，那么推动其价格上涨的现金量并非同样扩大10000倍，事实上要小得多。10000股中可能今天只有100股以100元成交，那么这10000股的总市值便为100万元，而现金投入量仅10000元，第二天还是有100股以110元成交，那么新增投入股市现金仅1000元，而总市值却达到110万元，增加10万元；以此类推，假如现金投入量增加到了100000元，还是发生了100股的交易，那便将每股价格提升至1000元，而总市值则达到了1000万元；这时现金投入量突然不再增长了，这意味着将无法保证继续有100股以更高的价格卖出去，这时价格上涨的停滞或成交量的下降将会给股票持有者提供一个股票价格涨到顶点的信号，而这种信号将使得10000股的持有者均要将股票在高点进行兑现，这种"挤兑"势必造成股票市值的大幅下跌，因为并没有足够的现金愿意并且能够在高价位接盘。假如现金投入量持续稳定在100000元，那便意味着如果全部10000股均成交，成交价将为10元。当然这种情况在现实中不容易发生，现实的情况一定是现金投入量越来越萎缩，同时随着价格的下跌，想要出售的股票量也会越来越少，最后或许能稳定在一个更为理性的价位。

最后特别需要指出的是，虚拟性并非金融资产所特有，实际上对于任何非金融资产来说，当其总量中有足够的比例被人们忽略了使用价值，而专作为财富的象征持有时，其均会演化成一种虚拟性的符号，其或许是郁金香、棉花等商品，或许是铁路等实际的投资项目，或许是历史上看极易被虚拟化的房地产。实际上，曾经被用于但现已不被用于货币的贵金属也已演化成一种虚拟性的符号，如果不被用于装饰，也不被用作货币，那么贵金属可以说完全没有使用价值，对此，弗里德曼不无讽刺地说："为了在诺克斯堡或一些类似的存放黄金储备的地方重埋黄金，人们必须在南非从事辛苦的劳动，把黄金从地下挖掘出来。"[①] 注意前文中提到的这个所谓的"足够的比例"其实是一种很虚的界定，在此很难明确给出一个特定的值，但是本书仍然认为提出这个比例的概念是有价值的，就像金德尔伯格在对"泡沫"的定义中提出投机者的概念一样，有多少投机者才会鼓吹起"泡沫"实际上也很难界定。反过来说，这也意味着，无论是对金融资产还是非金融资产来说，即便从现实中的表现来看已经具有虚拟性了，也并不意味着所有该资产的购买者都只是将其视为一种价值符号，购买股票的人或许是希望收购企业来亲自经营，购买房屋的人中肯定也会有不少是希望自己居住；相反，即便总体来看资产并未被虚拟化，也不排除有人将其仅仅作为财富的象征而持有。当人们购买资产就是为了购买价值符号时，其目的在保有财富外也必然包含着追求价值增值。虽然任何投资（这里包括实物投资和金融投资）都是为了价值增值，但购买价值符号的投资与企业家对厂房、设备等的投资是截然不同的。用马克思理论中的符号来概括的话，前者是 G—G'，而后者是 G—W—G'。只要不是为了投入"使用"，即便购买的是实物资产，同样应该用 G—G' 来抽象资本的运动。

3. 被拉长的融资链条

以金融资产为代表的虚拟财富的介入，使得融资的链条被拉长。马克思（1953）在《资本论》第三卷中曾指出，在生息资本介入后，资本运动公式变为：

$$G—G—W—G'—G' \qquad (4.1)$$

---

① 弗里德曼. 资本主义与自由 [M]. 张端玉译. 北京：商务印书馆，1986：46.

其中，G—G 是指 A 将资金借给 B，G—W—G' 是指资金在 B 手中实际转化为资本并实现价值增值，G'—G' 是指 B 将本金加利息返还给 A，其中利息是利润中的一部分。事实上，这只是在资本运行中考虑了融资的最简单的一种形式。由于本部分专门分析的是融资链条，因此对马克思的公式稍做调整变为：

$$G—G—I \qquad\qquad (4.2)$$

其中，I 表示的是实际的企业投资，G—G 还是指 A 将资金借给 B，而 G—I 则是指 B 将资金实际地投入企业的运营中去。和式 (4.1) 相比，式 (4.2) 不考虑实际投资之后的事情，专注于支持整个投资项目资金的运行过程。

金融的介入使得链条变长。先举最简单的例子，储户将资金存入银行，银行再将资金贷给企业家。在这个过程中，资本运动公式便增加了一环：

$$G—G—G—I \qquad\qquad (4.3)$$

其中，前后两端均与 G 相连接的一环（在上式中表现为三个 G 中间那个）便是作为金融中介的银行。

如果储户将资金交给银行，银行又将资金交给信托公司，最后由信托公司将资金交给企业家，那么链条中便又增加一环。事实上，链条不断被拉长本身便是第三章中提到的金融自我服务式发展的重要表现之一，比如图 3-9 中曾展现过的美国的"影子银行"中介链条。

直接融资的分析也相似。比如，最简单的形式便是储蓄者通过购买股票的方式将资金给到企业家，这个过程实际上可以用式 (4.2) 表示。如果储蓄者先将资金交给基金公司，基金公司又去购买股票，便意味着原链条增加了一环。而如果购买基金的又换成了其他的金融中介，则意味着链条再次延伸。以此类推。

拉长后的资金链条用公式表示便是：

$$G—G\cdots\cdots G—G—I \qquad\qquad (4.4)$$

值得注意的是，其中每一个 G—G 的过程都是伴随着购买一种金融资产，由于从概念上讲金融中介就是从事买卖金融资产事业的企业（托宾，1992），因此原则上讲前后两端均与 G 相连接的环节应该就代表着金融中介，不过在现实中存在的一些从事该种业务活动的组织根本不被官方认可为金融机构，甚至本身也确实不是金融机构。前者比如一些从事民间借贷的组织，后者比如可能存在一些企业上市融资后又将募集资金用于购买理财产品的现象。

融资链条被拉长存在诸多积极意义，比如利于资金以及风险得以分散，利于创造更符合需求者偏好的金融资产等，但是最大的问题在于，从公式中来看，离 I 越远的环节对于最终投向实体经济中的项目（或诸项目）越缺乏了解。虽然每一环节的资金提供者都需要对后面包括最终投入实体经济环节的一系列环节的情况有所掌握，但是毕竟离 I 越近的环节越需要对 I 本身进行谨慎调查。实际上，第二章第三节第四部分对此问题已经有所提及，这里再次结合此处的分析变换说法重新表述，金融中介关注的是资产能够最终成功变现并带来理想的收益，因此与判断最终实体经济项目的成败相比，或许其更多的是判断这种资产是否会由于种种原因涨价，这种资产本身是否具有足够的流动性，相关机构是否具有足够的声誉以及提供流动性的能力等。实际上，离 I 越远的环节一定会更多地考虑后面提到的这些因素。这意味着金融越发展，融资链条越长。总体来看，金融资产与实体经济的联系越不紧密，资产的名义价格与其实际市场价值相背离的情况就越容易出现。

此外，在融资链条被拉长的同时还在不断地发生着所谓的金融脱媒，而之所以称其为"所谓的"，是因为本书并不认为金融真的可以脱媒，具体参见第二章第三节第四部分。以前学者在研究相关问题时，通常考虑的是企业直接发行证券融资，而近几十年通过证券化将贷款等原本不流通的资产变为了可流通的资产，不仅是金融自我服务式发展的一个重要表现，而且是另一种金融脱媒的表现，有助于金融资产进一步地被虚拟化，这对传统的金融中介理论形成了挑战（Gordon and Metric，2012）。这尤其表现为在将资金交给企业家的最后一个环节上。因为最后一个环节实际是离实体经济最近的一个环节，相比于前面各环节来说，应该是对实际投资项目考察最多、判断最准确的环节，在整个融资链条中理应承担着大部分风险评估的职责。如果最后一个环节是银行等一些中介机构，那么通常情况下，其自身要承担该项具体投资的风险，这使其在出借资金时需要对项目进行极为谨慎的考量。但是金融创新却逐渐使得原本不能流通的资产（比如贷款）不用一直保留在金融中介自己的资产负债表中，而是较快地被套现获利，并且相应的风险也可以被转移出去，因此相应金融机构将有足够的激励扩大发放及转卖贷款的规模。当然，这只是中介机构热衷于证券化的最重要的原因之一，其他原因也还是存在的，但是那些原因或多或少与上述提及的传统资产的原因相关。例如，中介机构或许只是为了绕过监管要求而非将风险转移出去，如银行等贷款机构实际上自己也持有大量证券化产品，比如美国 PCN 银行 2006 年证券化债券投资占全部债券投资比重达 96%（张桥云、吴静，2009），但是证券化的结果却使得具体的一个个项目的风险没有人承担，而是被分散到整个金融系统中。此外，也还有其他种种原因可以解释贷款机构的过度放贷行为，例如希勒（2012）[①]便提出了如下问题："他们被蒙蔽了，还是蒙蔽了别人？"也有学者提出其他动机，例如通过更多放贷以"逃避"风险（孙立坚等，2007）等，不过至少在业内人士来看，大量借贷，尤其是借钱给那些过去借不到钱的人"是一项赚钱的业务"（美国金融危机调查委员会，2012）。链条上包括最后一个环节在内的每一个金融机构都可以将风险转移给证券市场的买卖者，同时他们自身又是证券市场上最主要的买卖者，在"泡沫"中，这些本应管理同时也善于管理风险的专业机构都可能变成资产投机者——盲目地发放及转卖贷款实际上就是一种买卖资产的投机，这是金融脱媒更容易带来金融系统不稳定的原因之一。

第三节　约束放松、金融发展与危机：异化过程分析

一、金融不稳定模型

作为后面分析的基础，我们先来看一个不包含金融创新在里面的金融不稳定模型，这个模型的主要思想来自明斯基。明斯基将企业家的融资分为对冲性融资和投机性融资（2010），其中对冲性融资是指融资者的预期准租金 $\overline{Q}_i$ 能够保证其每一期的契约型现金付款承诺 CC_i，用公式表示为

$$CC_i < \overline{Q}_i - \lambda\sigma_{Q_i}^2 \qquad \text{i 取任意值} \tag{4.5}$$

其中，$\lambda\sigma_{Q_i}^2$ 表示对准租金预期的一个充分的偏差，因此需要 λ 取值足够大。

而投机性融资则是指预期准租金 $\overline{Q}_i$ 近期内小于契约型现金付款承诺 CC_i，公式表示为

[①] 希勒. 金融与好的社会 [M]. 束宇译. 北京：中信出版社，2012：71.

$$\begin{cases} CC_i > \overline{Q}_i + \lambda\sigma_{Q_i}^2 & \text{当 } i < t \text{ 时} \\ CC_i \leqslant \overline{Q}_i + \lambda\sigma_{Q_i}^2 & \text{当 } i \geqslant t \text{ 时} \end{cases} \tag{4.6}$$

投机性融资实际上是融资者利用短期融资为长期头寸融资，这意味着短期内随着时间的推移，为了借新换旧，融资者的融资需求会不断增加。此外，明斯基还提出一个概念叫庞氏融资，用公式表示为 $CC_i > \overline{Q}_i + \lambda\sigma_{Q_i}^2$，除 $i = n$ 外。不过实际上这只是更为极端的投机性融资，因此在此并不单独阐述。

明斯基认为，随着经济的繁荣，会有越来越多融资者愿意采取投机性融资方式，从而在总体的融资结构上，带来由对冲性融资为主向投机性融资为主的"大跃进"，并带来风险敞口的增加，而这被明斯基看来是造成经济不稳定的内生性原因（明斯基，2010）。

不过本书认为从表象上看，由对冲性融资向投机性融资的"大跃进"，确实是增大了风险敞口以及金融系统的脆弱性，但是若要更为根本性地分析金融危机，则还要回到前文分析虚拟财富时的思路，着重考察人们的心理因素，即社会情绪的变化，后文称为"信心"。

明斯基认为大规模地发生从对冲性融资向投机性融资的跃进，主要是人们在长短期利率之间追求套利机会的结果，不过本书认为信心才是这种套利行为产生的最根本原因。实际上学者对于利率期限结构有大量的研究，但是短期利率与长期利率之间的传导关系看起来仍然比较模糊，这也是为什么在次贷危机后，伯南克为了应对危机，通过直接干预长期利率而不是如传统般干预短期利率的做法被人们普遍视为天才之举，不过本书从理论上暂且不考虑这一点。

融资者更加愿意采取投机性融资的方式，是由于其对未来的经济前景更加有信心；而金融机构肯于支持这些融资者，同样也是其信心提升的表现。从金融机构的角度来看，融资者由对冲性融资向投机性融资的转化，意味着短期内其收益无法支撑其顺利还款，但由于相信其长期的发展前景，金融机构仍然会帮助其融资。当大量的融资活动依托的不是实实在在的现金流收入，而是更为虚无缥缈的信心时，这种融资结构便不再稳固了。

与大众相比，金融机构的信心更多的是建立在理性判断的基础上，当其较为准确地判断出投机性融资长期来看是没有问题的，并且如果民众不会因为某种异常的原因出现对金融机构的不信任，那么即便是以投机性融资为主的融资结构也是可以长期维持的，从式（4.6）来看，随着一些融资项目开始过渡到 $i \geq t$ 的回款阶段，便可以与另一些尚处于 $i < t$ 的融资需求增加的项目相抵消，从而使得总体的融资规模逐渐保持稳定。

但是如本节第二部分将要分析的，出现"泡沫经济"时，金融机构普遍的信心膨胀带来了融资规模的激增，而由于低估风险产生的增量部分总体上看是根本无法还清的，只能靠着不断地扩大融资规模来维持。终究会在某一时刻，金融体系提供的流动性将不足以支撑融资规模的继续膨胀，这便被称为"明斯基时刻"。之后费雪的债务通缩机制便会发生作用，从而带来危机。对于最后这种衰退的放大机制，明斯基的理论以及后来的金融加速器理论在核心思想上与费雪的债务通缩理论大同小异，只是更为着重地强调资产价格下跌的影响。

一个简化的金融不稳定模型示意图如图 4-1 所示。

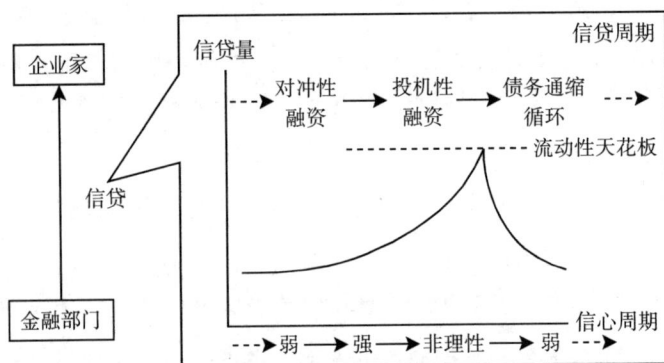

图 4-1　金融不稳定模型

二、"泡沫时期"约束机制的改变

这里谈的约束机制的改变，主要强调的是对金融创新发展约束的改变。虽然即便没有发展，在既有金融规则体系下，金融机构及从业者的行为受到的约束在"泡沫时期"也会有所放松，但本书认为这并不是造成金融体系剧烈动荡的原因，事实上如果没有金融创新自身带来的风险，那么在既有体系下单单是对既有行为约束的放松是有限的。如果没有创新发展，那么金融机构从业者以及金融监管部门人员的专业素质足以确保金融系统的总体风险水平可控，除非存在金融机构或从业者的欺诈行为，但这种涉及道德判断的问题不是本书考虑的重点。

（一）市场约束

随着"泡沫"的膨胀，越来越多的人加入了资产投机的行列中，这一定意味着投机者整体的素质在下降。市场经济需要投机，因为价格——无论是商品价格还是资产价格的形成都依赖于投机，因此有学者甚至认为投机行为占据了当代经济运行的中心地位（希勒，2012）。但是从社会化分工的角度来说，投机也应是交由更具比较优势的人群来进行的，但是"泡沫"带来的普遍乐观的情绪，却使得不具备专业性及比较优势的人群也被卷入投机浪潮之中，这会使得资产市场整体上表现得越来越不理性。比如有学者指出，在 18 世纪 30 年代英国的铁路投机热潮中，职业性铁路创办公司吸引了越来越多不同阶层的投资者，包括妇女与教士（金德尔伯格，2006）。

这种不理性将使得市场约束金融机构的能力下降，因为随着投机者群体的扩张，金融资产的需求量被放大。正常情况下难有销路的资产，现在也能得到投机者的青睐；正常情况下被估值较低的资产，现在也被炒成高价。简言之，市场约束的放松将通过投机者群体的扩张而使得金融创新扩散的速度加快。

（二）行业约束

行业约束表现为金融机构在行业内通常需要恪守一系列的行为准则，这或许是出于行业自律组织的要求，又或许是出于同业竞争的考虑，例如，违反准则可能会降低该机构在民众中的声誉，从而致使其在同业竞争中失败。但是在"泡沫时期"，情况会发生改变。由于市场繁荣带来的利润激增，将会形成同业间的另一套竞争规则，使得金融机构变得更加注重短期收益。利用民众的非理性创造短期的高收益，将为金融机构吸引到更多的资本以及更为优秀的员工，从而提升金融机构在行业中的竞争力。在追求短期收益的同时，一定意味着长期遵守的行为准则被放松，并且在竞争下，将出现行业内的普遍放松。而一旦金融机构普遍地或明或暗地放松行为准则，便同时意味着曾经通过自律组织达成的种种规则失去约束力。例如，次贷危机后《华尔街见闻》刊载了一名华尔街员工的自白（2013年 11 月 27 日），指出华尔街曾经小心翼翼遵守的规则在追逐利润的竞争中逐渐被抛弃，"（如果）你一直把车速限制在 79 公里/小时，但你却一直看到别人加速到 100 公里/小时、110 公里/小时，并轻松把你超越，而你却从来没机会超赶其他人"；2000 年后合规培训沦为一年一度的形式主义，到 2007 年已经完全形同虚设，甚至只需要付钱便可让年轻的雇员代为完成；有报告显示，53% 的金融业管理层表示坚守道德标准将对职业生涯发展造成障碍。这种规则的失效并不是简单地表现为现存的一些具体的经营标准被放松，比如说资本充足率标准或企业上市标准等，而是指金融机构经营活动所要面对的"负面清单"的范围在缩小，从而使得其更容易进行创新。事实上，如果是采取放松现存经营标准的方式去获得短期高利润，那么在高利润的吸引下，新进入者进入会将利润率拉回到原有水平；但是通过创新获取高利润则可避免这种情况的发生，因为相比于新进入者，在位者长期经营的专业性保证其在相当一段时间内享有创新带来的部分垄断权力。

（三）官方约束

监管部门的主要作用是要维护金融体系的稳定，因此在历次"泡沫"膨胀并最终引发危机后，人们普遍会指责监管部门的失职，似乎就是监管的放松引发了最终的危机。不过本书强调的官方约束放松是指另外一种意思，即不是监管部门主动放松监管，而是面对日趋复杂的金融环境，监管越发变得困难，实际上是市场、行业约束的放松带给监管部门极大的压力，简言之，是一种被动的约束放松。

通常认为金融创新与金融监管或管制是一个相互促进、交替前进的过程，其结果是共同推动了整个金融体系的发展（Kane，1981；Fuente，1994；et al.）。虽然这个过程是动态的，但是我们仍然可以用一种均衡的思维来考虑，即在通常情况下金融创新的力量和监管（或管制）改进的力量二者是达到某种平衡的，使得金融体系的整体风险可以得到有效的控制。但在"泡沫时期"，利益的诱导使得金融机构追求创新的动力增强，这将打破原有的创新与监管之间的平衡。这意味着将有更多的金融创新活动得以绕过监管在市场中出现，事实上相当于官方约束在变相下降。以一个最简单的假设来说明这一点。比如通常情况下，金融机构中或许只有十分之一在追求创新，而监管部门则配备了足够的专业人员（包括经济学家）来完成对于创新的监管工作：分析创新的实际影响、针对创新建立新的规则、监督金融机构实际遵守规则的情况等；但在"泡沫"膨胀时期，由于利益的驱动，即便金融机构或从业者的数量没有增加，但其中十分之九都在追求创新——特别是试图规避监管的创新，这时作为公共部门的监管机构在人员配备、财力物力等方面即便相比以往有所增加，也很难增至原先的九倍，这导致一系列针对创新的监管工作依然难以按以往的标准展开。

（四）综合影响

第二章曾指出，正是金融部门为市场注入了理性的因素，从而促进资本的有效配置，如果没有金融创新，金融机构在既有的规则及经营标准下运作，金融系统的总体风险水平甚至可以被视为不变。而在考虑金融创新后，我们仍然可以认为金融机构风险水平不会发生明显的变化，这是因为虽然金融创新会带来风险，但正常情况下由于创新扩散速度有限，加之监管部门具有足够的能力去针对创新进行研究，风险总体是可控的。

但是"泡沫"改变了市场、同业以及官方对金融机构的约束，并由此带来总风险水平的上升。这一方面指金融机构在创新过程中对实体经济风险认识不清，或者说其将金融创新能够带来的对于实体经济风险的控制能力高估，另一方面指市场及官方主动或被动地对金融机构的创新行为过于信任。随着"泡沫"的不断膨胀，以及约束的不断放松，总风险水平有可能增加到超出整体金融系统（包括金融机构以及央行等官方组织）的可承受能力，即总体风险水平逐渐变得不可控。

三、加入自我服务式创新的金融不稳定模型

本书将分成两部分来阐释加入自我服务式创新的金融不稳定模型，这样做的主要目的是突出两种不同类型的自我服务式金融创新（详见第三章第三节第二部分）在金融异化发展过程中所起到的截然不同的作用，然而要注意的是在现实中这两种类型的金融创新是交织在一起的，由此带来接下来分别叙述的两种异化机制也交织在一起。

（一）约束放松、非理性传染与融资规模膨胀

通常，金融部门对储蓄者的资金供给来者不拒，但对融资者的资金需求则要谨慎判断，这意味着金融部门为了将风险水平控制在一定标准以内，资金需求量将由实际融资者与金融机构共同决定。具体的原则为，在一个不变的外部环境中，资金的利率（收益率）水平决定了实际融资者的资金需求量，但是金融部门会用总体的风险水平标准进行判断，从而决定最终的实际需求量，如图4-2所示。值得注意的是，虽然本书一直强调一个抽象的总风险水平的概念，但其实也承认金融部门会在资金供求双方间承担一个风险匹配的功能，这将形成风险与利率（收益率）之间的正相关关系，出于简化的考虑，本书并没有将这些因素考虑进模型，实际上即便将其考虑进来也不会影响本书所考虑的一个关键因素，即资

"泡沫"实际　融资者
实际需求曲线　需求曲线　需求曲线　供给曲线　泡沫供给曲线

均衡利率

均衡融资规模　泡沫均衡融资规模

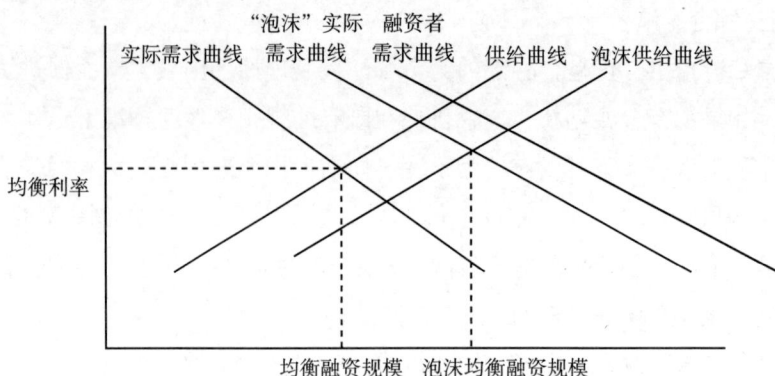

图 4-2　加入金融部门的融资规模决定机制

金的实际需求曲线由金融机构决定，因为金融机构在提供各种风险水平的资产时实际上均要对其代表的实体经济风险进行评估，除非创新出新的金融产品，否则在"生产"原有的每种金融产品时均有一个对应的风险标准。同时，本书所说的利率水平并非一个利率值，而是指所有风险水平资产的普遍收益率水平，即本书所讲的利率水平上升，意味着现实中所有风险水平资产的收益率均上升。

"泡沫"可能是由于经济发展势头良好所引致，如果单单是经济发展势头良好，本身也会使得图 4-2 中的资金供给曲线、融资者需求曲线与实际需求曲线纷纷右移，从而带来融资规模的扩大，但是这种实际因素的冲击并不是本书研究的重点。因此本书后面为了简化分析"泡沫"的影响，将假设如果挤掉"泡沫"，资金的供给曲线与融资者需求曲线将不变，同时注意在后面分析过程中排除掉通货膨胀的影响。

排除掉实体经济运行的影响后，单由"泡沫"所带来的约束放松仍然会使得资金的供给曲线及实际需求曲线发生位移。第二章曾指出实体经济中的创新者会通过融资的方式将风险交与资本所有者共同承担，金融创新扩散速度加快，意味着人们更为信任创新的融资渠道对于风险的评估，同时也意味着人们对实体经济创新风险的承受力在加强，这导致供给曲线的右移。换个思路来看，愿意承担更高的风险实际上也意味着愿意接受更低的价格。另外，金融创新带来金融部门非理性程度的明显提升，并且在激励机制的影响下这种不理性是有偏向性的，倾向于低估融资者资金需求的风险水平，因为这有利于其提升融资规模，增加金融部门自身的收入。这种对风险水平的低估，会使得实际的资金需求曲线发生右移。而在正常情况下，金融创新虽然同样会带来金融部门对于风险的低估，但是创新扩散速度慢以及监管应对及时使得通过金融部门实现了的这种低估风险的融资的规模有限，这意味着总体风险是可控的。"泡沫"所带来的供需曲线的双双右移将带来均衡融资规模的膨胀，并且由于排除了实体经济干扰，这意味着膨胀完全是由"泡沫"引发的。

这里有必要简单地解释一下金融创新为何会带来整个金融部门的非理性程度提升。结合前面章节的分析我们知道金融部门的创新通常是自我服务式的而不是创造性毁灭式的，这意味着为了扩大融资规模而进行的金融创新，更多的不是创造出一条新的融资链条去取代原有的某条融资链条（以及链条上的金融机构），而是通过增加新的环节和产品（例如通过成立 SPV 发行资产支持证券）或通过新产品在原有环节间建立新的联系（例如国内的所谓银信合作、银证合作）去拓展原有融资链条，并且往往会进一步拉长融资链条。这意味着金融机构由创新产生的有偏向性的非理性容易在整条链条上传染。这是因为创新产品将会有益于链条中前后环节上的金融机构，从而使其更乐意相信创新者的判断是正确的。事实上，这一点也能体现第三章第三节中所谈到的竞争与合作的主题。从现实中的各行业来看，一个竞争性行业中的企业更多地向公众传达自己产品的优点，并且委婉地以突出自己优点的方式来反映对手在相应方面的缺点，这种宣传方面的竞争会增进公众的认识；相反，同一条价值链上的企业更多的是共同地向公众传达自己以及这条价值链上其他企业的优点，单是这种合作宣传就可能会加深公众认识的偏差。特别是在"泡沫时期"，当同业的竞争者出于利益的考虑，纷纷采纳创新产品以扩展业务时，当从市场的反应以及官方的反应来看，似乎并未对创新产品有所质疑，这将会促使金融机构更加相信创新产品是可靠的。事实上由于前文分析中对于融资链条的抽象过于简化，很可能会使人低估创新金融产品的影响力，实际上以各个金融机构为节点，融资链条之间是交织在一起的。因此一个创新产品及其带来的非理性在金融系统内往往不只是影响单独的一条融资链条，其影响面要广得多，比如资产支持证券的持有者可能是银行、保险公司、货币市场基金、共同基金、养老基金、对冲基金等，这意味着由于前段资金来源的不同，会形成不同的融资链条。这使得单个机构有偏向性的非理性将传染至整个金融部门。

（二）流动性创造与虚拟财富的放大

前面提到的金融不稳定模型更多的是考虑债务融资，而接下来本书试图提出一个可以涵盖权益融资和债务融资的一个扩展的理论框架，因为"泡沫"引发的权益融资膨胀同样可以带来金融系统的不稳定，例如股市崩盘常常也会触发金融危机。

这里将沿用第三章中的式（3.28）与式（3.29）来进行分析，为方便起见，将其抄录于此，并标记为式（4.7）与式（4.8）。

$$\begin{cases} M_a V_a = P_a Q_a \\ M_b V_b = P_b Q_b \\ M_a + M_b = M \end{cases} \tag{4.7}$$

合并可得

$$(M - P_a Q_a / V_a) V_b = P_b Q_b \tag{4.8}$$

所有符号表示的意思与第三章相同，不过需要强调两点。第一，$P_b Q_b$ 表示的是全部的金融资产的交易额，其中既包括股权资产、债权资产，也包括结构性产品和信用衍生产品等，不过鉴于本书目的是分析融资规模膨胀对于流动性带来的冲击，出于简化模型的考虑，假设金融资产就是包括完全独立的股权资产和债权资产，这意味着假定了其他产品对于流动性的占用量不变。第二，用 M_a，M_b，M所表示的货币量均为最狭义的货币，即现金或现金等价物。

融资结构由对冲性融资转换到投机性融资将会带来 $P_b Q_b$ 的不断增加。

债务融资的分析沿用上文金融不稳定模型中的思路，只是无论是通过发行债券还是从银行贷款还是其他形式，我们都可以认为是一种金融资产（债券、贷款或其他）的创造并同时发生了交易，其中贷款可视为银行从企业购买了贷款这种产品，并预期在还款日连本带息地以高价卖出。如果放在几十年前，这种抽象似乎不易理解，但随着证券化的发展，贷款资产也可以提前转卖，这种关系则并不十分难理解了。上文指出，如果金融部门保持理性，那么即便转为投机性融资为主，社会融资规模也将保持稳定；而金融部门非理性带来的增量投机性融资部分总体上看是根本无法还清的，只能靠着不断地扩大融资规模来维持。我们可以将这一部分融资量整体上视为需要不停地靠借新债还旧债，在一定的利息水平下，这意味着这一部分融资量将会以指数形式上涨。事实上，虽然前文指出的融资规模膨胀实际上是随着"泡沫"膨胀而不断膨胀的过程，但是出于简化分析的目的，这里假设融资膨胀是一步到位的，那就意味着增量部分的投机性融资所对应的实体经济中的项目数量和规模在后期将保持不变，在这种情况下，我们或者可以将债务规模的扩大看作是量 Q_b 的不断增加，或者可以将以同一个项目申请的贷款额的不断上升看作是价格 P_b 的不断上升，这二者都将导致交易额 P_bQ_b 不断增加，并且是加速（指数式）增加。为了方便后文的整体分析，这里倾向于从 P_b 上升的角度来考虑。实际上，P_bQ_b 中还应包括存量债务资产（比如债券）本身的再流通，每一期存量资产中实际上会有部分发生再流通，总体上再流通的规模（交易量）实际上也会增加，不过这里暂时先不考虑，只是假设每一期交易量与资产存量比例不变，这样在融资膨胀后 Q_b 始终保持不变。为了防止误解，最后特别再强调一次，在上述一系列假设下，总体的 P_b 上升实际上只是由金融部门非理性带来的增量投机性融资不断地进一步膨胀造成的。

转向对权益融资的分析。在权益融资情况下，对冲性融资和投机性融资可以这样理解：因为权益资产的价格是由其未来（甚至无限期）的现金流贴现而得，因此如果项目每一期产生的利润足以补偿按资产价格反向计算得出的每一期预期现金流（股息、红利等），那么便认为该项融资为对冲性融资；相反，如果近期内利润不足以补偿预期现金流，便是投机性融资，为投机性融资（比如发行高市盈率股票）提供资金的人更多关注的是项目未来的前景，而不是短期的现金流。人们对于投机性融资的信心只能靠资产价格的提升来维持，但是如果投机性融资项目确实前景较好，那么当其发展情景开始展现时，即稳定的高利润开始实现时，其便转化为对冲性融资项目，其资产价格也便由现金流而不是信心决定了。参考前面的假设，这里仍然认为融资膨胀（比如股票增发）是一步到位的，这意味着总的权益资产量将不会进一步变化，并且同样先假设每一期权益资产量中发生交易的量的比例不变，这意味着 Q_b 不变。在此情况下，由金融部门非理性带来的增量投机性融资，由于其利润根本无法补偿价格所代表的预期现金流，即便是在遥远的未来也无法补偿，因此人们的信心只能靠价格的不断提升来维持。前文提到，融资者采取对冲性融资的形式是为了利用短期资金为长期项目融资，事实上无论是对融资者还是资金提供者来讲，用短期资金交换长期资产一定是认为其有利可图。投资于权益资产的预期收益率用公式可以表示为

$$E_r = (D_t + \Delta P_t)/P_t \tag{4.9}$$

只有当短期资金的利率小于 E_r 时，人们才有动力投资于这种资产，而均衡时 E_r 应该等于利率。其中 D_t 表示第 t 期的现金流，当 D_t/P_t 小于短期利率时，为了维持人们对于资产的信心，则需要 ΔP_t 大于 0，即价格需要上涨。而由非理性带来的投机性融资一定属于这种情况，并且随着其每一期的现金流始终无法改

善，便意味着价格需要持续上涨，并且由式（4.9）可以看出，当价格上涨时，如果现金流不能增加，则意味着价格上涨的增量也需要不断增大，即价格会加速上涨。总体上看，由这部分非理性带来的投机性融资的资产价格的增量上涨必然会带来总体资产价格水平的加速上涨，进一步则意味着交易额 P_bQ_b 加速上涨。

无论是债务融资还是权益融资，当在某一时点 O 出现金融部门的非理性，由此造成投机性融资规模的增加，并且由于增加的融资规模需要自我维持，导致 P_bQ_b 加速上涨。这个过程可由图 4-3 中的 P_bQ_b 线来表示。

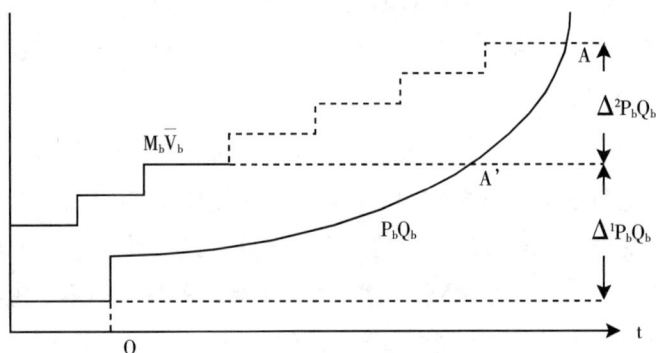

图 4-3　流动性的吸收与创造

伴随着 P_bQ_b 加速上涨带来对流动性的大量吸收，金融系统还在不断创造着新的流动性。最主要的方法便是通过金融创新不断地增加原有金融资产的流动性，从而增加用于金融交易的现金在金融体系内的运转速度（V_b），以支持越来越多的交易额，对此第三章已经进行了较详细的分析。与此同时，当一些金融资产的流动性增加到一定程度时，其本身也开始成为现金等价物，这意味着 M 同时增加，此外 V_a 也可以通过创新得以增加，这些都利于增加用于金融交易的现金量 M_b。有三个方面值得注意：第一，现实中在许多情况下，M_a，M_b 以及 V_a，V_b 是无法清晰划分的，比如银行持有的流动性有可能被用来支持实际产品交易（如转账），也有可能被用来支持金融资产交易（包括存贷款），因此本书如此划分完全是为了理论上更为清晰，实际上，即便不这样划分，就用 M、V 同样可沿后文的思路进行分析，只不过从理论上看会较为模糊，例如很难单独突出资产流动性的重要性。第二，金融机构通过增加资产流动性而增大 V_b 的过程不仅仅是为了增加交易量以扩大收入，也有将风险转移出去的目的。第三，有时加强流动性只是伴随创造新产品而产生的一个"副产品"，但由于二者对"泡沫"及其破裂的影响机理不同，故将同一个创新的不同作用分开来探讨。

对于 M_b 的流通速度 V_b 的增加还需要更为细致的考察。出于流动性管理的需要，金融机构往往在经营过程中制定较高的流动性标准，而官方也会对其提出强制性的流动性要求，例如《巴塞尔协议Ⅲ》中规定的流动性覆盖率，这意味着通常金融机构会留存较高水平的 M_b 用于维持金融资产交易。如果不考虑金融创新，在此情况下 V_b 的变动往往是被动的，即在等式 $M_bV_b = P_bQ_b$ 中，V_b 的变化是由 P_bQ_b 的变化带来的。但是在"泡沫时期"，随着金融机构拓展业务的动力增强，它们会想方设法增加资金的流通速度，从而可以支持更大规模的金融资产交易。但是即便如此，一定的 M_b 可以支持的金融资产交易额的扩张仍然是有上限的，也即 V_b 的增加是有上限的，因为对于专业从事流动性管理的金融机构来说，它们很清楚如果再扩张交易额便很可能带来流动性的危机，我们将这个上限记为 $\overline{V}_b$。第三章中曾提到金融机构可以通过一系列金融创新不断地提高资金周转速度或货币流通速度，其实更为准确地说，金融创新并不是提升了资金运转速度或货币流通速度，而是提升了其上限。因此，无论是在正常情况下，还是在"泡沫时期"，$M_b\overline{V}_b$ 都会伴随着金融创新而不断提升，但是与前面提到"泡沫时期"P_bQ_b 的持续加速增加不同，由金融创新带来的 $M_b\overline{V}_b$ 的增加是非连续的，如图 4-3 中的 $M_b\overline{V}_b$ 曲线所示。

在提升资金运转速度上限的金融创新中，很重要的一种便是增加原有金融资产的流动性，事实上，通过此种途径，金融部门将长期资产转变成短期资产。流动性的增加使得资产持有者得以在到期日之前将资产转手，以债券为例，甲向乙借债一年，如果债务不可转让，那就意味着乙只能将这个债务资产持有一年，因此乙在购买这个债务资产时便需要确定这笔资金在一年之内自己是不需要使用的；但如果甲通过发行债券借债一年，债券在其间转了 12 次手，就意味着持有人平均持有时间为一个月，这意味着这些人只需有一个月不使用的资金便可以购买这个资产；如果债券转了 365 次手，那就意味着资金只要有一天不用便可以用于购买资产。问题的关键是是否能换手、能以多高的频率换手本身取决于资产流动性的强弱。通过提升资产流动性进而增加资产转手率，将使得更多的闲置资金得以利用，这是金融部门动员储蓄的一个重要途径。在一个"T+1"的金融市场中购买资产，事实上意味着最短可以储蓄一天，"T+0"则意味着更短。而如果从资金利用的角度来说，增强资产流动性意味着"盘活"资金存量。由此可见，我们通常所说的流动性转换与期限转换的概念很容易便可以从分析银行运作扩展到分析整个金融系统运作，并且从整个金融系统运作的角度看，流动性转换与期限转换两个概念之间实际上具有很强的关联性。

一种资产是否具有流动性取决于两个方面：一是其变现的难易程度或变现的时间；二是其在变现时的价格稳定性。金融机构若想成功地通过创新增加某资产流动性，必然需要对资产的价格波动情况进行判断，当一种资产价格较为稳定或者有不断上涨之势，或至少预计该资产较少可能发生价格暴跌，那么便可以考虑为其增加流动性。因此金融机构为增加资产流动性而进行的创新实际上便与其对资产价格的判断密切相关，这意味着当"泡沫"带来资产价格持续上涨至少可以维持资产价格不下跌时，被用来增加资产流动性的创新中很可能存在错误的创新。前文指出，在"泡沫时期"，金融机构的不理性是有偏向性的，其会普遍地低估实体经济风险，这意味着金融资产的制造者会普遍地高估资产价格，事实上在"资产价格泡沫"不断膨胀过程中，其也会普遍地高估资产价格的稳定性，这主要表现为其对资产价格走势的预期有偏差，普遍对价格看涨或至少认为其可维持。当金融创新呈现自我服务倾向时，为资产增加流动性的创新者（后文称"流动性创造者"）相比于资产制造者而言，事实上更加不清楚资产所对应的实体经济基础的现实情况，其对资产价格及预期的认识更多地来自于资产制造者，这意味着有偏的非理性从资产制造者传染给流动性创造者，这使得一些为金融资产增加流动性的创新可能是错误的。相反，如果金融创新呈现创造性毁灭倾向时，则意味着创新者需要创造出一整条更易"盘活"资金存量的融资链条去取代原有融资链条，创造一种更加具有流动性的新的金融资产去取代原有金融资产，而这时两条链条、两种资产之间的竞争会使得其相互之间更易形成理性的判断而不是非理性的传染。

图 4–3 中的 $M_b\bar{V}_b$ 曲线包含了由于正确创新和错误创新导致流动性创造的两种情况，其中实线部分代表正确创新，而虚线部分则代表错误创新，其中注意两点：一是创新中虽然主要以增加资产流动性为主，但也包括其他的增加 V_a、V_b 以及 M 的创新；二是现实中的正确创新与错误创新并不如图示般在某点区分开，而是交织在一起，之所以如此画图是为了便于形象地反映出后面的增量。

由图可见，$M_b\bar{V}_b$ 与 P_bQ_b 最终交于 A 点，这意味着在这一点上由创新带来的流动性创造终于无法满足由"泡沫"膨胀所带来的流动性吸收，资产价格不断上升之势无法维持，这一点便是"明斯基时刻"。而从图 4–3 中可以清晰地看到，如果没有错误的流动性创造，"明斯基时刻"本应在更早的 A'点就会到来。

当"明斯基时刻"到来时，"资产价格泡沫"将受到流动性紧张的约束，也就是没有足够的现金来支持金融资产价格的进一步上涨，这时便迫使人们尤其是金融部门重新审视资产的实际价值。当金融部门发现曾经的资产定价存有偏差时，便会试图对其进行一定程度的矫正，这会引起资产价格的下跌，同时也会对过度的融资规模进行矫正，对虚高的流动性水平重新进行评估。进而，金融加速器作用开始显现，从而将资产价格下行的运动过程放大。实际上，如果仔细观察，会发现本部分对于"泡沫"膨胀及崩溃的过程分析与第二节中探讨的虚拟财富以及其中所举的关于股票的数字例子中的分析思路基本上是一致的。下行过程中的金融加速器机制实际上就是第二节中所强调的"挤兑"，只不过是发生在整个金融系统内的"挤兑"。从图 4–3 中可以清楚地看到，随着"泡沫"的破灭以及金融系统恢复正常，与最高点相比 P_bQ_b 的值将减少 $\Delta^1P_bQ_b + \Delta^2P_bQ_b$，由于前文假设每一期资产交易量与资产存量比例不变，不妨设为 k，那么将意味着在"泡沫"膨胀及破裂的全过程中，总虚拟财富将扩大并在最后损失 $(\Delta^1P_bQ_b + \Delta^2P_bQ_b)/k$；而如果没有错误的流动性创造，这个值本应为 $\Delta^1P_bQ_b/k$。这意味着错误的流动性创造进一步加剧了金融系统的波动。

不过值得注意的是，从值上来说，$(\Delta^1P_bQ_b + \Delta^2P_bQ_b)/k$ 的虚拟财富损失实际上被一定程度地高估了。原因有二：一是现实中流动性不足并不真的是在某一点上突然显现，而是货币市场中利率逐渐升高的过程，且随着利率的升高，人们在不断地调整着原先对金融资产价格的认识。从式（4.9）便可看出，随着短期利率的增加，"泡沫"的维持需要资产价格增加的幅度变大。二是资产流动性的不断增强通常会带来其换手率的不断增加，这意味着交易量与资产存量的比例会随着"泡沫"的膨胀而增加。这两点意味着 P_bQ_b 会比在前文假设情况下更加快速地增加，从曲线上看则会更加陡峭，从而使得"明斯基时刻"更早到来，错误累积得更少，金融系统波动幅度也会更小，不过这并不影响前面关于虚拟财富放大机制的分析逻辑。

（三）小结

加入自我服务式创新这个关键要素后，金融不稳定模型的分析思路总体上看并未发生根本性的改变，只是加强了对非理性如何得以在金融体系以及经济体系内部蔓延这个问题的解释力。本书将这个问题的答案归结为金融创新的自我服务倾向使得偏向于低估风险的非理性得以在金融部门内部传染，这造成金融部门为经济体注入理性的功能在衰退。同时通过将两种不同的自我服务式金融创新以及相应的金融异化机制分开来分析，使得对于流动性的分析更具动态性。一方面，在此我们可以认为稳定的金融系统并不容易出现明显错误的判断，成熟的风控制度足以有效控制金融从业者作为人的不理性一面，然而通过创造新产品，金融创新却会带来融资规模的非理性膨胀，这会造成对冲性融资向投机性融资的"大跃进"，从而不断地增加对于流动性的需求。另一方面，通过提高资金运转速度，金融创新不断地创造新的流动性供给，事实上这意味着"流动性天花板"被不断地提升，从而为"泡沫"的进一步膨胀创造必要的条件，最终当流动性创造赶不上流动性吸收的速度时，流动性枯竭将触发危机。一个简化的加入自我服务式创新的金融不稳定模型示意图如图 4-4 所示。

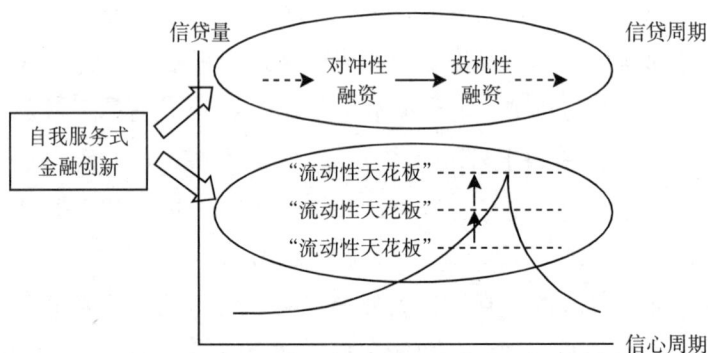

图 4-4　加入自我服务式创新的金融不稳定模型

四、理论的进一步扩展

上面的理论还可以进一步扩展，即 P_bQ_b 所包含的内容可以进一步增加至非金融资产。实际上任何实物资产只要与金融联系十分紧密，特别是其购置普遍地被金融所支持，都有可能带来金融部门有偏向性的非理性，因为其交易量的扩大以及价格的提升同样会给金融机构带来可观的收入激励。正因为此，我们在回顾历史时，会频繁地看到一些带来金融危机的投机对象完全是实物资产，但其背后却一定有着金融部门的支持。事实上，金融的创新发展将实物资产与金融联系得越来越紧密：金融的创新发展使购房者可以普遍地得到按揭贷款的支持；使艺术品的收藏不再局限于爱好者而是包括越来越多的艺术品基金；使有头脑的经营者得以拥有更为先进的资本运作手段，住房、艺术品乃至实体的企业都可能成为投机的对象。金融创新并不一定是"泡沫"产生的导火索，但却使越来越广泛的实体经济领域成为"易燃品"。更为重要的是，再分配的作用使得金融行业从"泡沫"中大大获益，这使得金融部门吸引着越来越多的精英，金融创新的速度也必将越来越快，这意味着实体经济被"浇油"的速度也在加快。诚然每一次"泡沫"破灭都会带来金融行业的调整，未能在风暴中幸存的从业者卷着一笔钱离开了，但得以存活的金融机构及其从业者则静静地企盼着下一次"泡沫"的产生，企盼着更多为其服务的金融创新的出现。

五、对创新和信心两要素的再探讨

本章对于"泡沫"的分析主要包含两个要素：一是自我服务式的金融创新，二是由信心膨胀导致的约束放松。一方面，在本书的框架中，如果没有创新，墨守成规的金融部门很难产生足以对整个经济体构成威胁的非理性，金融系统的总体风险水平甚至可以被视为不变；而正是金融创新导致了金融机构的非理性，并且由于创新的自我服务倾向导致这种非理性存在明显的低估风险的偏向性，并且传染至整个金融部门，金融发展的两种倾向性（详见第三章）分别助推了融资规模的膨胀和虚拟财富的放大，大大加剧了金融系统的波动。不仅如此，在"泡沫"过程中随着自我服务式创新的不断推进，金融部门内部的联系愈发紧密，因此当"泡沫"破裂来临时其更加容易发生整体性的崩溃。另一方面，虽说"泡沫"的根源在于财富的虚拟性，但是"泡沫"及其破裂的直接推动力则是大众的信心转换。本书认为如果没有信心膨胀，三类约束足以保证由创新带来的风险是总体可控的，正是在信心膨胀下，三类约束纷纷放松，才使得金融创新生成的非理性得以持续地存在并蔓延，这引发"泡沫"的不断膨胀；而最终在流动性约束下膨胀的信心逐渐消失，甚至转为过分悲观，这将会直接刺破"泡沫"。事实上，将创新或信心分别与金融系统的不稳定（或信贷周期、系统性风险等）联系起来进行的研究有很多，但将二者合在一起考虑的则不多。Bianchi（2012）等人近来的研究是在此方面的一个尝试，不过由于其只是专注于资产支持证券这种特定的金融创新形式，因此使得其模型的解释范围大大受限。相比于该文，本书虽并未建立数理模型，但却尝试构建一个更为一般化的理论体系，并且本书提出的理论是从探讨更为基础的问题入手，即金融部门在经济体中的核心功能、金融部门受到的激励与约束以及这将使得其发展具有怎样的倾向性。

与主流的信贷周期理论相比，本书至少存在两大区别，这也与本书主要考虑的创新和信心两要素密切相关。

第一，主流的宏观理论中并非不考虑金融机构，但是在模型中金融机构的主要作用就是生成"摩擦"（Friction），除此以外似乎其没有存在价值。不同模型中可以设定不同的"摩擦"，但根源均在于信息不对称所产生的代理问题。出于两点原因，本书并未沿此思路进行探讨。一是本书认为如果没有创新，随着各方认识的提升，约束机制将使得代理问题所带来的"摩擦"越来越有限。对于代理问题，教科书中讨论最多的例子便是卸责问题：委托人无法观察代理人的努力水平，因此只能进行相应的机制设计，让代理人在此机制下自己选择委托人希望的最优努力水平。但是机制设计的前提假设是委托人需要了解代理人不同的努力水平所能带来的不同结果。实际上若要做到这一点，除非委托人自己便是做该项工作的专业人士，或者更有可能的是，在专业化分工的情况下，委托人自己对该项工作并不比代理人专业，因此委托人需要从大量的现实观察中总结出相应结果的经验或者借鉴其他人总结的经验。而随着人们对该项工作及其后果认识的不断加强（市场约束增强），随着代理人之间的竞争将努力水平与结果之间的关系不断展现（行业约束增强），委托人与代理人之间的信息不对称的程度将会大大减弱，并且委托人也很可能设计出其他一些策略来辅助监督代理人，由代理问题产生的"摩擦"将会逐渐减弱。而只有由创新所带来的人们普遍缺乏认识的新领域，才是"摩擦"最显著的地方。在宏观理论中考虑金融机构的代理问题也是一样，以《货币经济学手册》中一篇关于金融中介的文章为例，其中考虑银行有动力将储蓄者资产的一定比例转移至银行从业者自己所有，并集中考虑了由此带来的银行间市场中的"摩擦"，即出于预防道德风险考虑，银行在向其他银行借款时会有所保留（Gertler and Kiyotaki，2010）。实际上，与上文分析卸责问题一样，对于具有专业性的银行是否会转移资产或转移资产的比例，外人并不容易判断，但是如果银行只是墨守成规地开展业务，市场约束、行业约束必然会不断增强，同时在此还会有同样具备专业素质的官方约束的介入，这些力量会促使规范银行行为的标准愈发完善，而代理问题带来的"摩擦"也会不断减弱，而只有金融创新才会不断地把这种"摩擦"增强。因此本书认为在将金融机构引入宏观理论时，与金融创新这个更加关键的要素相比"摩擦"甚至可以忽略。二是代理问题涉及职业道德，这是本书不愿考虑的，因为道德判断在现实中很难说清楚，正像希勒在思考放贷者时提出的问题：究竟是"他们被蒙蔽了还是他们蒙蔽了别人？"[1]事实上这在现实中无从观察，也正是基于相似的观点，张五常（2014）反复强调以卸责为代表的委托代理理论的无用性。

第二，与主流理论中通常所做的理性假设不同，本书更加强调信心带来的非理性。从上文的分析中可以看出，本书同样也承认由于"摩擦"带来的金融加速器作用，这意味着即便没有非理性，一些实际冲击同样会经由金融系统被放大从而带来剧烈的波动，而本书在此基础上又增加了由信心导致的非理性。表面看这似乎只是无关痛痒地加了一个新的变量将波动进一步放大而已，但事实是，这两种假设所引向的政策含义截然不同。如果在理论中金融机构——甚至于储蓄者和投资者——始终是理性的，那么在由理论引到政策时，更多考虑的一定是流动性问题而不是偿付性问题。在这种理论指导下，政策长期改进的方向便是加强监管、减小"摩擦"以及完善央行自身的职能，例如次贷危机后，有人提出有必要强化央行的最后交易商职能（梅林，2011）。但是如果在理论中承认非理性的存在，并且承认在波动幅度中有相当一部分是由非理性造成的"泡沫"膨胀及破灭，甚至于流动性问题本身是由偿付性问题转化而来，那么仅仅考虑流动性问题便难以根治危机，政策改进的重点则应放在如何避免偿付性问题的产生。如果在存在偿付性问题时仍然以处理纯粹流动性问题的方法来处理，那么将会继续鼓励金融机构投机，次贷危机后被热炒的"大而不倒"问题便源于此，而随着干预手段的提升，短期看似乎成功地平抑了波动，但却将扭曲维持下去，避免小危机的结果是酝酿成大危机。

表面上看，本书似乎是把金融系统的波动完全归结于一个外生的扰动因素——信心（或情绪）。虽然经济学者可以试图将信心内生化，但事实上影响人们信心的因素是很随机的，或许是由于经济领域或金融领域的创新，也或许只是

---

[1] 希勒. 金融与好的社会 [M]. 束宇译. 北京：中信出版社，2012：71.

某些政治事件或社会事件。因此，本书认为很难利用经济学的研究方法对信心进行解释，更加无法利用经济学提供的工具避免信心转换的不断重复发生，但是经济学研究却是可以去探讨建立一套更为合理的激励约束规则，使得这个外生因素在其中不再对经济带来巨大的破坏性。换句话说，本书在探讨金融系统动荡这一主题时，并不试图找到一个能够主动控制的自变量，而是试图探讨自变量影响因变量的机制。同时，本书也不是要建立另一套金融脆弱性理论，本书认为带来不稳定的不是金融（机构及从业者），而是其背后的激励约束机制，正是在这种机制下，外生扰动才得以使金融发展背离增进服务实体经济的功能。

第四节 "泡沫"的影响

"泡沫"的膨胀与破裂往往相伴而生，每一次由于资产价格的暴跌而带来的金融市场危机或许就是源自之前价格的暴涨，套用尤格拉对于商业周期的话来说便是："衰退的唯一原因是繁荣"。[①] 而"泡沫经济"更是金融危机的先兆，就像金德尔伯格（2006）在梳理历次金融危机时所发现的，具有重复性的诸多特征之一便是危机前均有"资产泡沫"的膨胀。前文曾提到，出于方便界定的考虑，本书所要研究的"泡沫"均指已破灭甚至引发了金融危机的"泡沫"，因此在这里谈"泡沫"影响时，依然是将"泡沫"的膨胀与破裂结合在一起考虑。本书认为"泡沫"对于实体经济来说主要存在以下两方面影响。

一、实体经济的投资损失

通常认为"资产泡沫"对于实体经济的影响主要在于其扭曲了资源的有效配置，被谈论最多的当属"资产泡沫"对消费和投资的影响。事实上，此类分析存在一些显著的问题。

首先，这类分析通常考虑经济的需求面，无论是谈论消费需求还是投资需求，最终往往都是归到总需求上。当然需求面在分析短期波动时很重要，但出于

---

① 熊彼特.经济发展理论 [M].何晨等译.北京：商务印书馆，2009：255.

对增长的考虑，从供给面进行分析也是十分必要的。事实上，从供给面来看，主要考虑也是投资，但角度不同。学者们早已发现资产价格可以从多个渠道反馈到投资上，如瞿强（2001）总结了资产价格影响投资的三个途径：信贷渠道、托宾Q效应以及通过影响未来GDP增长从而影响当期的投资支出。不过从宏观上来讲其影响方向是一致的，即资产价格上涨有利于投资的增加。从新古典的理论框架出发，投资过度并无益处，因为在其看来，这会扭曲消费与投资之间的资源配置，长期来看是会降低总福利水平的；并且过度的投资也并无持续性的意义，即便是最简单的索洛模型也会告诉我们人均资本存量会慢慢地回复到均衡值。但是，如果按照熊彼特的发展理论框架来思考，投资多则意味着尝试的创新活动也多，虽然同时意味着可能的损失会增加，但对于经济的长期发展来说却并非坏事。

其次，除了供给面的考虑外，传统的对于"资产泡沫"的分析往往关注的是总量指标，而忽视了对于结构的分析。在历次金融危机过程中，"资产泡沫"的产生并非是对称的，恰恰是某些资产引领"泡沫"的膨胀，而这将会带来结构性的影响，恰如通货膨胀的主要影响是干扰了相对价格体系一样，设想如果所有价格大致同比例上涨，那么其对于资源配置的扭曲将十分有限。

前文（第二节第二部分）提到，依照对实体经济影响可将"资产泡沫"分为三种情况，简单概括可分别称其为"纯粹投机泡沫"、"特定产业泡沫"以及"泡沫经济"，而着眼于实际的投资损失，从理论上讲，这三种"泡沫"会带来三种不同的后果。

第一，"纯粹投机泡沫"由于只是伴随着投机性的货币投入，而并未有大量生产要素投入该领域，因此随着"泡沫"的破灭，带来的直接后果是财富的转移，从整个社会来讲，并未承担过大的投资损失。

第二，"特定产业泡沫"会使得投资向特定领域倾斜。投资的有效性体现在现实中的投资项目恰都落在风险—收益的权衡取舍线上，这种情况的实现离不开运行良好的金融部门，此时收益可看作是承担风险的价格。如果"资产泡沫"使得这种价格体系发生混乱，便会扭曲投资的配置，会促使资本过度流入存在"泡沫"的投资领域，从而当"泡沫"破灭时，会发现该领域存在严重过剩的供给。

第三，在"泡沫经济"中，由于与"泡沫"领域相关联的行业甚多，使得该领域"资产泡沫"的影响可能会是灾难性的。例如对于房地产的投机，这是近些年许多国家经济危机的根源。房价上涨带来房地产行业膨胀，并由此拉动诸多上下游产业扩大投资规模，这就意味着当"房地产泡沫"破灭时，与之层层关联的各行业大批投资都将面临血本无归的局面。

实际上，在上述任何一种情况下，都可能出现由于恐慌所引起的连锁反应，当然在现今的制度安排下（例如最后贷款人制度等），这在一定程度上是可以避免的，但是诸如第二、第三种情况下造成的实际投资损失则终究无法挽回。此外，危机还会对信心造成打击，投机过程中也存在机会成本等，对这些问题本书并不过多论述。

值得注意的是，上面的分析完全停留在理论层面，在经验层面上则有待商榷。最核心的问题便是投资与资产价格是否正相关，例如，经验证据显示，对于托宾 Q 理论所描述的企业投资与资本市场之间的联系似乎并不显著（Lolenzoni and Walentin，2007）。不过第一，此类经验分析往往是使用（上市）公司层面数据，难以衡量整个行业的投资规模；第二，"泡沫时期"与"非泡沫时期"人们的决策行为或许存在显著的区别，实际上，从现实的案例来看，大量投资进入"泡沫"相关领域确实是"泡沫经济时期"的显著特征之一，例如美国的"互联网泡沫"、次贷危机前的"房地产泡沫时期"，也包括中国房价疯涨的那些年。

实体经济中结构性的投资失败还会带来其他方面的影响，比如由于挤掉了"泡沫"，金融危机后一定会带来产业结构的调整，而这将会带来结构性失业，这将比摩擦性失业甚至周期性失业更加难以克服。即便假设劳动力市场中跨地区、跨部门、跨岗位流动的阻力很小，使得劳动力得以迅速地转移，但是其曾经积累的人力资本，尤其是针对某行业、某企业乃至某岗位的专用性人力资本中相当的一部分一定会损失掉，这实际上是另一种投资损失。

二、再分配

当上证综指从 6124 点（2007 年 10 月 18 日）跌至 1802 点（2008 年 9 月 18 日）时，人们普遍感慨 70%的财富蒸发了。真的是所有人都受到损失了吗？实则不然。如果我们看到的是从 998 点（2005 年 6 月 6 日）到 6124 点再到 1802 点的全过程，我们很容易得出结论，在这个完整的过程中一定有人赚了。从"泡沫"的形成、膨胀到破裂，实际上是资产的名义价格从不断地被高估回归到其实际市场价值，甚至又被低估的过程。

这里我们可以抽象掉一些具体的波动过程，简单地假设资产的市场价值始终未变，但名义价格从市场价值出发不断被高估然后又剧烈地回复到原价值。在这个简单化了的例子中，前后两点上，资产持有者的虚拟财富的价值未发生改变，但是资产持有者本身却改变了，这意味着在整个过程中，虚拟财富对应的实际财富价值并未受损，只是该价值在资产的买卖者之间发生了再分配，低买（或持有）高卖的赚了，而高买低卖（或持有）的赔了。实际上在上述假设下各方损益一定是零和的，这在分析一个资产市场时很容易理解。

如果将上述假设扩展至所有的资产市场，那么分析稍有不同。前后两点上，全部资产持有者的虚拟财富的价值同样未发生改变，但是由于人们一定是通过持有其中的某种资产来保存财富，所以资产持有者不能改变，这时改变的是持有者们持有总资产的比例。实际上在单一市场的例子中，也存在比例改变的情况，不过为了分析简便，当时未考虑。在所有的资产市场中，善于投机的交易者在"泡沫时期"得以多赚，从而在总资产中的持有比例上升，相反不善投机者持有的比例则下降。当"泡沫"破裂时，随着资产价格的突然回归，所有资产持有者虚拟财富的账面价格同时收缩，结果是与初始状态相比，持有比例增加者虚拟财富价值也即相应实体财富价值增加，反之比例减少者财富减少，各方损益仍然是零和。

只看"泡沫"破裂的瞬间，资产价格从最高点跌落，意味着名义价格超出价值的一部分虚拟财富一定会损失掉，但是现实中却可以出现多种损失形式。

第一种是该资产从"泡沫"产生到破灭的过程中，只有投机者在参与，因此财富只在投机者之间再分配，这类似于赌博，大家愿赌服输。

第二种是在此过程中，由于种种原因，大量的没有任何投机动机的大众资产持有者被卷入其中，结果使得财富从大众（以及部分失败投机者）转移至（成功）投机者。

第三种结果与第二种类似，但却是政府出面进行的强制性的转移，典型例子便是政府为了防止危机蔓延而采取的某些救助行为，实际上便是用全民的财富去填投机者制造出的窟窿。注意这里只是从再分配的角度来考虑政府救助，绝不是单单就此来对政府救助进行价值判断，因为政府在救助时会进行全面的成本收益衡量，考虑的也是多方面的影响，其中一些影响在本部分上下文中也有涉及。

更为重要的是，在整个的"泡沫"形成、膨胀及破裂的过程中，无论谁输谁赢，金融部门从业者作为"庄家"总是赢家，只要发生资产的转移（另一面便是资金的转移），金融部门便会从中抽取费用，而从业者也分得其中的一部分，这使得从业者自身持有的总资产比例在整个过程中可以从零上升至某正数。不仅如此，金融机构本身也是资产市场中最大的投机者。由于从业者们比大众更富有专业性，因此他们更有可能使得金融机构成为获益的投机者，其自身往往也会从金融机构的投机获益中抽成，而投机失败了却基本上不承担损失。可能有人会说，金融机构投机失败会面临倒闭的风险，但是从再分配的角度来看，即便机构倒闭了，从业者已经拿到的钱也不会再吐出来，而作为股东的资产所有者的财富损失掉了。实际上，金融机构本身作为一份资产，其持有者（股东）将获得另一部分收入，不过这里并不着重强调这些股东收益，是因为他们的再分配行为完全可以包含在上文关于资产持有者的分析之中。

金融从业者的收入中或许包含着其对经济做出的贡献的补偿，但是这有多大比例实际上很难说清楚，例如，Cochrane（2013）、Malkiel（2013）等人都曾探讨过收取资产管理费中存在的这种争议。第二章曾分析过金融从业者对经济的贡献应主要体现在管理风险上，如果按此功能的实现状况来衡量，单从引发金融危机这一点来说，"泡沫经济"期间该功能的实现情况应该比正常情况下要差，但是由于投机盛行，交易量增加，金融从业者的收入不降反升。如图 4-5 所示，在

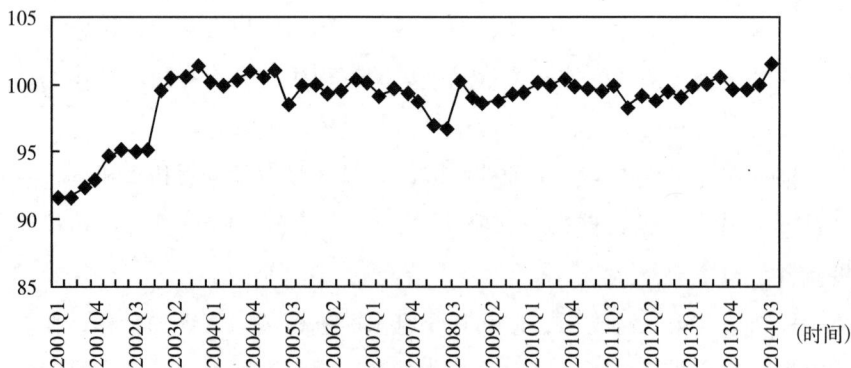

图 4-5 美国金融行业就业成本指数变化趋势
资料来源：Bureau of Labor Statistics，具体数据详见附表 3。

次贷危机爆发前几年，美国金融行业的就业成本指数处于近些年来的较高水平。

这种再分配给实体经济带来的其他影响也是广泛的，其中特别值得一提的是

它会影响人才的配置进而影响经济的发展。经济的持续健康发展依赖于创新，而创新又需要具有企业家精神的高素质人才来实现，问题是这种再分配的利益正好迎合了人们的逐利本能，从而会很容易将高素质人才吸引到金融领域。Baumol（1990）便认为对于社会中最具才能的成员来说，金融交易是最具有吸引力的领域之一。这得到了数据的支持（Philippon and Reshef，2013）。Baumol 进而认为，金融交易在社会中却常常扮演着攫取现有财富而非创造新财富的角色；而 Khwaja 和 Mian（2011）更是尖锐地指出，在次贷危机的形成过程中，金融领域的创新——被吸引来的高素质人才发挥其创新才能——"沦为一种混淆、利用甚至创造扭曲从而为金融中介产生租金的行为"。

第五节　本章小结

金融发展依赖于金融家进行金融创新，而这种创新同样存在风险。金融家出于自利的创新并非必然带来金融功能的改善，反而时常加剧实体经济风险，特别是与实体经济创新相比，金融创新更容易带来系统性风险，其背后的根源正是在于金融的创新发展更容易出现脱离实体经济的异化现象。

作为财富保有方式的金融产品存在明显的虚拟性，并且金融创新还会不断地增加这种虚拟性。金融产品的虚拟性使得其受到的各方约束与人们的信心息息相关，如果种种原因使得社会普遍变得过度乐观，那么这种普遍的非理性会导致各方约束同时放松，这时自我服务式金融创新会促使金融发展出现异化——通过不断吹大"泡沫"从而为金融部门自身攫取利益。

在"泡沫时期"，随着越来越多不具备比较优势的人群被卷入投机浪潮之中，使得资产市场整体表现得越来越不理性；随着市场繁荣带来利润激增，金融机构会变得更加注重短期收益；随着金融创新速度加快，监管部门会受到极大的压力。市场、行业、官方约束的放松，减弱了对金融异化发展的制衡力量，这使得金融系统的总体风险水平逐渐变得不可控。金融创新的自我服务倾向使得偏向于低估风险的非理性得以在金融部门内部传染，这造成金融部门为经济体注入理性的功能在衰退。通过创造新产品，金融创新带来融资规模的非理性膨胀；通过提高资金运转速度，金融创新不断地创造新的流动性以吹大"泡沫"。最终当流动性创新赶不上流动性吸收的速度时，流动性枯竭将触发危机。

　　以"泡沫"为典型表现的金融异化不仅会造成实体经济的巨大投资损失，而且还会带来有利于金融从业者以及金融投机者的再分配，这种再分配的格局容易进一步将实体经济中的高素质人才吸引到金融领域。

第五章　经验分析

第一节　对"泡沫时期"约束放松的计量检验

一、界定"泡沫时期"

对于本书涉及的计量分析来说，最大的难题在于如何对"泡沫时期"进行界定。因为本书希望使用跨国面板数据来检验"泡沫时期"约束放松的普遍适用性，因此已有的一些利用时间序列界定"泡沫"的方法在此很难适用。例如，一种常用的方法是利用对未来收益的预期直接决定资产的基础价格，然后与实际价格比较得出"泡沫"程度，但由于使用这种方法需要找到能够决定未来预期收益的相应数据，这在进行跨国面板研究时几乎难以做到。另一种常用的方法是利用一些宏观经济指标来估计资产的基础价格，但是由于国别差异，若使用相同的变量根本不可能界定出每一个国家的"泡沫时期"，而若使用不同变量，则不同国家最终得到的关于"泡沫"的时序变量之间是否可比较则又不免令人生疑。并且现有的种种方法似乎都无法令人满意，往往使用不同的方法还会得出不同甚至完全相反的结论（Gurkaynak，2008）。另外，前文（第四章第二节）曾定义过，在本书只有已经出现了最终崩盘的情况下，才会将之前由资产价格高涨所推动的过度繁荣局面称为"泡沫"。因此，现有方法界定出来的泡沫时期往往难以与之相符，事实上也难以与大多数人的认识相符，例如有研究认为"大萧条"之前的美国经济不存在"泡沫"，有研究认为 20 世纪 90 年代后期的"IT 泡沫"也不是"泡沫"，甚至有研究认为"郁金香泡沫"、"密西西比泡沫"与"南海泡沫"均不是"泡沫"(瞿强,2007);相反,另一些针对某一种资产价格的研究结果又是"泡沫"几乎无时不在(姜春海,2005;胡建颖等,2006;等等),这似乎又与我们在现实经济中所看到的事实并不相符,并且在这种情况下,我们也很难用这种结果来界定"泡沫"的时间段。因此本书选择采用间接的方法来界定"泡沫"的时间段:先界定"泡沫"破灭时点,然后向前倒推"泡沫"时间段。

现代经济中,人们关注度最高的"资产价格泡沫"无疑就是股票和房地产的价格"泡沫",鉴于获得跨国房价数据比较困难,学者通常从股价入手进行分析(例如莱因哈特、罗格夫,2012)。本书同样使用各国主要的股票指数数据进行"泡沫"的甄别。首先,参照 Barro 和 Ursua(2009)以及莱因哈特和罗格夫(2012)的研究,本书将股市崩盘定义为股价累计下跌25%或更多。在 Barro 和 Ursua 的开创性研究中,他们定义了一个资产价格崩盘的基准,即股票收益率为-25%或以下。不过对于更多国家的跨国面板数据来说,获得测算收益率的完整数据显然更加困难,因此在莱因哈特和罗格夫那里,便将 Barro 等人的基准方法进行简化,而只使用实际股价增长率(股指增长率折通胀率)累计为-25%或更低作为判断标准。由于本书需要在判断崩盘的基础上倒推"泡沫时期",因此本书关注的不仅是股价增长率,还有股价指数的具体点位,即便可以按照实际增长率判断出谷底点位,在倒推"泡沫"起点时也并没有很好的方法可以考虑进通胀因素,因此本书在莱因哈特等的简化方法之上再次简化,即只考虑股票指数的涨跌。进一步简化的结果是相比于上述两个研究,本书对于股票市场危机的识别会更谨慎,认定为崩盘的情况会更少。从本书样本来看,若按实际股价增长率判断,则会界定出95次"泡沫",而若按股票指数界定会减少"泡沫时期"10次,增加1次,总计与按实际增长率界定的"泡沫时期"次数相差11.58%(11/95),总体上与按实际股价增长率判断的危机数量差异不大。

在确定了股票市场危机后,以持续下跌达到的最低点位为基准,向前倒推找到持续上升过程中相应点位的时间点,将其界定为"泡沫时期"的起点,参见图5-1。具体的判断方法为:参照 Barro 等人的研究,用年末最后一个交易日的指数值与前一年末最后一个交易日的指数值做比较,来判断当年整年的涨跌幅度,如果连续跌数年,则累计总跌幅,超过25%则标识为一次危机,从开始下跌的一年算起。"泡沫时段"的终点即为危机前具有最高年末指数的那一年。找到持续下跌的最后一个年末点,以此时的指数点位为基准追溯危机前的"泡沫"起点,在判断起点年份时存在如下两种情况：①相邻两年年末指数分别处于基准点位的上下方，则二者中更接近基准点位的那一点视为"泡沫时段"的起点，由于该点为年末点，因此认为从下一年开始存在"泡沫"。②如果在从最高点位向前追溯过程中，尚未降至基准点位便已出现整年下跌的情况，则将该下跌年份的后一年标识为"泡沫时段"的第一年。

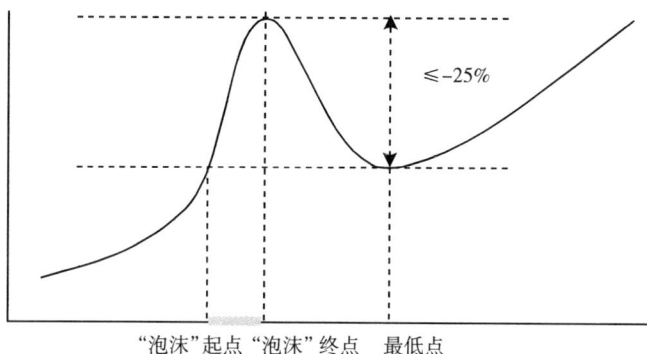

≤-25%

"泡沫"起点 "泡沫"终点 最低点
图 5-1 "泡沫"时间段界定

按照上述方法并且结合后文的计量检验需要，本书从 Wind 资讯全球市场概览中选择样本国家的主要股票指数数据，界定了总计 86 次的"泡沫时期"，每个国家具体的指数选取以及得到的具体的"泡沫"时间段汇总参见表 5-1。

表 5-1 各国股票市场"泡沫时段"汇总

国家	主要股指	"泡沫时段"(年)	国家	主要股指	"泡沫时段"(年)
阿根廷	阿根廷 MERV	1995~1997，1999，2004~2007，2010	尼日利亚	尼日利亚综指	—
阿联酋	阿联酋 DFM 综指	2005，2007	挪威	挪威 OSEAX	2005~2007
埃及	开罗 CASE30	2006~2007，2009~2010	葡萄牙	葡萄牙 PSI	1998~1999，2005~2007，2009
爱尔兰	爱尔兰综指	2000，2003~2006	日本	日经 225	1993~1995，1999，2003~2006
奥地利	奥地利 ATX	2004~2007，2009~2010	瑞典	瑞典 OMXSPI	2004~2006
澳大利亚	澳洲标普 200	2005~2007	瑞士	瑞士 SMI	1997~2000，2004~2006
比利时	比利时 BFX	1997~1998，2003~2006	沙特	沙特全指	2007
波兰	华沙 WIG	2005~2007	泰国	泰国综指	2007

国家	主要股指	"泡沫时段"(年)	国家	主要股指	"泡沫时段"(年)
丹麦	丹麦 OMX20	1998~2000，2004~2007	委内瑞拉	委内瑞拉 IBC	1997，2004，2006
德国	德国 DAX	1997~1999，2005~2007	乌克兰	乌克兰股票指数	2009~2010
俄罗斯	俄罗斯 RTS	1996~1997，2005~2007，2012	西班牙	西班牙 IBEX35	1997~1999，2005~2007，2009
法国	法国 CAC40	1998~1999，2003~2007	希腊	希腊 ASE 综指	1998~1999，2009
菲律宾	马尼拉综指	1996，1998~1999，2005~2007	新加坡	新加坡海峡指数	2004~2007
芬兰	芬兰 OMX 全指	1999，2003~2007，2009~2010	新西兰	新西兰 NZ50	2004~2006
韩国	韩国综合指数	1989，1992~1994，1999，2005~2007	匈牙利	布达佩斯股市指数	2005~2007
荷兰	荷兰 AEX	1997~1999，2003~2007	以色列	以色列 TA100	—
加拿大	多伦多 300	1999~2000，2005~2007	意大利	意大利指数	2009
捷克	布拉格综指	2006~2007，2009~2010	印度	孟买 SENSEX30	2006~2007
黎巴嫩	贝鲁特 BLOM	2009	印度尼西亚	雅加达综指	1995~1996，1999，2006~2007
卢森堡	卢森堡 LUXX	2004~2007，2009~2010	英国	富时 100	1997~1999，2004~2007
马来西亚	吉隆坡综指	1995~1996，2006~2007	越南	胡志明指数	2006~2007，2009
美国	标普 500	1970~1972，1998~1999，2003~2007	智利	IPSA 智利 40	—
墨西哥	墨西哥 MXX	—	中国	上证综指	1993，2000，2006~2007，2009

资料来源：股票指数数据来自 Wind 资讯。

二、市场约束的放松

第四章第三节中曾指出，在"泡沫时期"，投资者普遍的非理性带来了过度的投机行为，最明显地表现为不具备投机能力的人群也被卷入了投机者的行列之中，这进一步造成市场约束金融机构的能力下降。

因为市场在某一时间段内是否变得更加非理性本身难以被检验，于是本书便试图从上述逻辑出发得出可被检验的推论。我们可以按照是否具有金融市场投机能力将人群划分为两类：一类是适合投机者；另一类是不适合投机者。在正常的市场机制引导下，具有比较优势的适合投机者将始终留在交易人群中，而不适合投机者则会渐渐被挤出市场。但是，如果本书提出的约束放松的逻辑成立，那意味着在"泡沫时期"，大量不适合投机者将试图进入市场进行交易，而适合投机者或许由于非理性也变得过度投机。于是我们可得到如下的推论："泡沫时期"金融市场的交易量相比于以往会有显著的增大。

本书以与各国主要股票指数相对应的成交量（Volume）作为因变量，对上述推论进行计量检验，数据来自 Wind 资讯全球市场概览。本书按照如下思路检验上述推论：第一步，我们可以认为长期来看，各国股票成交量能够被一系列相关因素所决定，并试图找到这种稳定的关系。第二步，在找到这种关系的基础上，考虑增加"泡沫"因素是否能够使得拟合程度变得更好。其中，"泡沫"因素为虚拟变量 Bubble，按照前文的界定，处于"泡沫时段"的年份设为 1，不处于"泡沫时段"的年份设为 0。决定股票成交量的因素主要包括如下三个方面：一是经济规模。二是股票市场的供给方影响，即市场上的股票数量多，相应的成交量也会较多。三是股票市场的需求方影响，这又细分为两类：一类是投资需求；另一类是投机需求。考虑到跨国数据统计口径的可比性，其他解释变量数据均来自世界银行数据库，其中选择国内生产总值（GDP）来反映经济规模，选择国内上市公司数量（List）来反映市场上的股票数量，选择人口数（Population）来反映股票市场投资需求规模，选择 15~64 岁人口比例（Popstruc）来反映具有投机能力的人口结构。

综合考虑了上述各项指标后，本书得到了 45 个国家 1988~2012 年的非平衡面板数据，具体的国家及其时间跨度详见表 5-2。样本中包含欧洲国家 23 个、亚洲国家 12 个、拉丁美洲国家 4 个、非洲和大洋洲国家各 2 个以及美国和加拿大。一般来讲，由于新增或删除个体的原因可能是内生的，使用非平衡面板容易导致样本不具有代表性。但在本书中，出现上述内生性问题的可能性不大，因为新增或删除个体的原因仅仅是数据的可得性，而与解释变量无关。主要变量的描述性统计结果见表 5-3。而表 5-4 则给出了主要变量间的相关系数，相关系数矩阵显示，这些变量间基本上不存在多重共线性问题。

表5-2　市场约束计量检验样本时间跨度

国家	时间跨度	国家	时间跨度	国家	时间跨度
阿根廷	1995~2012	荷兰	1993~2012	委内瑞拉	1997~2012
阿联酋	2004~2012	加拿大	1988~2012	乌克兰	2009~2012
埃及	2003~2012	捷克	2006~2012	西班牙	1992~2012
爱尔兰	2000~2012	黎巴嫩	2005~2012	希腊	1995~2012
奥地利	1994~2012	卢森堡	2000~2012	新加坡	2003~2012
澳大利亚	2000~2012	马来西亚	1993~2012	新西兰	2003~2012
比利时	1992~2012	美国	1993~2012	匈牙利	1997~2012
波兰	2001~2012	墨西哥	1994~2012	以色列	2008~2012
丹麦	1993~2012	尼日利亚	2009~2012	意大利	2009~2012
德国	1993~2012	挪威	2003~2012	印度	2000~2012
俄罗斯	1996~2012	葡萄牙	1998~2012	印度尼西亚	1995~2012
法国	1993~2012	日本	1993~2012	英国	1993~2012
菲律宾	1995~2012	瑞典	2002~2012	越南	2006~2012
芬兰	1993~2012	瑞士	1993~2012	智利	1995~2012
韩国	1989~2012	沙特	2006~2012	中国	1991~2012

表5-3　主要变量的描述性统计（计量1）

变量	样本量	均值	标准差	最小值	最大值
GDP	675	1.07E+12	2.15E+12	2.02E+10	1.62E+13
List	675	893	1437.6	10	8851
Population	675	1.11E+8	2.68E+8	436300	1.35E+9
Popstruc	675	66.77	3.59	53.05	85.81

表5-4　主要变量间的相关系数（计量1）

	GDP	Population	Popstruc	List
GDP	1			
Population	2.64E-1	1		
Popstruc	4.74E-2	−0.01	1	
List	6.94E-1	3.84E-1	−2.7E-3	1

本书基于非平衡面板数据建立如下形式的计量经济模型：

$$\text{Volume}_{it} = \beta_0 + \beta_1 \text{GDP}_{it} + \beta_2 \text{Population}_{it} + \beta_3 \text{Popstruc}_{it} + \beta_4 \text{List}_{it} +$$
$$\beta_5 \text{Bubble}_{it} + \alpha_i + \varepsilon_{it}$$

其中，Volume_{it}、GDP_{it}、Population_{it}、Popstruc_{it}、List_{it}、Bubble_{it} 分别表示相应变量在国家 i 年份 t 的取值，α_i 是不随年份变化的国家固定效应，ε_{it} 为随国家和

年份变化的扰动项。注意，这里只列了考虑 Bubble 并且所有自变量均使用当期值的模型，即与回归结果中第（3）列相对应的模型，其他几列结果对应的模型与之类似，不再赘述。

由于时间维度 t 足够长，本书在估计时使用面板校正标准误差（Panel-Corrected Standard Error）处理扰动项可能存在的组间异方差（Groupwise Heteroskedasticity）、截面相关（Cross-Sectional Correlation）和面板内一阶自相关（Autocorrelation within Panel）问题，并用最小二乘虚拟变量（Least Square Dummy Variable）判断国家固定效应是否存在。相关统计量显示，组间异方差、面板内一阶自相关和截面相关在样本中确实都存在。

表 5-5 中第（1）列和第（3）列分别给出了不考虑 Bubble 和考虑 Bubble 的计量经济模型的回归结果。考虑到 GDP 与上市公司数量和股票成交量之间可能存在反向因果关系，因此使用滞后一期的 GDP_{t-1} 和 $List_{t-1}$ 代替当期值再次进行回归，以消除相应影响（陈强，2014），得到第（2）列和第（4）列。因为即便当期 Volume 可能影响当期的 GDP 和 List——例如资本市场繁荣可能会增加企业上市融资活动并且鼓励企业投资从而影响到 GDP，但是当期 Volume 不可能影响过去的 GDP 和 List，因此滞后一期的 GDP 和 List 具有外生性。在使用滞后一期作工具变量时，首先须判断滞后一期的 GDP 和 List 与当期 GDP 和 List 间是否具有相

表 5-5　回归结果（计量 1）

Volume	（1）	（2）	（3）	（4）
GDP（GDP_{t-1}）	2.26E-4* (1.36E-4)	2.45E-4** (9.55E-5)	2.56E-4** (1.22E-4)	2.59E-4*** (9.12E-5)
Population	14.59 (9.57)	16.48** (6.52)	15.58* (8.79)	18.82*** (6.61)
Popstruc	7.31E+7** (3.38E+7)	8.29E+7*** (3.06E+7)	6.38E+7** (2.92E+7)	7.17E+7*** (2.44E+7)
List（$List_{t-1}$）	1.69E+5* (9.22E+4)	1.62E+5** (6.46E+4)	2.17E+5** (9.21E+4)	2.23E+5*** (6.9E+4)
Bubble			8.09E+7** (3.62E+7)	8.98E+7*** (2.86E+7)
国家固定效应	是	是	是	是
观测值	675	630	675	630
R^2	0.3	0.33	0.41	0.47

注：回归结果由 Stata 12.1 给出，***、** 和 * 分别表示在 1%、5% 和 10% 水平上显著，括号内为标准差。

关关系，判断结果为均存在显著的正相关关系，相关系数分别高达 0.996 和 0.985。

总体来讲，第（1）列 R^2 达到 0.3，对于面板数据来说这意味着模型具有很好的解释力，而第（2）列进一步显示，当取 GDP 和 List 滞后一期时，模型的拟合程度更好，并且所有变量的系数与第（1）列的基准模型十分接近，意味着相应自变量与因变量之间的关系稳健。当加入 Bubble 后，可以发现变量 Bubble 本身十分具有解释力，同时相应两个模型的 R^2 均有显著的增加，即考虑进"泡沫"因素后确实能够显著地提高拟合程度，这意味着上文提出的据以检验市场约束放松的推论成立。此外，综合观察第（1）至第（4）列，可以发现 GDP、国内上市公司数量（List）、人口数（Population）、人口结构（Popstruc）四个变量均与股票成交量（Volume）正相关，系数符号均与预期相符，意味着经济规模和供需确实构成股票成交量的主要因素，并且在四个模型中系数变动幅度很小，尤其在考虑了 Bubble 以及相应变量取滞后一期后，四个变量均在 1% 水平上显著，意味着估计结果非常显著而且稳健。

三、行业约束的放松

第四章第三节曾指出，"泡沫时期"由于市场繁荣带来利润激增，金融机构出于同业竞争的考虑会从事更多注重短期收益的冒险行为，从而带动整体金融行业（自律及同业间）约束放松。行业约束放松的集中表现便是金融业整体风险提升，考察这种风险一般使用杠杆率或资产负债率（负债与资产之比）。鉴于数据的可获得性，本书使用资产负债率（Debtratio）的变化来反映这种风险提升或约束放松，计算各国金融部门资产负债率的数据均来自 Wind 资讯。鉴于数据的可获得性，实际上在计算每个国家金融部门资产负债率时口径稍有不同，详见表 5-6。由于可以使用变量直接反映行业约束情况，因此本部分将不用像前一个计量检验那样采取间接的方式，而是通过直接回归来判断哪些因素会对金融机构采取冒险行为带来影响，并且其中是否包含"泡沫"因素。

表 5-6　行业约束计量检验样本时间跨度及资产负债率计算口径

国家	时间跨度	资产负债率计算口径
澳大利亚	1999~2012	金融企业
菲律宾	2008~2012	所有银行

国家	时间跨度	资产负债率计算口径
加拿大	1997~2008	金融政府企业、特许银行和准银行、保险和养老基金、其他私人金融机构
马来西亚	1997~2012	商业银行、商人银行
美国	2001~2012	金融部门
日本	2005~2012	金融企业
泰国	2003~2012	商业银行、存款性专业金融机构、其他存款性公司
印度	1997~2012	所有指定银行
英国	2002~2012	金融企业
中国	2003~2011	银行业金融机构

资料来源：计算资产负债率的相关数据均来自 Wind 资讯。

除虚拟变量 Bubble 按照与前一个计量检验相同的方式定义外，其他自变量由于要考虑跨国可比性，数据同样取自世界银行数据库，不过由于此次样本中国家数量较少，因此使得我们可以尝试选择更多的解释变量。本书认为可能会影响金融机构行为的因素包括如下五类。一是宏观经济形势，经济繁荣会增进金融机构信心，使得其增加杠杆，同时由经济繁荣带来的投资扩张也对金融机构提高资产负债率起到拉动作用，本书选择 GDP 增长率（Growth）来反映宏观经济形势。二是经济政策，本书以 M2 占准备金比率（Money）来反映货币政策的宽松情况，积极的货币政策，即 Money 提升容易促使金融机构加杠杆；同时本书分别选择税收占 GDP 比重（Tax）反映财政政策及积极财政政策，即 Tax 下降有助于刺激经济扩张，从而推升金融机构资产负债率。三是金融发展水平，本书认为这个因素会对金融机构的冒险行为带来正反两方面的影响：一方面，现代金融发达程度的标志之一是消费信贷、住房贷款等的发展，这会从需求方面拉动金融机构提升资产负债率，本书用储蓄率（Saving）来反映这方面影响，消费金融的发展意味着 Saving 下降；另一方面，金融发展水平体现为金融从业者包括自律水平、理性程度等素质的提升，从而降低其从事过度冒险活动的可能性，本书用人均 GDP（Gdppc）作为代理变量来反映这方面因素。四是资本流入情况，本书选择 FDI 占 GDP 比率（FDI）来反映这方面因素，可以认为资本流入或许可以补充国内的资金供给，因而当资本流入多时，从国内金融部门融资的需求将减少，这在一定程度上将拉低金融机构资产负债率。五是从金融机构经营的角度考虑一些有可能会促使其过度冒险的因素：一个是金融机构的盈利能力，本书用贷款利率（Interest）来反映，当其更容易获利时，即 Interest 上升，则其可能会倾向于更加冒险。另一个是金融机构的经营风险，本书用不良贷款率（Deadloan）来反映，当其面临坏账率上升的可能时，或许会选择采用扩张资产负债表的方式予以应对，这便是所谓的"自我膨胀式风险分散机制"（孙立坚等，2007），这意味着 Deadloan 可能也会带来资产负债率提升。再一个就是选取私人部门信贷占总信贷比例（Creditstruc）指标，实际上是根据世界银行数据库银行业指标中的"对私人部门信贷占 GDP 比例"和"银行提供的国内信贷占 GDP 比例"两个指标计算而得，理由是考虑公共部门信贷或许存在国家的隐性担保，因此使得 Creditstruc 下降（即公共部门信贷比例上升）有可能促使金融机构资产负债率提升。此外，我们主要需观察的"泡沫"因素同样可划归此类因素。

综合考虑上述各项指标后，可以得到 10 个国家 1997~2012 年的非平衡面板数据，这 10 个国家分别是美国、中国、日本、英国、印度、加拿大、澳大利亚、泰国、马来西亚和菲律宾。实际上，在选择国家时，完全是基于完整数据集的可获得性，但结果却恰好是发达国家、发展中国家数量各半，并且 10 个国家 GDP 之和在全世界 GDP 总量中占比超过一半（2014 年为 54%），这意味着无论从总经济规模角度还是从发展程度差异化角度看，所选样本均具有很好的代表性。具体的国家的时间跨度详见表 5-6。由于面板数据的非平衡是由于数据可得性造成，因此出现内生性问题的可能性不大。表 5-7 中给出了主要变量的描述性统计结果。而表 5-8 则给出了主要变量间的相关系数，相关系数矩阵显示，除 Money、GDPPC 和 Saving 外，变量间基本上不存在多重共线性问题。

表 5-7　主要变量的描述性统计结果（计量 2）

变量	样本量	均值	标准差	最小值	最大值
Growth	113	4.15	3.62	−7.4	14.16
Money	113	18.7	20.37	1.76	87.71
Tax	113	15.08	5.82	8	28.36
Saving	113	28.18	11.13	12.64	60.31
GDPPC	113	2.07E+4	1.9E+4	420.97	6.75E+4
FDI	113	2.7E-2	2.22E-2	5.1E-2	9.73E-2
Interest	113	6.62	3.03	0.5	13.83
Deadloan	113	4.6	4.83	0.2	20.4
Creditstruc	113	0.82	0.14	0.51	1.05

表 5-8　主要变量间的相关系数（计量 2）

	Growth	Money	Tax	Saving	GDPPC	FDI	Interest	Deadloan	Creditstruc
Growth	1								
Money	−0.44	1							
Tax	−0.28	0.45	1						
Saving	0.58	−0.68	−0.39	1					
GDPPC	−0.57	0.73	0.33	−0.71	1				
FDI	0.2	0.23	0.35	0.08	0.03	1			
Interest	0.34	−0.41	−0.17	0.28	−0.53	0	1		
Deadloan	0.21	−0.43	−0.26	0.32	−0.55	−0.06	0.3	1	
Creditstruc	−0.08	0.45	0.63	−0.21	0.2	0.49	−0.25	−0.17	1

同样，相关统计量显示，组间异方差、面板内一阶自相关和截面相关在样本中确实都存在。由于面板的时间维度大于个体数，不能使用固定效应和随机效应估计，又由于是非平衡面板，因此仍需使用面板校正标准误处理扰动项可能存在的组间异方差、截面相关和面板内自相关问题，同时这里也继续使用最小二乘虚拟变量判断国家固定效应是否存在。这意味着从估计方法来看，与前一个计量检验完全一致，因此相应的模型构建不再重复。

首先将所有可能影响金融部门资产负债率的因素引入计量经济模型，回归结果如表 5-9 中第（1）列所示，其中 Money、FDI、Deadloan 不显著。由于相关系数矩阵显示 Money、GDPPC 和 Saving 存在多重共线性问题，因此可以尝试去掉 Money 再进行回归得到第（2）列结果，其中 Deadloan 不显著。去掉 Deadloan 再次进行回归得到第（3）列结果，这次 FDI 再次变得不显著，说明其与 Debtratio 之间的关系并不稳健。去掉 FDI 再次进行回归得到第（4）列结果，显示其余 7 个变量显著性水平并未改变。事实上从第（1）列到第（4）列，这 7 个变量始终显著，并且系数变化不大，这意味着其与 Debtratio 之间的关系十分稳健，同时第（4）列的 R^2 达到 0.97，意味着使用相应自变量几乎完全可以拟合因变量。

表 5-9　回归结果（计量 2）

Debtratio		（1）	（2）	（3）	（4）
主要关注变量	Bubble	6.64E-3**	6.23E-3**	6.49E-3**	6.18E-3**
		(2.8E-3)	(2.7E-3)	(2.57E-3)	(2.56E-3)
经济形势变量	Growth	5.83E-4***	5.47E-4***	4.85E-4***	6.18E-4***
		(1.77E-4)	(1.68E-4)	(1.57E-4)	(1.3E-4)

续表

Debtratio		（1）	（2）	（3）	（4）
宏观政策变量	Money	1E-4 (2.5E-4)			
	Tax	-3.24E-3*** (1.05E-3)	-2.98E-3*** (1.01E-3)	-3.65E-3*** (9.62E-4)	-3.59E-3*** (9.07E-4)
金融发展变量	Saving	-1.72E-3*** (4.33E-4)	-1.67E-3*** (4.53E-4)	-1.85E-3*** (3.94E-4)	-1.8E-3*** (3.72E-4)
	GDPPC	-7.83E-7** (3.88E-7)	-7.18E-7** (2.85E-7)	-7.75E-7*** (2.66E-7)	-6.93E-7*** (2.56E-7)
资本流入变量	FDI	7.15E-2 (5.27E-2)	8.38E-2* (4.73E-2)	7.44E-2 (4.9E-2)	
机构经营变量	Interest	7.43E-3*** (6.78E-4)	7.25E-3*** (7.69E-4)	7.91E-3*** (5.6E-4)	8.16E-3*** (5.58E-4)
	Deadloan	5.91E-4 (6.14E-4)	6.44E-4 (6E-4)		
	Creditstruc	-0.15*** (2.38E-2)	-0.14*** (2.42E-2)	-0.16*** (2.52E-2)	-0.15*** (2.31E-2)
国家固定效应		是	是	是	是
观测值		113	113	113	113
R^2		0.97	0.97	0.97	0.97

资料来源：回归结果由 Stata 12.1 给出；***、** 和 * 分别表示在 1%、5%和 10%水平上显著，括号内为标准差。

其中，Bubble 始终显著，且系数为正，意味着泡沫因素对金融机构采取冒险行为具有显著的正向影响，即"泡沫时期"金融行业约束放松成立。此外，参照回归结果可以发现，宏观经济形势（Growth）和财政政策（Tax）与金融部门资产负债率（Debtratio）的正相关关系十分明显；而在金融发展水平方面，储蓄率（Saving）和人均 GDP（GDPPC）均与 Debtratio 负相关，意味着消费金融的发展会从需求方面拉动金融机构提升资产负债率，而从业者素质的提升反过来又会降低其从事过度冒险活动的可能；从机构经营的角度来看，贷款利率（Interest）确实会促进金融机构的冒险行为，而公共部门信贷比例上升（即私人部门信贷比例 Creditstruc 下降）同样有助于此。上述变量的系数符号均与预期相符，而资本流入对国内融资的挤出效应以及金融机构的"自我膨胀式风险分散机制"在本书选择的样本中表现得并不显著。

四、官方约束的放松

由于本书在界定"泡沫时期"时，本身指的就是最终引发了崩盘危机的情况，因此可以断言"泡沫时期"监管一定是不力的、存在漏洞的，似乎无须对此再进行计量检验。但问题是这些漏洞是因何而生的？第四章第三节曾指出本书所讲的官方约束放松指的是一种被动的约束放松，即日趋复杂的金融环境使得监管越发变得困难。这意味着官方约束放松并非是官方主动有意地放松对金融部门的约束，而是在一定的监管强度下，官方约束跟不上金融创新的步伐，实际上这更像是由于市场、行业约束的放松而带来的结果。

基于上述理念，本书围绕美联储 2013 年年度报告中提供的历年的净支出数据，设计了如下的检验。本书以美联储净支出与美国金融部门总资产比例的变化（Expenses）作为被解释变量，来反映美联储对于金融体系监管强度的变化。该变量上升，意味着相比于金融部门的规模扩张而言，美联储的支出扩张得更快。我们需要检验的是，在"泡沫时期"，美联储的监管支出是否跟不上金融部门规模扩张的步伐。不过由于美联储除了监管金融系统外，还负责实施货币政策，同时其维持自身运营同样需要成本，因此我们需要将相应方面因素的影响控制住。首先，我们可以认为美联储日常运营类支出应与其自身规模成比例，因此选择了两个变量来反映其自身规模的变化进而作为日常运营类支出变化的代理变量——货币当局金融资产增长率（Fedasset）以及基础货币增长率（Basemoney，基础货币是形成中央银行资产的主要来源），Fedasset 和 Basemoney 的上升均会增加美联储的支出，进而促使 Expenses 上升。其次，由于货币政策的主要目标就是通胀和增长（或就业），因此选取 GDP 增长率（GDP）和 CPI 同比变化率（CPI）来控制执行相应政策方面支出的影响，经济增长率上升以及通胀率下降意味着美联储在执行货币政策方面的压力减小，从而会导致支出减少，造成 Expenses 下降。此外，本书还考虑了一些其他的或许会影响美联储支出的因素，一个是银行倒闭和救援数量（Bankrupt），由于美联储负有维护金融系统稳定的职责，因此 Bankrupt 的增加可能会促使美联储增加支出，从而造成 Expenses 上升；另一个是经济金融化水平，本书用美国国家总金融资产的增长率（Financialization）来反映这方面因素，经济金融化水平的提升意味着人们的生产、生活更多地与金融相融合，随着人们对金融更加熟悉，市场对金融部门自发的约束必然增强，从而使得官方监管在一定程度上得以放松，即 Expenses 下降。通常在研究其他问题时，人们会选择用金融相关比率（金融资产/非金融资产）来代表经济金融化水平，但是在这里该指标似乎并不适用，因为这里想要强调的只是人们对金融的熟悉程度，本书认为金融资产的扩张速度已经足以反映出这点，似乎没有合适的理由再使用非金融资产去除之以得到相对值。上述变量的含义及相应计算方法汇总于表 5-10，经单位根检验，上述所有被解释变量及解释变量均为平稳时间序列，时间跨度为 1961~2012 年。表 5-11 给出了上述解释变量的描述性统计结果，而表 5-12 则给出了主要变量间的相关系数，相关系数矩阵显示，变量间不存在多重共线性问题。

此外，界定"泡沫时期"的虚拟变量 Bubble 仍与之前相同，并且考虑到在美联储百年历史中，其政策目标、框架以及责任曾出现过几次大的改变，因此参照 Bernanke（2013）并且对应本计量分析的时间段，可以将美联储的发展历程划分为三个阶段，即 1961~1983 年的大通胀及通缩时期（The Great Inflation and Disinflation）、1984~2007 年的大缓和时期（The Great Moderation）和 2008~2012 年的危机及危机后时期，并用虚拟变量 Period1 和 Period2 表示前两个时期。

表 5-10　主要变量含义及相应计算方法（计量 3）

变量	变量解释	数据及计算方法
Expenses	美联储净支出与美国金融部门总资产比例变化	美联储净支出/金融部门总资产-前一期美联储净支出/前一期金融部门总资产
Fedasset	货币当局金融资产增长率	货币当局金融资产/前一期货币当局金融资产-1
Basemoney	基础货币增长率	基础货币/前一期基础货币-1
GDP	GDP 增长率	不变价 GDP 同比
CPI	CPI 同比变化率	根据月度季调 CPI 环比数据计算而得
Bankrupt	银行倒闭和救援数量	银行倒闭和救援数量
Financialization	国家总金融资产增长率	国家总金融资产/前一期国家总金融资产-1

资料来源：美联储净支出数据来自美联储 2013 年年度报告，其余均来自 Wind 资讯。

表 5-11　主要变量的描述性统计结果（计量 3）

变量	样本量	均值	标准差	最小值	最大值
Fedasset	52	0.090	0.189	−0.09	1.39
Basemoney	52	0.082	0.109	−0.01	0.8
GDP	52	3.14	2.17	−2.8	7.3
CPI	52	4.05	2.82	−0.4	13.5
Bankrupi	52	69.10	121.47	0	534
Financialization	52	0.084	0.039	−0.052	0.140

表 5-12　主要变量间的相关系数（计量 3）

	Fedasset	Basemoney	GDP	CPI	Bankrupt	Financialization
Fedasset	1					
Basemoney	0.17	1				
GDP	−0.08	−0.42	1			
CPI	0.02	−0.19	0.25	1		
Bankrupt	0.01	0.12	−0.08	−0.01	1	
Financialization	−0.45	−0.29	0.31	0.20	−0.04	1

本书建立如下形式多元线性回归模型进行 OLS 回归，并使用稳健标准误差：

$$Expenses_t = \beta_0 + \beta_1 Fedasset_t + \beta_2 Basemoney_t + \beta_3 GDP_t + \beta_4 CPI_t +$$
$$\beta_5 Bankrupt_t + \beta_6 Financialization_t + \beta_7 Bubble_t + \varepsilon_t$$

注意，这里只列了与回归结果中第（1）列相对应的模型，其他几列结果对应的模型与之类似，不再赘述。

回归结果见表 5-13，BG 检验和 Ljung-Box Q 检验结果均显示，所有计量模型均不存在自相关问题。第（1）列显示的是考虑了所有可能影响 Expenses 的解释变量的结果，其中 Fedasset 和 Bankrupt 不显著；去掉不显著变量后再次进行回归得到第（2）列结果，其中在第（1）列结果中显著的 GDP 变得不再显著，不过由于相应 P 值为 0.11，我们可以暂时考虑将其保留；接下来在第（2）列结果对应的模型基础上引入虚拟变量 Period 1 和 Period 2，回归结果见第（3）列。

总体来讲，所有模型均具有较好的解释力，特别是代表美联储政策差异的虚拟变量的引入，使得模型拟合程度更好，同时 Period 2 显著，并且个别其他解释变量系数有较大程度变动，意味着从支出数据来看，不同时间段美联储的行为确实有所改变。具体来看，从日常运营类支出来看，显然基础货币增长率（Basemoney）更具有代表性，而金融资产扩张则并未对美联储的相对支出带来影响；货币政策方面，CPI 同比变化率（CPI）与美联储相对支出关系较大，而 GDP 增长率与其相对支出的关系似乎并不稳健，这变相说明其货币政策更多向控制通胀的目标倾斜。此外，经济金融化水平的提升明显减少了美联储的相对支出，而银行倒闭则并未对美联储的相对支出带来影响。上述所有变量的系数符号均与预期相符。Bubble 变量始终在 1% 的水平上显著，并且系数变化不大，表明"泡沫"因素与美联储相对支出的关系十分稳健，更重要的是，该系数为正，由于我们已经控制了影响美联储其他方面支出的因素，这意味着在"泡沫时期",相比于金融部门的扩张速度来说,美联储的监管支出扩张得更快,表明美联储实际上是在试图强化监管。因此,"泡沫"后的崩盘危机必然源自官方约束的被动放松而非主动放松。

表 5-13 回归结果 (计量 3)

	Expenses	(1)	(2)	(3)
主要关注变量	Bubble	5.10E-6*** (1.81E-6)	5.48E-6*** (1.67E-6)	5.77E-6*** (1.66E-6)
日常运营支出	Fedasset	4.15E-7 (1.83E-6)		
	Basemoney	1.29E-5*** (4.30E-6)	1.28E-5*** (4.19E-6)	7.18E-6* (3.87E-6)
货币政策支出	GDP	-6.88E-7* (4.07E-7)	-6.55E-07 (4.03E-7)	-7.09E-7* (3.77E-7)
	CPI	7.28E-7** (2.86E-7)	7.53E-7*** (2.76E-7)	6.12E-7** (2.78E-7)
其他影响变量	Bankrupt	-3.42E-9 (6.84E-9)		
	Financialization	-1.31E-4*** (2.36E-5)	-1.34E-4*** (1.93E-5)	-1.24E-4*** (1.96E-5)
政策差异变量	Period1			-2.44E-6 (1.90E-6)
	Period2			-4.71E-6** (1.80E-6)
Breusch-GodfreyLM 统计量		0.35 (0.56)	0.37 (0.55)	0.006 (0.94)
Q 统计量		19.40 (0.73)	21.44 (0.61)	25.03 (0.40)
观测值		52	52	52
R^2		0.66	0.66	0.69

资料来源:回归结果由 Stata 12.1 给出,***、** 和 * 分别表示在 1%、5% 和 10% 水平上显著,系数下面括号内为标准差,相关检验的统计量下面括号内为其对应的 P 值。

第二节 繁荣状态下中美金融异化案例比较分析

一、自由市场环境下美国的次贷危机

(一)"泡沫经济"的背景

在"互联网泡沫"的推动下,截至 2000 年年底,美国经济保持了连续 112 个月的增长。但是,随着"互联网泡沫"的破灭,从 2001 年年初起,美国经济增长开始放缓。为了避免衰退,美联储迅速采取了低利率政策。2001 年 1 月 3 日,联邦公开市场委员会将联邦基金基准利率下调了 0.5 个百分点,而不是典型情况下的 0.25 个百分点,由此开启了一轮"降息潮"。之所以称为"降息潮",是因为仅 2001 年一年,联邦公开市场委员会便下调利率 11 次,使得利率降至 40 年来的最低点(美国金融危机调查委员会,2012)。加上为抵消"9·11"事件对经济带来的冲击,通过 13 次下调利率,到 2003 年 6 月,联邦基金基准利率已经从 6.5%下调到了 1%,而且 1%的利率水平一直被维持到了 2004 年 6 月。这为房地产的空前繁荣创造了极其宽松的环境,房价在如此长时期的低利率环境中出现了史上罕见的暴涨局面。如图 5-2 所示,在 2006 年 7 月的最高点时,美国全国房屋价格指数已经由 2000 年 1 月的 100(基准点)升至 184.62,即全美房价增幅达 85%;与之类似,10 城房价增幅达 126%,20 城房价增幅达 107%,其中 10 城房价指数最高点在 2006 年 6 月,不过与 7 月数值差异不大。

事后来看,次贷危机前美国房价存在"泡沫"基本上已是事实,但在当时,经济学家们大多在房地产问题上持"不可知论"的态度,因为在缺少经济理论支撑的情况下,或许没有多少人愿意赌上自己的名誉来断言市场存在"泡沫"(Gerardi et al.,2010)。即便是有经济学家怀疑这种繁荣的非理性,也不可能通过历史数据得出对房价前景的有效预测,因为在美国历史上,除了"二战"后的一个本质上完全不同的房价繁荣期外,再也找不到第二个房价涨幅如此惊人的例子了(希勒,2014)。同样的道理,虽然一些人在事后会抨击美联储没有及时上调联邦基金利率,从而大幅度推升了"房地产泡沫",但是站在伯南克和格林斯

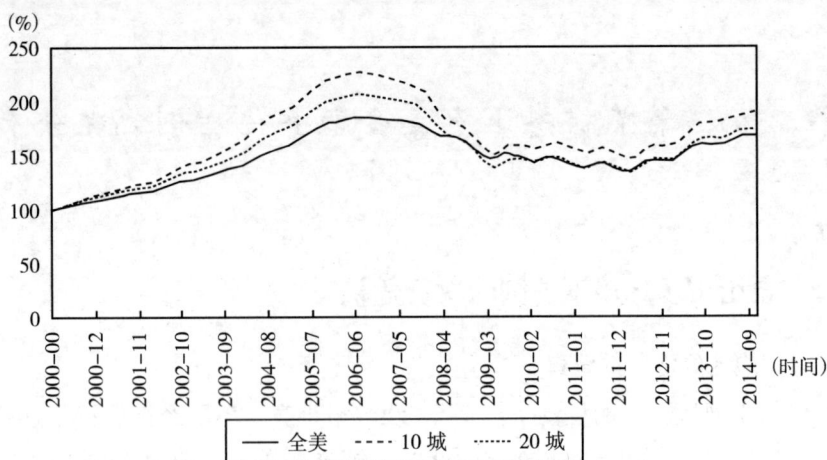

图 5-2 S&P/Case-Shiller 房屋价格指数

资料来源：S&P Dow Jones Indices（McGraw Hill Financial），具体数据详见附表 4。

潘的角度，却并不认可这种指责。在他们看来，买房的决定取决于抵押贷款的长期利率，而并不是美联储能够控制的短期利率，并且长期利率与短期利率之间的相关性已经越发变得不显著了（美国金融危机调查委员会，2012）。

不过我们确实不应将次贷危机的责任完全推给美联储，因为：其一，低利率政策最多只是"房地产泡沫"形成的必要条件而非充分条件，它只是提供了一个宽松的货币环境，而大量资金之所以涌入房地产而非其他领域，一定还有更为本质的经济逻辑；其二，从上文（第四章）区分"经济（资产）泡沫"与"泡沫经济"时便可看出，单单一种资产价格（例如房价）的"泡沫"并不一定催生出整体性的"泡沫经济"，之所以美国的"房价泡沫"会演化为具有突发性、破坏性、灾难性的"泡沫经济"并最终触发危机，背后同样具有更为本质的经济逻辑。

第一，从金融市场来看，随着"互联网泡沫"的破灭，投资者开始寻找新的投资机会，而银行等金融机构也开始寻找新的盈利点，抵押贷款证券化恰在此时同时满足了二者的需求（Hellwig，2009；Diamond and Rajan，2009）。在资金面极其充裕的情况下，由房利美和房地美垄断的优质抵押贷款证券化市场无法满足投资者（包括国外投资者）的需求，贷款发起商需要更多的抵押贷款来卖给华尔街，于是就像花旗集团前首席执行官查尔斯·普林斯在接受金融危机调查委员会访谈时所述的那样，"越来越多的次级贷款成为资产证券化的原材料，它们中越来越多的部分，其质量越来越差"。① 截至 2003 年，最大的 25 家次级贷款公司放出的次级贷款占总额的 93%，而 1996 年该比例为 47%；而到了 2005 年和 2006 年，在华尔街证券化的贷款比两房证券化的贷款多出 1/3，打着私人标签的抵押贷款支持证券在 2006 年达到 1.15 万亿美元，其中 70% 是次级贷款或准优级贷款（美国金融危机调查委员会，2012）。事实上，由于次级贷款更容易创造出高溢价，更能够获得在整个证券化链条上每个赚取手续费的金融机构及从业者的青睐，因此金融从业者们更有动力去"创造投资者"。瑞士信贷的银行家乔·多诺万在一次菲尼克斯的会议上直言："我们告诉你，这些 BBB 级的证券是一笔很棒的交易，而且在很大的利差基础上定价，但仍然无人愿意靠近，所以我们只好（通过将其打包成 CDO）创造投资者。"② 随着越来越多的金融机构在次级贷款市场以及与之相关的证券化领域展开竞争，发放贷款的标准越来越低，因为在"发起并分销"的模式下，对于放贷者来说，好贷款的定义已经发生改变，正如原新世纪金融公司反欺诈专家（Fraud Specialist）帕特里夏·林赛在接受金融危机调查委员会访谈时所述那样，一笔好贷款的定义从原本的"能够被偿付"转变为"能够被销售"（美国金融危机调查委员会，2012）。

第二，从实体经济需求面来看，依托于金融部门的支持，美国民众的住房购买能力大幅提升，"居者有其屋"似乎对于普通民众来说变得不再是梦想，美国似乎已经再一次进入了"新时代"。实际上，即便假设美国人或许不存在所谓的"住房梦"，仅仅是房价上升给住房拥有者带来的财富升值便足以令尚无住房的民众艳羡，从而催生其购买意愿。美国人口普查局（U.S. Census Bureau）数据显示，在 2004 年住房自有率达到 69.2% 的峰顶。整体家庭部门除了通过购买住房提振总需求外，房产价值增加带来的财富效应以及抵押贷款再融资还能进一步刺激其消费。美国国民预算局 2007 年发布的一份名为《住房财富和消费支出》的报告显示，由于房价在 20 世纪 90 年代和 21 世纪初经历了暴涨，消费者支出的增长速度超过了收入的增长速度。1998~2005 年，增加的消费性开支对当年 GDP 增长的贡献率达到了 67%~168%，在一些年份中，消费性开支的增长超过 100%，抵消了经济中其他因素的萎缩（美国金融危机调查委员会，2012）。

---

① 美国金融危机调查委员会. 美国金融危机调查报告 [M]. 愈利军等译. 北京: 中信出版社，2012: 112.
② 美国金融危机调查委员会. 美国金融危机调查报告 [M]. 愈利军等译. 北京: 中信出版社，2012: 143.

第三，从实体经济供给面来看，"互联网泡沫"破灭对美国的实体经济带来了极大的冲击。虽然 NEBR 的数据显示，本轮经济衰退仅持续 8 个月，在 2001 年 12 月便已达到谷底，并随后开始新一轮的扩张，但现实经济却并不像数据显示的那样具有如此迅速的调整能力，所谓的经济扩张在很大程度上是由房地产的扩张所推动。总体来看，2002 年美国的非农岗位减少了 34 万个，但建筑业岗位却有小幅增长，不过在一些州，建筑业却迅速转好，例如加利福尼亚州 2002 年年底净增 2300 个就业岗位，不过建筑业却新增了 21000 个岗位，换句话说，若非建筑业对就业的吸纳，至少从就业上来说加利福尼亚州事实上仍然处于衰退状态。2003 年，建筑商新建独户式住宅超过 180 万套，是自 20 世纪 70 年代以来未曾出现过的开建速度。2002~2005 年，住宅建设对经济的贡献率超出其 1990 年以来均值的 3 倍之多（美国金融危机调查委员会，2012）。

至此，一个由"房地产泡沫"支撑起来的美国经济画卷便已跃然纸上（见图 5-3）。一方面，在货币宽松的背景下，"房地产泡沫"实则是由多方力量（生产部门、家庭部门、金融部门）共同促成的，并且各部门间相互得以支撑；另一方面，无论是实体经济的繁荣还是金融市场的繁荣，都建立在"房地产泡沫"累积的基础之上，因此由房价虚高带来的便是一个整体性的"泡沫经济"。正如格林斯潘所言，美联储的低利率政策通过拉动房屋销售刺激了经济增长，在经济不景气的情况下，抵押市场是一种强有力的稳定性力量（美国金融危机调查委员会，2012）。

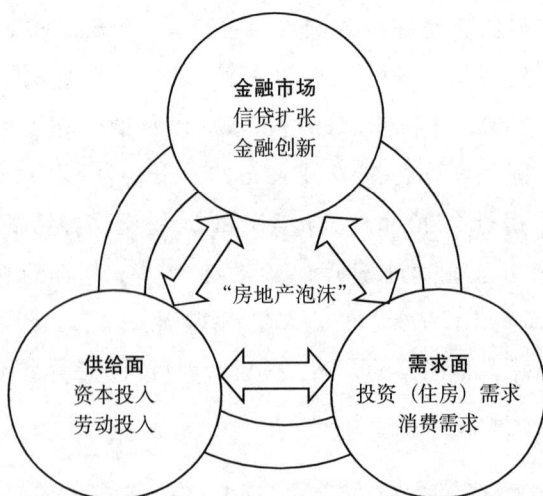

图 5-3　美国次贷危机前的"泡沫经济"

（二）激励约束与金融创新

从 19 世纪 80 年代开始，世界各地的金融系统都在发生着革命性的改变。信息与通信技术（Information Communication Technology，ICT）的进步不断地降低着获取、处理和存储信息的成本，这使得金融创新——从金融工程到投资优化组合，从证券化到信用评分——的步伐大大加快。同时，技术进步推动着监管的放松，并反过来通过创造更大的市场进一步促进着技术的进步。至于为何技术进步得以推动监管放松，可参见 Kroszner 和 Strahan（1999）对此问题的探讨。在技术进步与监管放松的共同作用下，对冲基金等非传统机构大量涌现，而银行等传统机构也在不断地尝试业务的转型。上述各种改变所带来的整体影响便是所谓的"脱媒"（Disintermediation），事实上更准确的描述应该是由银行主导向市场主导转变。这种金融结构的转换使得对从业者的激励发生了明显的改变。与传统的银行经理相比，市场需要投资经理更为积极地寻找好项目，这使得投资经理的收入与投资收益挂钩，同时也与竞争者的投资收益水平相关。这便给予其更大的冒险与创新的动力（Rajan，2006）。

在美国，自由的市场环境使得那里的金融创新更是走在了世界的最前端，新的金融产品名称不断涌现，并陆续成为华尔街的宠儿，例如资产支持证券（ABS）、住房抵押贷款支持证券（MBS）、债务抵押债券（CDO）、债券抵押债券（CBO）、贷款抵押债券（CLO）、信用违约掉期（CDS）、固定比例债务证券（CPDO）、商业抵押担保证券（CMBS）、资产支持商业票据（ABCP）等。特别是"互联网泡沫"破灭带来利率水平的突然降低，更是激发了金融机构的冒险精神。一些对投资者承诺了固定收益的金融机构不得已需要采取更加冒险的经营策略，而另一些采取固定费用加业绩提成形式收费的金融机构（如对冲基金）在无风险利率大幅降低的情况下，为了维持原有的盈利水平也会选择更为激进的经营策略。这无疑会促使金融机构开展更为冒险的金融创新活动，或是在金融市场上支持更具风险的创新金融产品。一个明显的例子便是与次贷密切相关的金融产品发行量大幅增长，2001~2005 年，华尔街发行的次级抵押贷款支持证券从 870 亿美元增长至 4650 亿美元，准优级抵押贷款支持证券从 110 亿美元增长至 3320 亿美元；2003~2006 年，CDO 的销售额从 300 亿美元增长至 2250 亿美元，每年以快于两倍的速度增长（美国金融危机调查委员会，2012）。投资者的冲动引发了市场的大规模膨胀，并因此使得其对金融创新的约束能力大大降低。事实上，支撑美国金融市场膨胀的资金还不仅仅来自美国国内，可以说全世界的资金都在支持美国的"泡沫"膨胀，参见莱因哈特和罗格夫（2012）。

在市场愈发变得不冷静的情况下，证券化链条上的每个金融机构都在利润竞争过程中不断地降低着经营标准。下面通过《美国金融危机调查报告》中描述的几个实例来说明这一点。

[例一] 据 2003 年的一项调查显示，55%的评估师感受到了需要高估房价的压力，而这个比例到了 2006 年上升至 90%，这种压力大多来自抵押贷款经纪人，但同样也会来自房地产代理人、贷款人，很多情况下甚至来自借款人，因此拒绝提高估值便意味着失去客户。（美国金融危机调查委员会，2012）

[例二] 新世界金融公司的帕特里夏·林赛告诉金融危机调查委员会，贷款规模比质量更重要，因为"华尔街非常渴望获得我们的产品。我们的贷款是提前 3 个月就销售出去的，那时贷款甚至都还没有签发出去"。（美国金融危机调查委员会，2012）

[例三] 克莱顿控股公司专门为证券化机构针对贷款发起人出售给他们的抵押贷款进行尽职调查，在 2006~2007 年的 18 个月内调查了 911039 笔贷款，其中有 28%的贷款既不能满足信用、合规或估值方面的相关标准，又无法提供任何"补偿条款"来弥补上述不足之处，这些贷款应该是被断然拒绝进入贷款池的，但最终这些有缺陷贷款中的 39%仍然被证券化机构接受。（美国金融危机调查委员会，2012）

[例四] 由花旗设计并由瑞银负责承销的一个 CDO 名为"克里奥斯房地产基金Ⅲ"，总共持有 9.75 亿美元的抵押贷款支持证券，其中 45%是评级为 BBB 或更低的证券，16%为 A 级证券，其余的则高于 A 级，并且"克里奥斯Ⅲ"中至少一半 3A 及以下层级的证券被其他 CDO 所持有。（美国金融危机调查委员会，2012）

归根结底，行业约束放松的根源还是在于高收入的诱惑。美国金融业的规模从 20 世纪 70 年代中期 GDP 的 4%左右飙升至 2007 年 GDP 的近 8%（Philippon，2007）。到 2007 年，五大投行的杠杆率已经升至 30 倍，相应地，其高级雇员在该年获得了 360 亿美元的奖金分红（李妍，2009；莱因哈特、罗格夫，2012）。尤其是在上市前后，投资银行一般都将他们一半的利润用于支付薪水。例如，2005~2008 年，高盛将利润的 44%~49%用于支付薪酬；摩根士丹利在这期间的数字是 46%~59%；美林在 2005~2006 年支付的比例与高盛和大摩类似，但是在

2007 年其自身经营不善的情况下，却支付了利润的 141%（美国金融危机调查委员会，2012）。事实上，几乎各层级的从业者均从证券化中得到好处。为投资银行编制薪酬体系的奥普集团，在 2005~2007 年考察了抵押贷款支持证券的销售以及 11 家商业银行和投资银行的交易柜台。它发现合伙人（Associate）平均基本年薪是 6.5 万~9 万美元，但是他们得到的奖金可能超过他们的薪金；在下一个层级上，副总经理（Vice President）的平均基本工资和奖金在 20 万~115 万美元；董事（Director）的平均工资和奖金在 62.5 万~162.5 万美元；部门主管是工资最高的群体，例如美林证券的全球市场和投资银行部门主管在 2006 年得到了 35 万美元的基本工资和 3500 万美元的奖金（美国金融危机调查委员会，2012）。

从次级贷款到 MBS 再到 CDO，金融部门创造出一条环环相扣的"有毒资产"制造链条，并且链条在不断延伸，这充分体现出金融创新的自我服务倾向，各领域的金融从业者俨然成为利益共同体。因此在金融部门内部，"有毒资产"的制造从一个环节到另一个环节过程中，并且在每个环节（金融机构）内部从上到下都很难受到太大的阻力，相反却受到了推动。前文曾提到在"发起并分销"的模式下，对于放贷者来说，一笔好贷款的定义从原本的"能够被偿付"转变为"能够被销售"，实际上，这并不仅仅体现在放贷环节，"有毒资产"生产链条上的每个中间环节的金融机构都以能够将"有毒半成品"卖出——从而将风险转出、将手续费挣到——为目标。

需要单独强调的还有一类特殊的主体，它们在这场"资本盛宴"中扮演着至关重要的角色，那便是评级机构。金融创新以及金融业的膨胀使得如今的金融系统愈发复杂，在此环境中市场参与者需要面对巨量信息，对其而言，搜集和整理信息的能力成为一个极大的制约，因此，信息处理的复杂性使得其在进行投资决策以及风险管理过程中，往往更加依赖于主要评级机构给出的评级，甚至中央银行和监管部门也大量使用国际性评级机构的评级作为其衡量和评判风险程度的基准（周小川，2011）。但事实上，市场参与者对评级机构的能力存在明显的高估，这从穆迪的相关管理人员在接受美国金融危机调查委员会访谈时的答复中便可看出。一个主要的问题是评级机构同样面临着信息处理问题。经理罗杰·斯坦坦言："一个模型需要估计各种缺乏数据的事件。"前部门主管杰·席格也表示："评级结果是一个主观的看法，它反映了评级委员会成员中大多数人的观点。"① 除了信息处理问题外，人手不足以及员工能力也存在问题。曾任部门总经理的埃里克·科尔钦斯告诉金融危机调查委员会，2004~2006 年，评级的交易数量"大幅增长……但是我们员工的数量却没能随之增加"。同样，曾任 CDO 小组主管的加里·威特也表示："我们总是在赶工，招聘和留下好员工是一个无法解决的问题，投资银行总是将我们最好的员工挖走，而据我的记忆，我们从来没有投入资金来聘用投行的员工，我们几乎没有能力去从事有意义的研究。"① 另一个更重要的问题是，从激励机制角度来看，评级机构存在严重的利益冲突。由于评级机构的盈利模式是发行人付费，并且发行人可以选择与哪家评级机构合作，因此，为了保持竞争力，评级机构迫于压力只能给出更有利的评级（美国金融危机调查委员会，2012）。事实上，同其他金融机构一样，评级机构的收入同样是由每笔交易规模决定，因此其同样身处金融部门利益共同体内，客观上扮演着为其他金融机构服务的角色。2006 年，标普对次贷债券的评级收费占其收入增长的一半，2007 年第一季度穆迪此类收费占其总收入的 46%（宣昌能、王信，2009）。

对于本次次贷危机来说，最被人们诟病的便是监管的缺位，似乎监管者的失职——通常被认为是由自由主义思潮所带来的金融自由化——应对最终爆发的大规模危机负有重要的责任。但事实或许并非如此简单。即便在美国这个相对自由的市场环境下，监管者也并非自由放任。以监管金融机构的滥发贷款行为为例，美联储在 2001 年便试图修改《住房所有权及权益保护法案》（HOEPA），以保护借款人免受掠夺性行为的侵害。据美联储经济学家估计，在新的法规下，HOEPA 所涵盖的次级贷款比例从原先的 9% 上升至 38%。但是仅仅到了 2005 年年末，新标准便只能覆盖到 1% 的次级贷款，原因是贷款人普遍地更改了抵押贷款条款，从而成功地规避了新的利率和手续费标准规定（Avery et al., 2005）。正如美联储首席法律顾问在接受金融危机调查委员会访谈时所述，面对愈加复杂的金融环境以及不断涌现的差异化创新，"如果出台一项宽泛的规则，那么可能在尝试终止那些不良行为的同时，也阻碍了那些公平且无欺骗性的行为，而且你也不可能考虑到所需考虑的细节；但是如果一项法律纳入了所有的细节，那么这

---

① 美国金融危机调查委员会. 美国金融危机调查报告 [M]. 愈利军等译. 北京：中信出版社，2012：134.
② 美国金融危机调查委员会. 美国金融危机调查报告 [M]. 愈利军等译. 北京：中信出版社，2012：166.

项法律将很容易规避".[①]

如果监管者对于金融机构并非是自由放任的，那么我们不禁会问，为什么监管者会眼睁睁地看着他们费尽心思制定的规则被轻松地绕过呢？格林斯潘的话对我们认识这个问题或许有所启发：

近些年，技术的快速革新已开始使几十年前建立的大部分银行审查体系显得过时了。银行监管机构必然会感受到压力，并且越来越依靠更强大和更成熟的私人市场监督，市场约束依然是目前最有效率的监管形式。……在今天的全球借贷市场环境中，美国的银行审查者如何能够判断一笔发放给一家俄罗斯银行的贷款的质量以及那家银行的贷款组合的质量？这必然要求继续审查那家俄罗斯银行的交易对家及其交易下家的情况，才可以最终判断那笔贷款的质量水平。总之，银行审查者无法做出判断，信用评级机构也没有这个能力。……我们的金融体系在运营方面的复杂性，导致在任何一个星期都会出现许多可能的危机以及无数不合规的融资行为。要对这每一种可能性进行必要的细致检查，以得出有意义的结论，可能需要比我们今天的任何银行监管机构多出若干倍的人力。[②]

格林斯潘的话很好地描述了监管者的无奈，这种无奈的根源在于监管部门的能力所限。更进一步说，就是面对技术的快速革新以及创新的集中涌现，监管部门即便配备了再多的资源（人力、物力、财力）都会显得疲于应付。

另一个主要监管部门的例子同样能说明这一点。对于抵押贷款和抵押贷款证券业务的监管，证券交易委员会专门提出了企业统一监管计划（CSE）并于2004年开始采取相应的监管措施。此后其不断扩充该计划的监管成员队伍，到2008年，致力于CSE计划的成员达到24人，较2004年翻了一番，但即便如此，其中负责监管五大投行的仍只有10个人，在存在交叉的情况下，每家投行有3名监督员负责（美国金融危机调查委员会，2012）。

由此可见，官方约束的放松或许是受到金融自由化思想的影响，但更有可能是迫于无奈。更进一步说，在美国，之所以监管者会更相信市场的自发调节力量，或许正是源于其对自身能力有限这个客观事实的清醒认识，特别是在"泡沫"膨胀时期，金融创新的大量涌现使得监管部门愈发显得捉襟见肘。

---

① 美国金融危机调查委员会.美国金融危机调查报告 [M].愈利军等译.北京：中信出版社，2012：103.
② 格林斯潘.动荡的世界：风险、人性与未来的前景 [M].余江译.北京：中信出版社，2014：91-92.

市场、行业以及官方约束的放松使得金融创新的过程受到更小的阻力，创新产品在各方尚缺乏对其进行必要的评估之前，便已被投放市场并大规模地扩散开来；并且在激励机制的作用下，金融部门整体性倾向于低估创新产品风险。二者共同作用的结果便使得整体风险水平大幅提升，并逐渐超出了金融系统所能承受的范围。

（三）金融发展异化

20世纪70年代中后期开始，世界各国的市场经济体系普遍被一场名为"经济金融化"的趋势所改变，自90年代起，经济金融化的趋势更是明显加剧。白钦先对于经济金融化的概念做过比较详细的阐释，他认为所谓经济金融化，是指经济与金融愈发相互渗透融合，逐渐成为一个整体，人们之间的经济关系愈发以股权股利、债权债务、风险保险等金融关系为主，简言之，经济关系愈发呈现为金融关系（白钦先，2009）。与此同时，随着社会资产纷纷转化为金融资产，如前文所述（第三章第三节），全球金融资产规模在1980年时与GDP规模相仿，而如今已逐渐膨胀到GDP规模的4倍左右。在此背景下，相比于实体经济，美国的金融行业从20世纪80年代以来也经历着高速的发展，如图5-4、图5-5、图5-6所示。

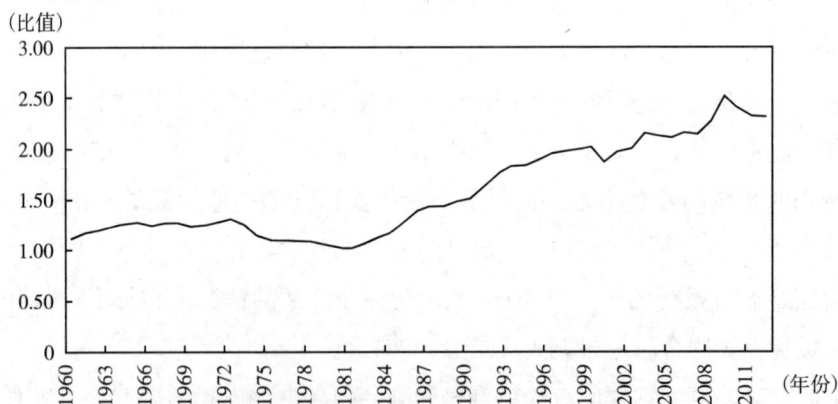

图5-4　美国金融部门与非金融公司部门资产比

资料来源：Wind资讯，具体数据详见附表5。

不过，在经济金融化的过程中，美国的实体经济表现又如何呢？我们首先来看一下美国非金融公司部门（NFCB）的利润率变化趋势，谢富胜等（2010）对此进行了细致的测算。

图5-7反映的是美国NFCB部门的实体经济活动利润率（r_{NFCB}）以及整体利

（比值）

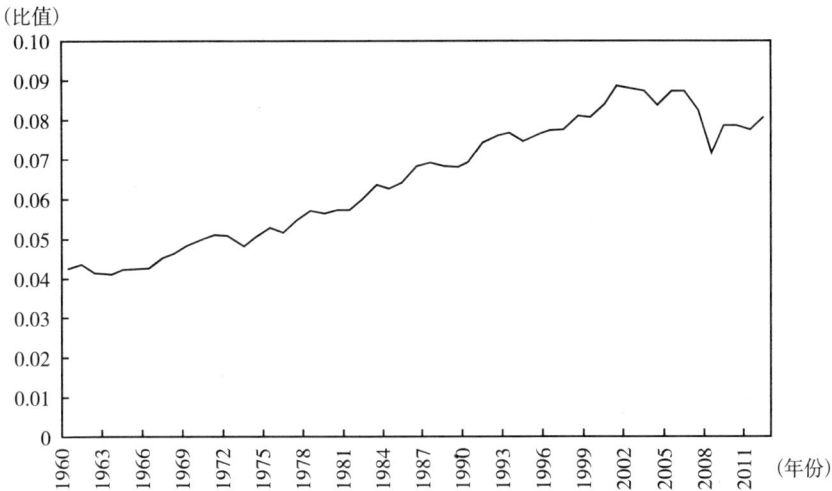

图 5-5　美国金融和保险业与制造业增加值比

资料来源：Wind 资讯，具体数据详见附表 5。

（比值）

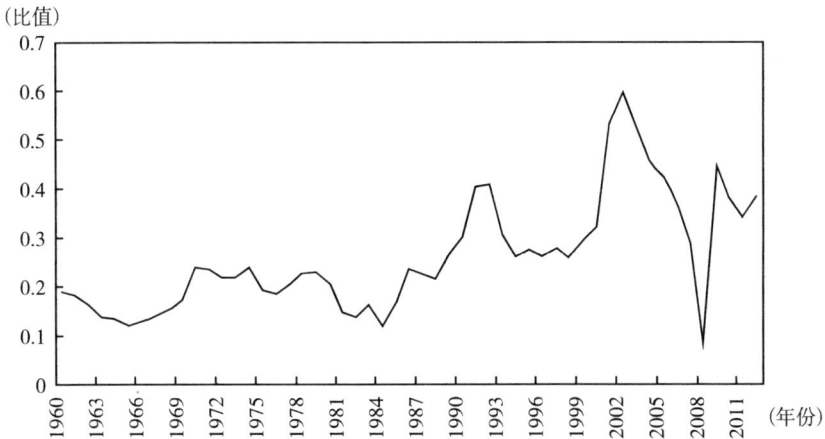

图 5-6　美国金融企业与非金融企业利润比

资料来源：Wind 资讯，具体数据详见附表 5。

润率（r^*_{NFCB}），其中整体利润率考虑了 NFCB 部门在从事金融活动过程中的成本（例如利息、股息支出等）和收入（例如资产持有收益等）。显然，r_{NFCB} 在 30 年间基本稳定在某一范围之内，而 r^*_{NFCB} 长期来看明显出现下降趋势。

　　对比测算两种利润率时使用的指标差异，可以发现导致 r^*_{NFCB} 长期下降的最主要原因是利息和股息支出的变动。NFCB 部门的盈利能力自 1975 年以来便似乎很难回复到较高水平，仅靠其内部的融资很难满足资本再生产的需要。与此同时，"股东价值运动"使得 NFCB 部门的行为愈发变得短期化，为了提升企业账面价

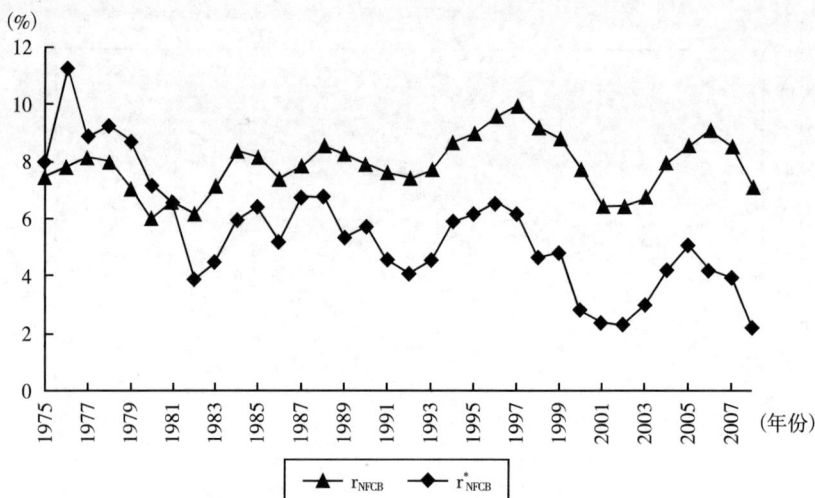

图 5-7　美国 NFCB 部门两种利润率对比

资料来源：谢富胜，李安，朱安东. 马克思主义危机理论和 1975~2008 年美国经济的利润率 [J]. 中国社会科学，2010（5）：65-82.

值，其将更多资金投入到股票回购以试图操纵股价，这造成其内部融资能力进一步下降。1975 年，NFCB 部门的金融缺口尚为负值，为–8316 亿美元，而到了2008 年，该缺口转为正值，并且高达 232412 亿美元。巨大的缺口使得 NFCB 部门更加难以仅依靠自身力量实现一定的利润率水平并维持资本积累，因此更加依赖于外部融资渠道，诸如发行股票或负债，其结果是金融成本的大幅提升。1975年，金融成本占到实体经济利润的 73%，而这一比例在 2008 年则飙升至 115%，与之相对应的是，净金融收入（即各项金融收入减金融成本）从–452 亿美元（1975 年）大幅下降为–5908 亿美元（2008 年），进而导致了 r^*_{NFCB} 的长期下降（谢富胜等，2010）。这意味着，金融化使得美国的实体经济企业总体而言盈利能力在下降，或者可以反过来说总体而言金融化并未有效促进美国实体经济企业的发展。

　　反之，我们来看一下金融部门的利润率。

　　图 5-8 反映的是金融部门与 NFCB 部门整体利润率水平的对比，其中 r_{RFCB} 指的是有限的金融部门利润率，这主要涵盖了商业银行、信贷机构、储蓄机构、证券化产品发行机构、证券经纪机构、人寿和财产保险公司以及金融公司等七个部门，而并未包括房地产部门、政府性金融机构等若干由于种种原因不适于计算利

润率的机构，具体的界定及理由可详见谢富胜等（2010），在此不再赘述。从图5-8可明显看出，除了由于"互联网经济泡沫"破灭所带来的暂时性的下滑外，直到次贷危机爆发之前金融部门的利润率水平在波动中持续攀升，这与NFCB部门利润率的持续下降形成鲜明的对比。尽管从简单的利润率对比中我们不敢轻言是金融部门"吸食"了实体经济部门的利润，但是我们却基本可以断定，在美国，经济金融化的过程确实出现了金融发展的异化，因为金融发展并未改善实体经济部门的盈利能力，反而造就了金融部门自身的欣欣向荣。此外，从图5-8可看出，金融部门的波动性远大于实体经济部门，并且从图5-7还可看出，r^*_{NFCB}的波动性大于r_{NFCB}，这意味着随着实体经济企业更多地参与金融活动，其自身的波动性也在逐渐加大。这意味着，在美国，金融的快速发展不仅使其自身成为引发经济动荡的风险源，而且同时还放大了实体经济的运行风险。

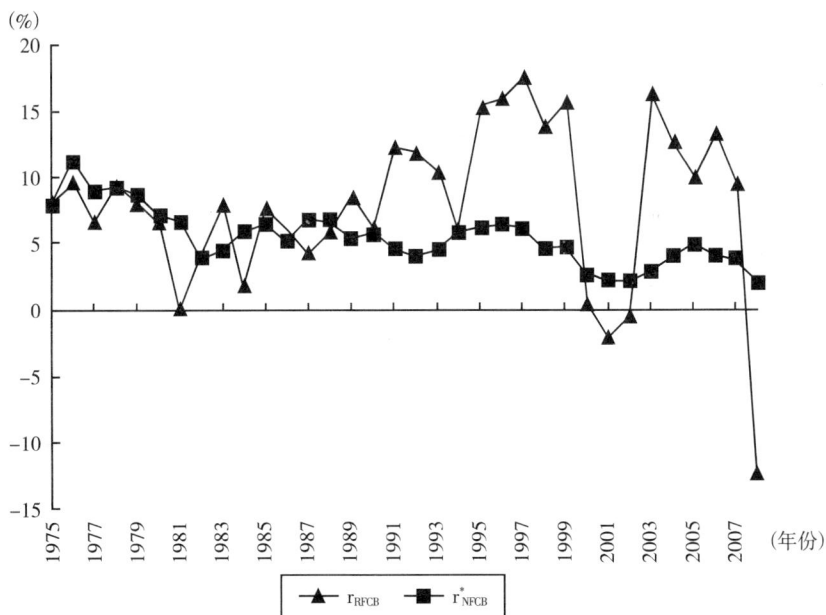

图5-8　美国NFCB部门与金融部门利润率对比

资料来源：谢富胜，李安，朱安东.马克思主义危机理论和1975~2008年美国经济的利润率［J］.中国社会科学，2010（5）：65-82.

其实在20世纪90年代初期金融部门与实体部门利润率差异开始显现时，还并不能据此断定金融发展已经出现异化，因为创新发展的过程本身就会带来新的盈利点。但是在90年代中后期以后，巨大的"利润鸿沟"的出现就只能用异化来解释了。特别是在"IT 泡沫"破灭前后，即从 90 年代中后期至次贷危机发生前这段时期，至少从利润率的对比上来看，异化问题变得极其严重。在美联储刺激政策的作用下，"IT 泡沫"的破灭并没有使金融部门的创新发展回归理性，反而在短暂的收缩后重新回到"泡沫"破灭前的膨胀状态，这种风险的持续累积为爆发更大规模的金融危机埋下了伏笔。

（四）危机爆发

"泡沫"终有一天会破灭，而依托于"泡沫"搭建起来的"经济大厦"也终会崩塌。2007 年年初，一些房地产市场繁荣的地区房价持续下跌，抵押贷款发起人苦苦挣扎，越来越多的家庭，尤其是那些次级贷款和准优级贷款的家庭无力偿付抵押贷款。

越来越多按揭贷款发生拖欠和违约，使专业的金融从业者重新评估金融创新产品风险。对市场来说，影响最大的是评级机构下调抵押贷款支持证券和债务抵押债券评级。2007 年 7 月 10 日，穆迪前所未有地对 399 种 2006 年发行的次级抵押贷款支持证券下调评级，将另外 32 种证券调为观望。随即，标普跟进下调了 498 个类似的证券层级的信用评级。评级机构下调评级的大幕由此拉开。以穆迪为例，到了 2008 年，其将 2006 年 83%的 Aaa 级和全部的 Baa 级抵押贷款支持证券调低了评级，而对于 2007 年后半年发行的证券，则几乎所有的 Aaa 级和 Bbb 级的证券层级都被降级了；到 2008 年年底，超过 90%的 CDO 全部层级证券都被降级，几乎所有 2006 年发行的 Aaa 级和 Baa 级 CDO 证券层级被下调。此外，穆迪的降级幅度也是很大的，对于 2006 年发行的所有最初被评为投资级的证券层级，有 76%被调为了垃圾级，自 2007 年起发行的证券中，这一比例竟然达到了 89%；CDO 债券中，超过 80%的 Aaa 级和超过 90%的 Baa 级债券被降到了垃圾级（美国金融危机调查委员会，2012）。

评级下调刺激了投资者敏感的神经，投资者纷纷抛售，价格一泻千里。对冲基金面临来自回购贷款人要求追加保证金的要求，被迫以令人心痛的价格将证券出售，很多对冲基金因此倒闭，其他金融机构也纷纷大幅亏损。但这只是开始，随着危机蔓延到票据市场，特别是资产支持商业票据（ABCP）市场遭挤兑，使得结构性投资工具（SIVs）纷纷倒下，紧随其后的便是货币市场基金和其他基金。流动性由过剩转为紧缺，信贷收紧，利率升高，整个金融系统摇摇欲坠。直到 2008 年 9 月，雷曼公司宣布申请破产保护，给本已脆弱的金融系统致命的一击，随即引发了整个世界经济螺旋式的下跌。

二、金融抑制环境下中国式"影子银行"

（一）背景

20世纪90年代末以来，城镇化被纳入国家战略，国家将提高城镇化水平作为发展目标，使得政府主导城镇化的特点更加突出。在中央政府的默许乃至某种程度的鼓励之下，中国的各级地方政府因地制宜，制定或详或略的城镇化规划，探索各种类型的城镇化模式，但总体上呈现出一些共同的基本特征，形成了中国式的政府主导型城镇化模式。其中地方政府在土地经营上的创新是1998年以来中国经济增长的又一重要动力。政府主导型城镇化的基本操作模式可归纳为"全盘征地、土地财政、土地金融"：无论是经营性用地还是公益用地，只要是被划入城市建成区，均须由国家征用；各地方政府普遍依赖于"土地财政"，预算内财政收入的增加主要依赖于城市化过程中的产业税收增加，而预算外收入中的重头部分就是土地出让收入；政府储备土地的目的一则是追求土地收益最大化，二则也是以土地做抵押融资；城镇化中的大规模基础设施建设主要由银行资金投放来支撑，而银行贷款又是通过土地的资本化来撬动的（国务院发展研究中心土地课题组，2005）。

但是这种发展模式也带来了诸多弊端。在地方财力紧张的状况下，地方政府在商住用地开发上的举措固然有利于地方财政收入的增加，但也限制了土地的供给，进一步推高了地价和房价。高地价被转嫁给房地产的购买者，收益则被地方政府获得。这一模式极大地提高了城市化的成本，并造成了房地产市场的过度繁荣。之所以使用"过度繁荣"而不使用"泡沫"一词，是因为本书并不敢断言中国的房价是否存有"泡沫"，实际上这在学界也是存在争议的，由于本书坚持只有出现崩盘的情况才能断言存在"泡沫"，因此在案例中将会使用"过度繁荣"来形容国内房价过快上涨、投资开发速度急剧加快、土地出让金猛增等情况。另外，现行的以地方政府融资平台为载体的城镇基础设施融资机制使得地方政府债务大量累积，这些债务的一个显著特征是偿还期限过短，以短期债务的滚动支持长期的基础设施投资，债务期限和现金流期限明显不匹配，同时平台贷款高度依托于土地的资本化，一旦土地价格（房价）下降，则银行信贷风险陡增，而卖地收入也将更加难以弥补财政收支缺口。特别是为应对金融危机，政府采取了一系列的经济刺激计划，向市场注入了巨量的货币，这使房价上涨及地方政府负债累积进一步加剧。

自 2010 年开始，我国稳健的货币政策因通货膨胀的严峻形势日益紧缩，信贷规模大幅减少，资本市场出现供需失衡的状况。尤其是中央为了抑制房价过快上涨和控制地方政府过度负债的问题，开始限制这两个领域的贷款规模。进入2010 年，国务院出台"国十一条"，并多次强调地方政府融资平台的总量控制，进一步收缩了这两个领域的信贷，使得大量项目的贷款需求得不到满足。但是政府"稳增长"的压力始终未减。近些年在政府的政策目标中，"稳增长"始终被排在第一位，近两年至少从字面上来看几个主要目标的顺序依次为"稳增长"、"促改革"、"调结构"、"惠民生"、"防风险"。这时，尝试通过信托、私募等渠道开展融资，并通过银行理财产品、委托贷款等方式进行间接贷款，便成为一种普遍的选择，中国的"影子银行"体系开始"爆炸式"增长，成为继房地产过度繁荣和地方政府债务之后，中国经济的另一个主要风险点，并反过来推动着房地产过度繁荣以及地方债务规模的继续膨胀。

实际上，除了资金供求外，长久以来一直存在的金融管制也是中国"影子银行"快速发展的另一个重要原因。利率管制使得在通货膨胀环境下，实际存款利率处于负值，这引致了储户的资产配置调整，存款于是从传统的银行体系流入其他收益较高的替代产品，这为信托、民间借贷等"影子银行"业务提供了生存空间；而银行信贷投放规模和资金流向受到严格限制，以及银监会加大对银行存贷比及日均存款的考核力度，使得银行传统的存贷款业务盈利空间日趋狭窄，在严格的分业经营、分业监管环境下，便很容易促使银行去努力探索监管套利的新途径（王曼怡、张译文，2014）。

（二）激励约束与金融创新

1. "影子银行"是金融创新

2013 年国务院办公厅发布了《关于加强影子银行监管有关问题的通知》（国办发［2013］107 号），明确界定了我国存在的三类"影子银行"业务：第一类是诸如第三方理财机构、新型网络金融公司等没有金融牌照，完全不受监管的信用中介机构；第二类是诸如小贷公司、融资性担保公司等不持有金融牌照，受到部分但不充分监管的信用中介机构；第三类是持有金融牌照的机构进行的诸如资产证券化、货币市场基金、部分理财业务等业务，这类业务要么本身就是金融机构为了规避监管而开展的业务，要么就是一些在该领域存在监管不足的业务。这给出了一个比较宽的范围。理财产品、私募基金、证券化、金融租赁、第三方支付、银信合作等在银行体系之外的创新型信用供给活动，基本上均可纳入其中。

对于中国的金融体系来说，中国式"影子银行"快速地创新发展具有积极的意义，它促使传统的单一功能的银行业在朝着为客户提供全面金融服务的新型金融业转变，在此过程中，包括融资、风险管理、支付清算、金融理财、价值提升等多种服务被逐渐地纳入其中。金融危机以来，这些在银行体系之外的信用供给活动已经成为我国金融创新的主要源泉（李扬，2013）。

2. 多方共赢的"影子银行"模式

与成熟市场中的"影子银行"相比，中国式"影子银行"有着自己的特征和形式。由于政府主导着中国的金融体系，因此监管部门基本上可以覆盖绝大多数的金融机构，从这个意义上看，"影子银行"的概念在中国是否成立似乎值得怀疑。与国外的"影子银行"不同，中国式"影子银行"更多是由银行所主导，实际上是"银行的影子"，银行通过与其他金融机构合作，实现其规避监管的目的（李扬，2013）。自 2009 年政策转向后，商业银行至少有两种动机来规避监管：第一，资本充足率、贷款额度以及存贷比等规定限制了银行贷款规模的扩大，随着实体企业融资需求的不断增加，出于追求利润的需要，银行迫切需要想方设法突破种种限制；第二，虽然银监会和央行对于地方融资平台和房地产领域的贷款进行了限制，但是对于银行来说，一旦相应领域资金链断裂，则意味着前期贷款均可能转化为不良贷款，为了避免不良贷款率的大幅上升，银行有动力继续通过变通的方式为其融资。通过多种变通方式，"出表"的贷款便可轻松绕过信贷额度等规则限制，也可轻松绕过对特定领域贷款的限制，从而使银行不仅得以维持高利润，又可避免自身不良贷款率的显著恶化（张明，2013）。下面简要介绍中国式"影子银行"的几种主要形式。

（1）银信合作。

商业银行借理财产品进行信用扩张，而信托贷款类理财产品是最基础的形式。信托贷款类理财产品是指银行向客户发售理财产品，接受投资者的委托和授权，集合理财资金，在产品存续期内投资于信托公司设立的信托计划，该计划的投资方向是融资企业发放信托贷款，融资方以其企业信用或抵押物作为还款保障，通过该方式获得企业融资。具体业务流程为：银行首先与客户签订协议代客户理财，然后以单一委托人的身份与信托公司签署信托协议，利用其"过桥"将理财资金用于向融资企业提供贷款。在此过程中商业银行并不占用其自身的信贷额度。与一般银信合作由产品信托公司发起所不同的是，该类产品的发起人是银行，各环节——无论是选择客户，还是设计、销售产品，甚至最终分配收益——完全由银行操控，信托公司则完全处于附属地位，对其来说该类业务是纯粹的通道类业务。随着银监会对银信合作监管力度的不断加强，此类"影子银行"形式变得越来越复杂，如利用信托受益权、双信托、"资金池—资产池"等，但这些只是通过增加中间对手或改变包装形式从而进一步达到规避监管的目的，基本合作模式并未改变（殷剑峰、王增武，2013）。关于银信合作为了规避监管而变得越发复杂的案例，可参见潘静、柴振国（2013）的研究，在其中他们对于现实中的银信合作模式接连突破 2009 年、2010 年、2011 年银信合作通知和 2009 年、2010 年信贷通知政策对于银信合作的制约以实现监管套利的过程进行了详细的梳理。基本的银信合作理财模式如图 5-9 所示。

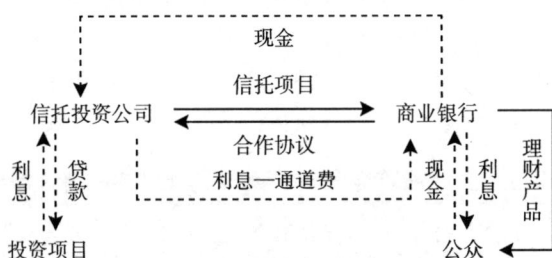

图 5-9　基本的银信合作理财模式

资料来源：徐军辉.中国式影子银行的发展及其对中小企业融资的影响［J］.财经科学，2013（2）：11-20.

（2）银证合作。

银证合作通道类定向资产管理业务是在传统的定向资产管理业务基础上的业务创新，试图充分利用银行和证券公司不同的优势。对于银行来说，银证合作通道业务是一种变相的银行贷款形式，其以一种准证券化的形式突破了传统的银行信贷模式，使得银行得以在规避存贷比限制等监管的同时，利用表外操作实现信贷扩张。而对于证券公司来说，由于信用风险主要是由银行来承担，因此其也乐于收取这种无风险成本的佣金。基本的银证合作运作模式如下：银行通过销售理财产品等形式募集资金，然后作为委托方将资金交由定向资产计划管理人，即证券公司进行定向资管，而后证券公司依据银行的指令，通过发行券商理财产品的形式将资金投入银行指定的信托计划、票据资产等标的中。按照投资标的不同，银证合作业务主要包括票据类、信托产品类、特定收益权类、应收账款类、委托贷款类、银行存量金融资产类等，对于各类不同业务差异的详细介绍可参见高海红、高蓓（2014）的研究。其中，作为重要的一类银证合作业务，票据类定向资产管理业务模式如图 5-10 所示。

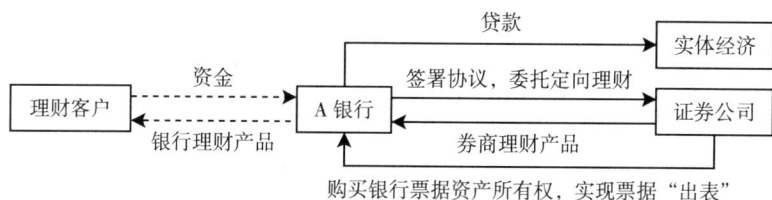

图 5-10 票据类定向资产管理业务模式

资料来源：高海红，高蓓. 中国影子银行与金融改革：以银证合作为例 [J]. 国际经济评论，2014（2）：118-132.

（3）银保合作。

保险资金在很多时候也在扮演帮助银行通过存贷比考核、腾挪转让授信业务规模的"外援"角色。保险债权、不动产投资计划便是其中重要的一种，它是指保险资产管理公司根据有关规定，发起并经保监会批准设立的通过发行投资计划收益凭证，向保险公司或其他机构募资，以投向能源、通信、市政、交通、环保等基础设施投资领域或其他不动产投资项目，并依据约定归还本金及支付预期收益的金融产品。其设立交易流程如图 5-11 所示。在现实中，银行除了扮演托管人的角色外，还能发挥促成险企合作的媒介作用。通过为险企合作牵线搭桥，银行可以将存量授信业务转换为保险债权计划项目托管业务，在授信额度紧张的情况下，借助保险资金腾挪信贷规模，稳定贷款企业客户。

（4）银基合作。

"银基合作"涉及三方主体，即基金管理公司、有限合伙人和银行。其中银行的主要职责和业务在于利用渠道优势帮助基金管理公司募集资金，利用专业知识参与股权基金运营和管理，以及利用社会公信力，提供资金的托管服务。商业银行参与股权基金合作机制如图 5-12 所示。在现实中，大部分商业银行与股权投资基金展开合作，旨在利用投资基金作为规避管制、进行信用扩张的手段和渠

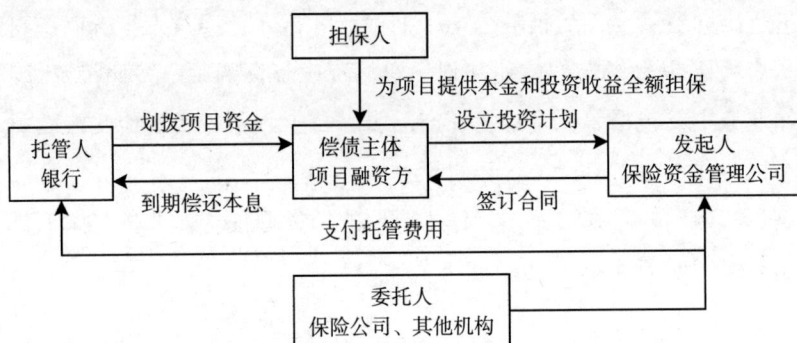

图 5-11　保险资产管理计划设立交易流程

资料来源：殷剑峰，王增武.影子银行与银行的影子［M］.北京：社会科学文献出版社，2013：92.

道，例如，通过与基金公司合作成立特定基金将潜在存款转化为基金，将贷款类资产以基金形式形成资产池进行资产证券化继而进行回购，利用差别化准备金比率相互接受同业存款、购买同业"信贷类资产"基金产品，自己成立股权基金将"债权资产股权化"等（殷剑峰、王增武，2013）。

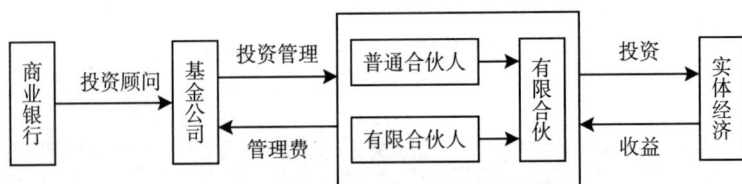

图 5-12　商业银行参与股权基金合作机制

资料来源：殷剑峰，王增武."影子银行"与"银行的影子"［M］.北京：社会科学文献出版社，2013：44.

（5）委托贷款。

一个典型的委托贷款是公司将其银行存款向指定的公司或项目公司提供贷款，金融机构（如商业银行）是存款和借款公司之间的中介，但不提供自己的资金。由于中国的法律禁止企业之间的借贷服务，因此委托贷款提供了一个企业之间调节资金余缺的渠道。在中国的金融抑制环境下，国有企业、大企业容易从银行获得远低于市场利率的贷款，而上市公司也容易利用自身壳资源优势从证券市场超额募集资金。在难以寻找到高利润投资项目的时候，这些企业便可以委托银行向其下属企业、关联企业或非亲属企业提供贷款，以获取比其自身实际经营更高的利润。一个典型的企业委托贷款示意图如图 5-13。

委托贷款　　　　　　　　低息贷款　→　下属企业

上市公司　◄——————►　商业银行　————　较低息贷款　→　关联企业

低息贷款　　　　　　　　高息贷款　→　非亲属企业

现金

证券市场　　　利息—手续费　　　　　　　利息

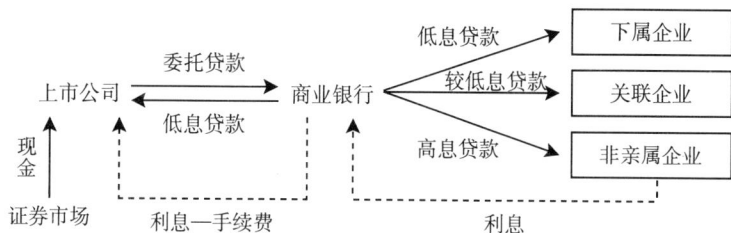

图 5-13　企业委托贷款

资料来源：徐军辉.中国式影子银行的发展及其对中小企业融资的影响 [J].财经科学，2013（2）：11-20.

（6）民间金融。

自改革开放以来，随着民营经济的发展，以民间借贷、互助基金会，甚至是私人钱庄、标会等形式为代表的民进金融逐渐产生及发展起来，不过在政府主导的金融制度下，民间金融时常受到排挤与打压，在此背景下，到 20 世纪 90 年代中期时绝大部分民间金融纷纷转入"地下"，一些民间金融也被冠以"非法"之名。但是凭借着门槛低、方式灵活的天然属性，民间金融吸引了越来越多的市场参与者，近几年更是成为中小企业的主要资金来源。一大批实质上在从事金融服务的民间企业或组织由于得不到金融机构的地位，发展受到阻碍，而正式监管的缺失又使得民间金融体系的风险，特别是不规范运作及欺诈情况难以有效遏制。正规金融体系与民间金融体系的人为割裂阻碍了整体金融效率的提升。近些年，随着"互联网金融"概念被热炒，一些民间金融业态也在逐渐打着"互联网金融"的幌子从"地下"走到"地上"，成为"影子银行"体系中的一股新兴力量。不过互联网金融并非单纯是传统的民间金融的变形，大数据确实带来了金融服务的某些改变，事实上在某些方面可以说是一种替代性的金融创新，正因为此其也遭到了传统金融机构的抵制。对于互联网金融的一个全面介绍与分析可见杨涛（2015）的《互联网金融理论与实践》。

3. 约束放松与"影子银行"发展

自 2009 年政策转向后中国"影子银行"高速发展，这源于市场、行业以及官方约束的放松。

第一，在利率管制的环境下，"影子银行"产品的收益率显著高于银行基准存款利率，同时，由于存在各类担保，从表面上看理财产品等"影子银行"产品似乎并没有过高的风险。这便为国内投资者提供了多样化的投资选择。特别是随着 2009 年货币政策的骤然转向，存款利率与市场利率差进一步拉大，更加刺激了居民购买理财产品的积极性，也鼓励一些流动性资金充裕的企业通过"影子银行"体系对外"放贷"。但是，相应金融产品的复杂性使得非金融部门的投资者很难准确理解其运作模式、投资方向和收益情况，金融机构的销售活动中存在的诸多不当行为也进一步激化了投资者的非理性行为（沈伟，2014），再加上人们普遍相信中国政府支持的正规金融机构往往会"刚性兑付"——以信托产品的"刚性兑付"最为常见，其背后往往是地方政府的隐性担保，在上述种种因素的综合作用下，中国的"影子银行"体系实现了"爆炸式"的增长，如图 5-14 所示。

(亿元)

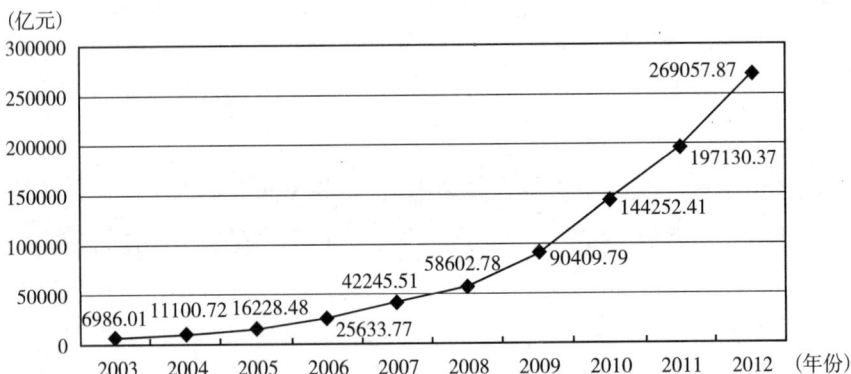

图 5-14　中国"影子银行"信用创造规模

资料来源：裴平，印文.中国影子银行的信用创造及其规模测算 [J].经济管理，2014（3）：98-107.

　　第二，同美国一样，在中国的"影子银行"体系中，各类金融机构也形成利益共同体，并且从上文列举的主要形式来看，多是其他金融机构为银行规避监管提供便利，因此双方基本上是合作共赢关系，从而使得资金在金融机构之间"空转"时，难以受到阻力。特别是在房地产开发商面临巨大的融资压力、地方融资平台的常规融资来源趋紧的情况下，相应融资主体为了避免资金缺口，推动债务的继续滚动，大幅推升了市场利率水平。这为各类金融机构甚至非金融机构通过运作资金而获利提供了巨大的动力。

　　第三，国内针对"影子银行"的监管跟进不可谓不快，从前文的介绍中不难看出，正是伴随着监管规则的不断改进，形形色色的中国式"影子银行"形式才会不断涌现。随着金融机构以及金融产品变得越来越复杂繁多，公共执法日益受到"资源瓶颈"的掣肘。以银监会为例，2012 年，针对个人发行的银行理财产品数量达 28239 款，平均每周 524 款，对其审查的责任便落在银监会及其派出机构（共 37 家）身上，但银监系统本身还须兼顾诸多任务，据统计，在 2010 年年末，银监会以及派出机构承担着总计为 749 部法律法规文件的监管执法工作，其中包括法律 25 部、行政法规 16 部、规章 46 部、规范性文件 569 份，以及最高人民法院发布的司法解释 93 份。繁杂的执法负荷叠加在一起，使得执法资源顿显稀缺。各地方金融监管机构面临相似的问题。有调研发现，某省 2013 年时金融办机构编制为 20 人，其中实际检查人员不到一半，但是需要检查人员督查的担保公司和小贷公司总计近 800 家，其中截至 2 月共有 255 家已获批准的小贷公司，截至 3 月共有 509 家担保公司，这意味着每一名检查人员平均需要面对 80 家担保公司和小贷公司（潘静、柴振国，2013）。实际上由于不同小贷公司、担保公司之间差异性较强，业务组成、资金来源和交易对手等非常复杂，因此可以想象，即便编制再增加一倍估计也无济于事。监管能力的不足造成针对治理"影子银行"制定的种种政策"补丁"难以真正奏效，这从上文提到的"银信合作"的介绍中可见一斑。更何况我国的分业监管模式还容易形成监管盲区，更容易被混业经营的"影子银行"业务绕道实现监管套利。

（三）金融发展异化

自金融危机以来，"影子银行"体系的发展已经成为我国金融创新发展的主要源泉，"影子银行"体系的蓬勃发展和频繁创新，促使传统的单一功能的银行业在朝着为客户提供全面金融服务的新型金融业转变，在此过程中，包括融资、风险管理、支付清算、金融理财、价值提升等多种服务被逐渐地纳入其中（李扬，2013）。可以说，正是在"影子银行"的带动下，我国整体金融部门的效率正在发生着质变。但是近些年金融的这种高速发展是否带来了实体经济的繁荣？换句话说，"影子银行"带动下的金融发展是否实现了金融经济协同发展的目标呢？答案或许并不遂人愿。至少从总体来看，金融发展中的异化现象还是极其明显的，这从金融机构与制造业企业间"利润鸿沟"的不断扩大中可见一斑。从中国企业 500 强榜单来看，其中的金融行业企业利润占全部 500 强总利润的比例连年上升，根据 2011~2015 年中企 500 强榜单数据整理可得，2011 年该比例为 41.3%，2012 年为 45.2%，2013 年为 50.2%，2014 年为 51.2%，2015 年竟然达到 67.62%。

不过我们还须具体来看"影子银行"自身的发展对实体经济的促进作用究竟

有多大。研究创新发展的学者往往对中小企业在创新及经济发展中的作用给予很高的评价，例如 Audretsch 等（2006），而国内学者们普遍认为，"影子银行"存在的最大意义正是在于打破了原有的管制格局，完善金融市场体系，通过一种变相的方式推动着利率的市场化，特别是通过帮助解决中小企业——在传统的金融抑制环境中难以得到有效的金融服务——的融资难问题，推动着整体经济的转型发展（陈剑、张晓龙，2012；龙建成等，2013；等等）。不过有证据表明，中小企业近些年似乎并未从"影子银行"的发展中获得实质性的益处，委托贷款、银信合作理财等进一步加大了中小企业融资的难度。

以委托贷款为例来说明这个问题。根据中国人民银行《中国金融稳定报告（2014）》以及一些媒体提供的数据显示，2011 年年末，委托贷款余额为 4.96 万亿元，而仅仅过去两年，到 2013 年年底，其数量便已达到 8.2 万亿元，增加3.24 万亿元，增幅达到 65%；而 2014 年委托贷款进一步增加 2.51 万亿元，占到2014 年社会融资规模 16.46 万亿元的 15.2%。其中由于数据相对透明，上市公司大量参与委托贷款的现象尤其引人注意。在 2013 年的上市公司公告中，涉及委托贷款的公告有 397 件，涉及委托理财的公告有 204 件，这两个数值分别较前一年增加 42.8% 和 168.4%；2014 年前 6 个月，可查得的上市公司委托贷款金额总计为 1026 亿元。大企业之所以热衷于委托贷款，源于其中巨大的利差。比如，辉隆股份 2011 年主营业务毛利率不足 4%，而委托贷款利率却高达 15%（徐军辉，2013）；又比如香溢融通控股集团股份有限公司 2013 年年报显示，该公司委托贷款利率更是最高达到 24%。有报道称，中国 90% 的"影子贷款人"为现金充裕的国有企业，其中不乏中国移动、中国石化、中国铁路集团、中粮集团和扬子江造船控股集团等大型央企和国企（Masters et al.，2011；Sender，2011）。大企业，尤其是大型国有企业凭借其在金融抑制环境下的融资优势，通过资金买卖牟取暴利，不仅自身极易陷入"避实就虚"的怪圈，同时也在挤占着中小企业的资金来源。从另一方面来看，除了下属企业和关联企业外，愿意接受如此高利率委托贷款的更多的则是房地产行业和地方融资平台，而非中小企业。

除了正规金融机构主导的"影子银行"外，民间借贷同样难以很好地服务于中小企业。《2011 广东省中小企业融资调研报告》中显示，从信用社或银行贷款的中小企业占到全部调查企业的 93.1%，而只有 15.1% 的企业会选择私人借贷，4.9% 的企业会选择企业间拆借。究其原因，还是借贷成本所致，据上述报告显示，2010 年民间借贷与商业贷款的利率差为 9.52%，2008 年为 9.45%。事实上，兴业证券的一项调查更是显示部分地方的民间金融利率高达 36%~60%（徐军辉，2013）。在如此高借贷成本情况下，民间借贷肯定难以成为中小企业的主要融资渠道，最多只能成为过渡性的应急资金来源。

对于"影子银行"是否促进了中国的经济增长，从经验证据上看，结论似乎比较模糊，虽然有研究表明，"影子银行"的发展确实对我国的经济增长起到了推动作用（陈剑、张晓龙，2012；张亦春、彭江，2014；等等），但也有研究指出经济增长与"影子银行"发展之间存在单向因果关系，经济增长为"影子银行"发展提供了基础，而反之并不成立（沈悦、谢坤锋，2013）。可以想象，虽然"影子银行"通过一系列创新提高了金融效率，弥补了传统金融业务的不足，但在现有的收入模式下，金融机构具有追求高风险、高收益的本性，再加上政府往往还会提供隐性信用担保，这就使得"影子银行"资金更有可能流入政府（特别是地方政府）偏向的领域（如房地产行业、地方融资平台）而非真正促进实体经济创新发展的领域（如中小企业）。关于"影子银行"推动房价上涨的经验证据参见张宝林、潘焕学（2013）的研究；关于"影子银行"推动地方政府债务增长的经验证据参见吕健（2014）的研究。

（四）客观看待中国式"影子银行"

对于中国式"影子银行"的评价，学界几乎一致持正面态度。人们普遍认为，中国式"影子银行"的发展通过丰富金融市场层次和产品，完善金融市场体系，从而有利于经济的发展。事实上，这种看法符合经济学的直觉。金融发展可以促进经济发展，这在学界基本上已是定论，而在中国这种金融抑制环境下，"影子银行"所具有的迎合市场、突破管制的创新性质，又使其很容易被认为促进了金融发展，因此，学界清一色对"影子银行"持积极态度并不奇怪。可奇怪的是，现实中伴随着"影子银行"的迅速膨胀，我国金融发展中明显出现的异化现象，却普遍被学者们有意或无意地忽视，这值得我们深思。或许其原因在于，这种异化现象的出现并不符合经济学最基本的原理，说白了就是市场在配置资源中的有效性：一种明显具有积极意义的创新，反过来却使得资源配置的效果更加不合理，这似乎是在打经济学的脸。

事实上，结合前文（第二章至第四章）的分析，我们便很容易对这种矛盾现象进行解释。并非"影子银行"本身的发展带来了金融异化问题，而是在金融行业现有的收入模式下，随着经济过度繁荣带来约束机制的放松，使得"影子银行"的发展逐渐脱离了实体经济。因此，造成金融发展异化的直接原因在于房地产、地方债务的膨胀，而根本原因则在于促使金融部门自我服务式发展的激励约束机制。其中，除了房价的持续快速上涨可能会形成"泡沫"，地方政府债务的滚动（借新还旧）累积或许同样也可能会形成"泡沫"。第一，债务的滚动累积本身可视为一种资产价格的上涨，对此的理论解释可参见第四章第三节；第二，这种资产价格的上涨源自一种信心所带来的非理性，即认为借给政府的钱一定能够被还上，即便下级政府还不上，还有上级政府托底。

实际上，在这种环境下，不要说试图绕过官方控制的"影子银行"难以解决实体经济中的融资难问题，即便是由官方主动推进的金融政策同样难以奏效。例如，2014 年央行大力推进的针对"三农"与小微企业的定向降准等措施，似乎同样偏离了既定轨道。对此，一些媒体的相关报道便可提供证据，例如，《经济参考报》2014 年 7 月 14 日的报道《金融输血实体企业路径窨中生变》，《第一财经日报》2014 年 8 月 14 日的报道《定向降准输血好经被念歪：部分贷款倒卖给房企》，《华夏时报》2014 年 8 月 22 日的报道《定向宽松：钱去哪儿了？》，《经济参考报》2014 年 9 月 29 日的报道《中小企业政策红利受阻"最后一公里"》等。实际上相似的逻辑同样可用来分析上文美国的案例，美国的金融发展异化同样并非金融自由化的问题，而是由于自由化促使金融发展加速，进而在"泡沫经济"环境下异化问题被显著地放大，最终只能以危机收场。

虽然本书对于"影子银行"发展同样持积极的态度，并且也尝试着从理论层面将由此产生的金融异化问题与"影子银行"本身撇清关系，但是仍不可否认其由于未包括在金融监管框架之内，所以必然存在极大的风险，诸如信用风险、流动性风险、对央行货币政策构成挑战等，次贷危机后各国学界以及国际组织对此已有大量研究，这里不再赘述。在这里只想提示一点，由上文案例可以看出，中国式"影子银行"的高速发展与金融抑制的环境密切相关，或者说正是抑制促进了"影子银行"的发展，那么相应的隐患与风险究竟是要由金融创新来负责还是由金融抑制来负责呢？

三、比较分析

通过中美两个案例，本书检验了第三、第四章阐释的"激励约束—金融创新—金融异化"的理论框架，同时也表明无论是在自由市场环境下还是在金融抑制环境下，核心作用机制是一样的，但是在截然相反的两种金融环境中，其具体的表现形式有所不同，见表5-14。

表5-14 中美金融异化案例比较

		共性	特性	
			美国（自由市场）	中国（金融抑制）
背景		宽松货币环境促成资产价格暴涨，实体经济与资产价格暴涨相关联推动经济过度繁荣	宽松货币环境以应对"IT泡沫"的破灭	政策从极其宽松到不断收紧，但仍强调"稳增长"，同时管制信贷投放方向
约束放松	市场约束	对创新产品的投资热情	低估创新金融产品风险	相信金融机构的"刚性兑付"以及政府对金融机构的隐性担保
约束放松	行业约束	形成行业利益共同体，共同分享高额利润	通过拉长"有毒资产"生产链条，每个金融机构都试图向外转移风险	向提供"量身定做"的全面金融服务转型
	官方约束	面对层出不穷的金融创新，监管能力、资源不足	选择相信市场自发的约束	极力试图弥补漏洞，但管制造成的市场利差以及分业监管难以协调，使得套利行为屡禁不止
金融创新		自我服务式创新倾向	一方面便于规避监管，另一方面为了创造新的市场需求	主要以帮助银行规避监管为目的，形成"银行的影子"
金融异化		金融部门攫取实体经济利润	金融部门的高收益与实体经济的萎靡形成对比	政府主导的城镇化快速推进，大企业（国有企业、上市公司）避实就虚，中小企业愈发困难

第三节 2015年中国股灾：非繁荣状态下的金融异化

上证综指从2015年6月12日5178点的高点一路下跌，期间6月15~19日的一周中甚至暴跌13.32%，创周跌幅7年之最，直到7月9日创出新低3373点，沪深两市总市值缩水近10万亿元，跌幅高达34.8%，完全达到了股灾的级别。然而更重要的是，在此次国内股市的上涨和调整过程中，明显出现了与以往不同的新特点，最主要的便体现在杠杆工具的广泛应用上。虽然从趋势上看，由于一系列救市举措的作用，从 7 月中旬到 8 月中旬市场基本上稳定了，但波幅依然较大，在 8 月下旬又出现了更为猛烈的暴跌。鉴于此时（2015 年 8 月下旬）依旧是"身在此山中"，想要对本次股灾进行系统性的研究尚为时过早，因此本节旨在结合本书提出的理论，对前期股市波动的历程进行回顾并做简要的分析评述。

一、"改革牛"与"杠杆牛"

中国的股票市场在经历了长期的熊市之后，终于在 2014 年迎来了盼望已久的牛市。如图 5-15 所示，从 2014 年 7 月下旬开始，上证指数开始进入上涨轨迹。起初还是缓慢地拉升，从 7 月 21 日的 2054.48 点逐渐涨到 11 月 20 日的 2452.66 点。而进入 11 月底 12 月初时则开始出现第一波飞速上涨，上证指数从 2014 年 11 月 20 日的 2452.66 点一路上涨到 2015 年 1 月 5 日的 3350.52 点，虽然其间也经历了两次暴跌，但总体上仍然上涨迅猛，30 个交易日涨了近 900 点，日均涨幅超过 1%。随即出现一段时期的震荡盘整，上证指数一度下探至 2 月 6 日的 3075.91 点，而后出现缓慢复苏，3 月 11 日恢复到 3290.90 点。从 3 月 12 日开始，上证指数开始了第二波飞速上涨，一直到 4 月 27 日一举上涨到 4500 点，其间 32 个交易日上涨 1200 多点，日均涨幅同样超过 1%。随即在"五一"前后的短暂调整之后，上证指数进入了"疯狂五月"，从 5 月 8 日到 5 月 26 日，13 个交易日中便有 6 天涨幅超过 2%，日均涨幅接近 1.4%，股指从 4112.21 点跃升至 4910.90 点。随后大盘波动上行，直到 6 月 12 日到达盘中最高的 5178.19 点。从 2014 年 7 月到 2015 年 6 月的顶峰之时，不到一年时间指数便暴涨了 150% 以上，两市市值也翻了一倍以上，而成交额则更是涨了 10 倍。图 5-16 为本轮牛市过程中上证指数（收盘价）及其日波幅的 10 日均线趋势图。

本轮牛市被人们普遍称为"改革牛"，原因很简单，经济运行的基本面似乎并不能很好地支撑股市的上涨，因此只能用改革红利来解释。在经济并不繁荣的情况下，人们普遍认为对于本轮牛市最有解释力的便是对于"改革红利"的预期，股市上涨是各项利好政策叠加的结果。客观来说，"改革红利"一定是存在的，无论是实体经济方面的国企改革，还是金融领域的注册制改革，抑或是其他非经济领域的改革都有激发市场活力的功效，理论上讲都能对股市的繁荣提供支

（价位）

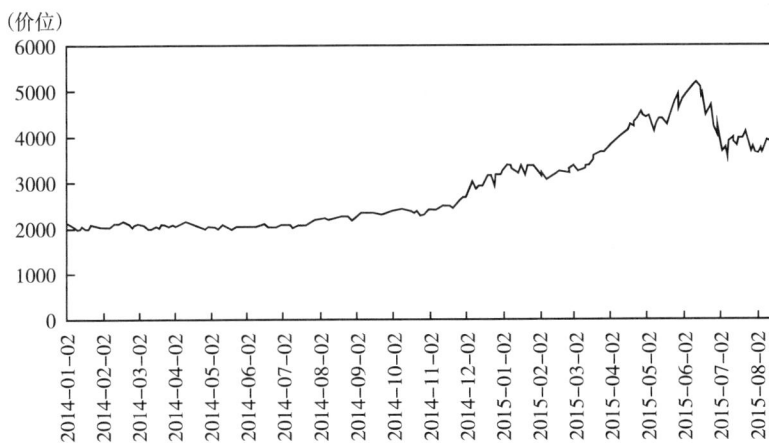

图 5-15　上证指数近年走势

资料来源：Wind 资讯。

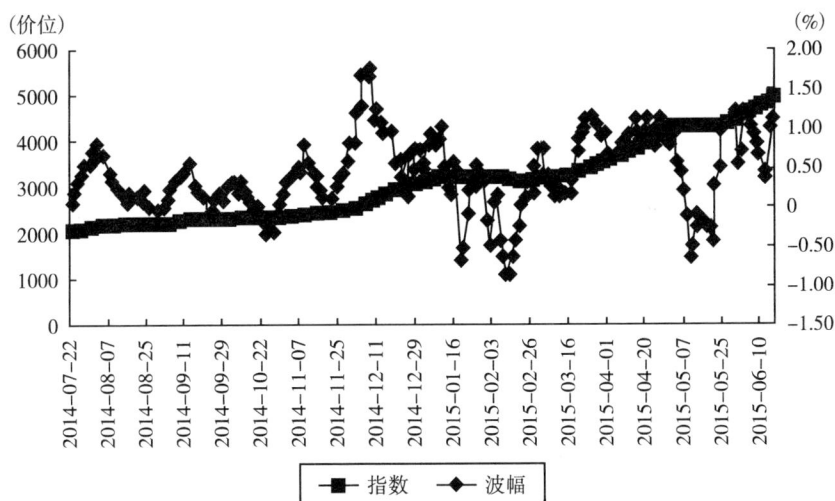

图 5-16　2014~2015 年牛市过程中上证指数及当日波幅走势（10 日均线）

资料来源：Wind 资讯。

撑，更何况再加上亚投行、"一带一路"等利好因素，长期牛市本是可期的。然而，在官方媒体对资本市场带有明显倾向性的过度渲染后，一个"国家牛市战略"的概念便开始深入人心，几乎催生了全民的非理性。在这种全民投机的氛围中，政府寄希望形成的"慢牛"根本就不可能出现，又或者"慢牛"这个概念本身便值得商榷，特别是在"政策市"中，只要人们的判断是政府想要维持牛市，无论是要"快"还是要"慢"，只要是"牛"，进场投机便是最优选择，而这种全民投机只会造成"疯牛"。更为可怕的是，在"改革牛"的舆论声势影响下，甚至监管部门都有些许迷失，无论其想正常执法还是想完善制度，似乎都不敢违背"国家牛市战略"，因此在监管施政过程中不忘声明一下其并非要打压股市，这使得人们更加无所顾忌。

如果说"改革牛"带来的非理性吹起了股票市场的"泡沫"，那么金融创新则使得"泡沫"不断地被吹大，最终使得"改革牛"彻底变为"杠杆牛"。

本轮牛市最主要的特点便是杠杆工具的广泛使用。从图 5-17 不难看出，与本轮牛市相伴的正是融资融券规模的不断扩大，特别是大盘的几次暴涨基本上也对应着融资融券余额的暴涨。然而除了券商的融资融券业务外，场外配资的规模在此次牛市中也在迅速膨胀，一些券商研究员认为，2014 年年底的第一轮暴涨主要是由融资融券的迅速增长所推动，而 2015 年的两轮暴涨则更多地依赖于场外配资的迅速增加。与较为成熟、透明的融资融券制度相比，场外配资由于未纳入监管层的监管范围之内，其规模并不透明，人们对其规模的估计偏差很大，有认为可达 1.5 万亿~2 万亿元的，也有认为只有 5000 亿元的，大体上在市场到达顶峰时预估规模的中位数在 1 万亿元。虽然从规模上这远不及"两融"余额，但是由于其杠杆率远高于其他杠杆工具，一般在 1∶4 至 1∶5，而且门槛较低（甚至无门槛）使得过多的中小散户参与其中，显著增加了市场的不稳定性，这使得其成为暴跌过程中的重要推手。

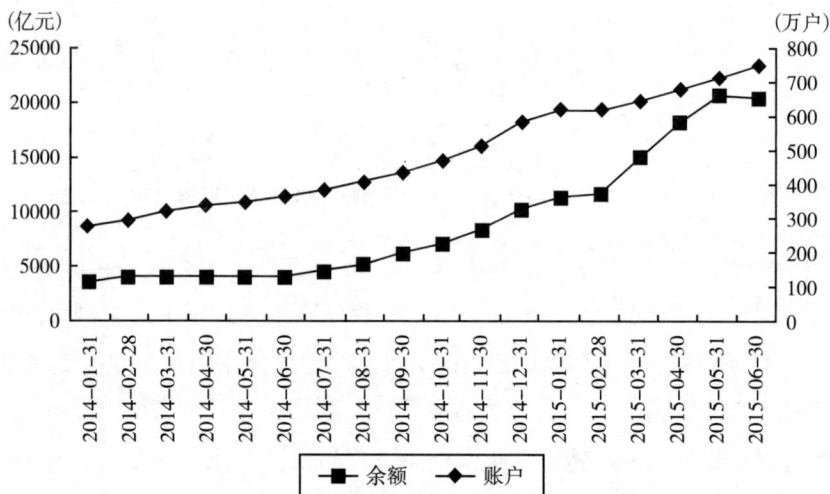

图 5-17　融资融券余额及账户数近年走势

资料来源：Wind 资讯。

事实上，场外配资又是典型的自我服务式金融创新，这些民间配资公司往往与银行、券商、信托等正规金融机构紧密联系在一起，其资金的主要来源也是这些金融机构，包括银行理财资金等，事实上与本章第二节中介绍的中国式"影子银行"相似，正是金融机构的通道业务为配资打通了道路。特别是随着"伞形信托"、互联网金融等金融创新不断涌现，使得场外配资公司得以更好地解决其资金以及客户的来源问题，这促使场外配资公司得到长足发展。

其实，借人钱炒股的配资业务早就存在，但真正进入人们视线则是在2012年，在2014~2015年则走向全面爆发。为何场外配资业务会突然崛起并在本轮牛市以及随后的股灾过程中成为人们的焦点，这主要由于如下两方面的原因。

首先，作为一种金融创新，场外配资业务的崛起同样是由技术和制度两方面催生的。

从技术角度来看，场外配资业务的兴起与恒生HOMS系统的出现不无关系。HOMS作为三大"配资神器"中覆盖面最广同时也是涉及规模最大的"神器"，其起初的主要服务对象是私募基金。然而随着开立子账户的分仓功能和破线自动平仓的风控功能被开发出来，使原来只有高净值用户才能享有的配资业务得以飞入寻常百姓家，且严格的风控线的建立和全电子化的自动平仓机制也使得原来难以控制的系统性风险似乎得以消失，就这样一款用来管理专业投资者的标准化软件在其创新扩散过程中逐渐被用来管理非专业的散户。事实上，在这个过程中，对于这种创新工具的风险管理能力明显地存在高估。

而从制度角度来看，一是更加规范化的融资融券业务由于被限定的门槛较高，难以满足市场的杠杆需求，致使许多投资者不得不选择成本远高于融资融券的场外配资；二是在金融混业的趋势下分业监管存在明显的制度漏洞，在利益驱使下各方主体通过场外配资业务很容易绕过监管实现套利，例如配资业务的资金供给、募集、分配额度、交易通道等环节，往往是证监会根本无法控制的。

其次，由"改革牛"带来的集体非理性使得对于这种金融创新的约束明显放松。

从市场约束来看，伴随着大盘的上扬，以及市场参与者数量的急剧增加，特别是从2015年3月之后，新增A股开户数以几何倍数增长（见图5-18），并造成全民对于股票市场的参与程度达到近些年的最高点（见图5-19）。

（户）

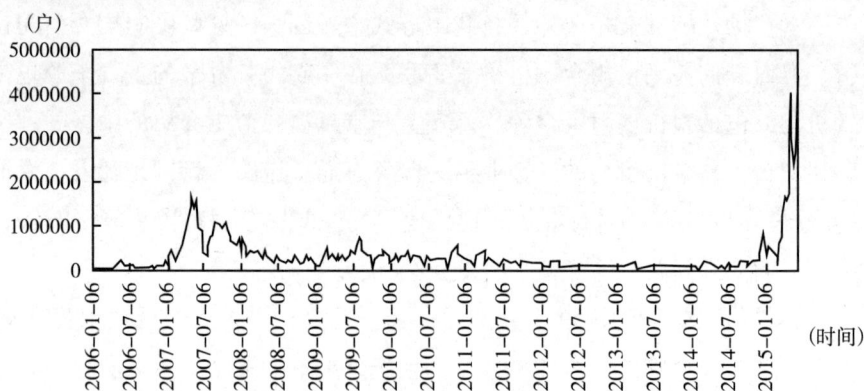

图 5-18　新增 A 股开户数（周）近年走势

资料来源：Wind 资讯。

（万户）

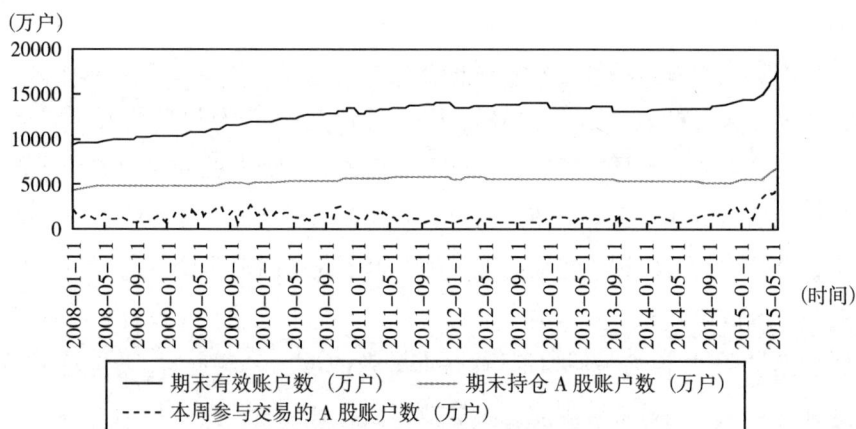

图 5-19　股票账户数（周）近年走势

资料来源：Wind 资讯。

　　当然如果单看账户数，这其中存在中证登放开一人一户限制的影响，因为制度调整后一人最多可开立 20 个账户，因此账户数的大幅提升便有可能只是原有投资者将资金分散到多个账户造成的，而并非真的有大量新的投资者进入。但是，账户持有人的市值结构的变化显示这种假设实际上并不成立。从表 5-15 中我们不难发现在本轮牛市中，大额账户占比明显增加，而小额账户占比则在减少，虽然股市繁荣带来的财富效应对此有一定的解释力，但至少这种市值结构的变化足以证明在账户数量增长过程中一定是有大量的投资者入场。市场参与者的急剧增加带动了证券市场资金量的大幅提升（图 5-20）。事实上，统计显示在本轮牛市过程中，证券账户数与市场资金量之间是高度相关的，2014 年 8 月到

表 5-15 A 股账户持有人市值分布表

单位：%

日期	1 万元以下	1 万~10 万元	10 万~50 万元	50 万~100 万元	100 万~500 万元	500 万~1000 万元	1000 万元以上
2014-07	36.11	47.15	13.66	1.81	1.14	0.09	0.05
2014-08	35.43	47.34	14.01	1.89	1.19	0.09	0.05
2014-09	33.36	47.88	15.11	2.13	1.36	0.11	0.06
2014-10	26.99	48.08	19.35	3.18	2.14	0.17	0.10
2014-11	25.91	48.23	19.96	3.34	2.27	0.19	0.11
2014-12	24.34	48.50	20.91	3.55	2.40	0.19	0.11
2015-01	24.05	48.36	21.17	3.64	2.47	0.20	0.12
2015-02	23.48	48.09	21.64	3.81	2.64	0.22	0.13
2015-03	21.08	47.49	23.55	4.36	3.11	0.26	0.15
2015-04	19.21	47.48	24.77	4.69	3.41	0.29	0.17
2015-05	19.16	46.97	24.77	4.88	3.70	0.33	0.19
2015-06	20.52	48.16	23.44	4.31	3.14	0.27	0.15

资料来源：Wind 资讯。

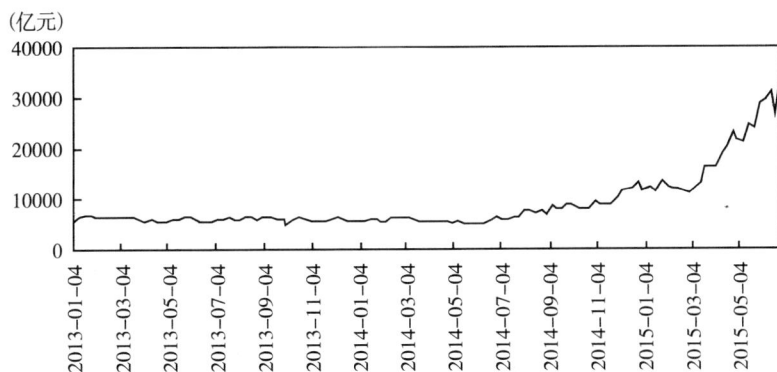

图 5-20 证券市场交易结算日均资金（周）走势

资料来源：Wind 资讯。

2015 年 5 月间，每周的期末有效账户数和证券市场交易结算资金（日平均余额）之间的相关系数高达 0.9777。

人和钱的大量涌入使得证券市场上的投资者结构以及资金结构发生极大的改变，具备专业素质的投资者比重不断下降，而与之相应的是"聪明钱"的比重也在下降。这使得整体市场的非理性程度不断攀升，但在"改革牛"的感召力下，资金量的大幅攀升催生了股票普涨的格局——不必考虑买什么，只要买就能赚钱。无数"股神"应运而生，投机氛围日益浓烈。许多本来并不具备投资能力的人，一方面在这种"躺着赚钱"的环境下自我感觉越发良好；另一方面也想在这十年一遇的超级牛市中赚尽可能多的钱，因此便将眼光落在了杠杆工具上。在这种千股普涨，并且似乎还有政府"背书"的超级牛市中，人们的关注点更多的是如何利用杠杆获得更高的收益，而却选择性地忽视了杠杆天然具有的风险。

从行业约束来看，一方面由于监管机构对正规金融机构监管过于严格，而这些场外的配资业务又不受监管，同时在技术创新的基础上，配资业务的实际风险主要是由投资者承担，配资公司承受的风险要小得多，在此背景下资本逐利的本质使得大量正规金融机构被卷入配资业务中来，这极大地丰富了单纯的民间借贷所受到的资金限制。另一方面，在"改革牛"概念的影响下，实际上金融机构本身也越发变得不理性，也普遍认为长期牛市可期，这也容易使其低估杠杆风险。

从官方约束来看，有不少分析人士斥责证监会在本轮"疯牛"中反应滞后，而到股指攀升幅度远超合理范围时，又突然大力打击杠杆资金，造成最终的暴跌局面。然而事实上，证监会并非对此前的非理性繁荣一直置若罔闻。从 2015 年 2 月起证监会便开始警示风险，直到 4 月底便已发八道"金牌"。2 月 26 日，证监会发布风险提示词条，明确提出"股市有风险，不要卖房炒股、借钱炒股"；"两会"期间，肖钢强调，既要看到股市上涨的合理性、必然性，也要看到风险，要提示风险，警示风险，也要注意防范风险；3 月中下旬，中国证监会投资者保护局发布七条投资者风险警示词条；3 月 20 日，证监会新闻发言人邓舸表示，当前中国经济下行压力较大，部分上市公司估值较高，杠杆资金较为活跃，投资者需注意市场风险，不要有"宁可买错也不能错过"的想法；4 月 16 日，中国证监会主席肖钢在上证 50 和中证 500 期指上市仪式上特别提醒投资者"要保持理性、冷静"；4 月 17 日的证监会新闻例会上，证监会发言人邓舸也提醒广大投资者特别是新入市的中小投资者，要做足功课、理性投资，尊重市场、敬畏市场，牢记股市有风险，量力而行，不要被市场上"卖房炒股、借钱炒股"言论所误导，不要盲目跟风炒作；4 月 23 日，证监会投资者保护局副局长赵敏再度提示股市风险，指出股民要"尊重市场、敬畏市场"；4 月 28 日证监会在官网发布"关于新投资者激增、全民炒股风险的问答"，再次提醒投资者注意股市风险。然而现实情况却是，八道"金牌"中有五道下发后，大盘依旧全线飘红。而对于场外配资，证监会于 2015 年 5 月 21 日开始严查，这确实似乎有些晚，但即便如此那时大盘依然只有 4500 多点，而随后的 20 天则进一步涨了 600 点。换句话说，证监会的严查如果真能立即见效，则暴跌的幅度会小很多。

再具体说说关于场外配资的打击，证监会的态度是极为坚决的，包括后来的三大"神器"的制造者恒生电子、同花顺以及上海铭创也都被立案调查，然而配资业务真的就此被杜绝或被规范了吗？答案是否定的，不少媒体调查发现不少配资公司依旧延续之前的配资业务，只不过配资的手段更加隐蔽了。事实上这还是发生在股灾之后的信心极度不足时期，设想在此前的市场繁荣时期，若要彻底清理场外配资链条则更是难上加难。

二、股灾

从 2015 年 6 月 15 日开始，股市开始崩盘，上证指数从 6 月 15~19 日仅一周便跌去 13%，并且只用了 19 个交易日便从 5178.19 点的高位跌到 3373.54 点，跌幅高达 34.85%，特别是 7 月 8 日两市不仅超过 1700 股跌停，更有近千家上市公司停牌。

这次股灾中股票之所以跌得如此惨烈，与杠杆工具的创新及普及密切相关，也只有在经历了这种暴跌之后，人们才真正意识到这些金融创新背后的风险。杠杆可以推动股价急涨，更能带来股价的暴跌，特别是场外配资的杠杆率是最高的，有些极高的杠杆配资甚至面对一个跌停便会强制平仓，卖盘的涌出又会继续加剧股价的下跌，从而引发其他融资盘进入"警戒线"甚至"强平线"。在股价和抛盘形成的相互强化的"多米诺骨牌效应"下，风险由高杠杆资金向低杠杆资金逐级蔓延，风险程度和影响范围不断扩大。在市场下跌期间，杠杆机制会加快流动性的收缩。流动性的丧失不但会加剧市场恐慌情绪，同时导致公募和私募基金面临严峻的赎回甚至清盘压力，在创业板和中小盘股无法及时平仓的情况下，基金公司只能被迫抛售流动性较好的大盘蓝筹股，并最终加剧股市指数的整体下挫。如果恐慌性踩踏得不到遏制，那么一旦股市暴跌致使杠杆率低但体量更大的"伞形信托"和"两融"业务爆仓，那么股票市场的流动性危机将更加严重，更甚的是，由于杠杆资金中有相当比重是来自银行，这意味着如果放任股市自发地剧烈"去杠杆"，股票市场中的流动性危机可能会向整个金融系统蔓延。

在此背景下，史上最大规模的救市被开启。然而从 6 月 27 日"降息降准"开始，利好政策密集推出，想象得到的、想象不到的手段可谓无所不用，但始终无法扭转颓势，直到公安部出动"力挽狂澜"。股票市场终究被稳定住了，但对于近年来一直在完善制度、推进国际化的资本市场来说，这次救市却可能使得"政策市"的概念被进一步强化。救市也应讲规则，如果裁判为达目的便可任意修改规则的话，那么这种示范效应的后果只能是让有价值的游戏者选择敬而远之。

三、对实体经济的影响

股灾发生后，人们关注的主要问题之一便是股灾对经济有多大影响。媒体上报道的更多的是"20万亿市值蒸发"、"居民财富缩水6.8万亿"、"55万个百万市值账户消失"等骇人听闻的消息。事实上，如本书第四章所述，无论是市值还是财富都只是具有极大虚拟性的数字，随着股市的繁荣而迅速飙升，而后又随着股灾急剧萎缩；百万市值或许也是前几个月从几十万炒上去的，而现在则又回到原点。当然在由升到降的过程中，再分配是一定存在的，实际的财富在此过程中从广大参与股票交易的大众投资者转移至成功的投机者。

更重要的还是看其对实体经济的影响，当然最好还是连同股灾之前的"泡沫时期"一同来看更好一些。

首先是消费，理论上讲这会是财富缩水造成的直接影响。然而我们不难发现，在"改革牛"的过程中，社会消费品零售总额的同比增长率从2014年7月的12.2%下降到2015年6月的10.6%，特别是在2015年股指上涨最疯狂的3~5月，社会消费品零售总额的同比增长率甚至低至10.2%、10.0%和10.1%，反而在股灾期间的6~7月份又回升至10.6%和10.5%。

其次是投资，理论上讲投资应该是与股票价格联系最紧密的，实际上这也是资本市场助力实体经济的主要体现。然而不难看到，固定资产投资（不含农户）自从2014年7月开始便持续下降，从2014年1~7月累积同比增长17.0%一路跌至2015年1~7月的11.2%。从数据上看，股灾前的市场繁荣似乎对投资的趋势性下降没有任何影响，而股灾发生后这个趋势也没有太多改变，股票市场无论是繁荣还是萧条与实体经济中的投资关系都不大。

最后来看GDP。2014年第二季度GDP同比增速为7.5%，之后一路走低，第三、第四季度均为7.3%，而2015年第一、第二季度则继续下探至7.0%。但从这个数字来看，同投资一样，似乎看不出股灾前的市场繁荣对GDP有何影响。然而2015年上半年，受"股市泡沫"影响，金融业增加值增速高达17.4%，远高于 7.0% 的 GDP 增速，而 2014 年同期上述两数值分别为 9.4% 和 7.4%。并且 2015 年上半年金融业增加值在 GDP 中的比重高达 9.35%，因此，如果除掉金融业繁荣发展对 GDP 数字的美化效果后，实体经济的情况实际上更加严峻。另外，在股灾发生后，人们对于中国 2015 年 GDP 增速的预期似乎也并未受到影响，例如世界银行 2015 年 7 月 1 日发布的《中国经济简报》中对中国 2015 年 GDP 增速依然维持此前的 7.1% 的预期，而 IMF 8 月 15 日发布的对中国的年度第四条款磋商报告中同样维持此前 6.8% 的预期不变，特别是 IMF 报告还明确指出此次股市震荡对中国经济和宏观金融的影响不大。

本轮股市的繁荣似乎并未对实体经济带来多大的利好，而实际上在现实中反而加剧了资金的"空转"，甚至将实体经济中的资金进一步地吸进了股票市场中，由此可见由股市繁荣带来的金融高速发展明显出现了异化。

从国际上看，对于金融要服务于实体经济的提法，中国政府是提得最多的。其同样赋予股票市场支持实体经济的重任，不仅希望股市的繁荣能够助力经济改革，甚至希望股市能够有助于居民收入倍增，这无疑给股市赋予了过高的责任和压力，并且由此造就了一个规则不清晰的"政策市"。金融客观上确实能够为实体经济服务，然而这并不意味着政府可以主观地去操控它来为实体经济服务，金融有其自身的运行规律，只有通过不断地完善规则才能够真正引导金融——包括股市等金融市场——有效地服务于实体经济，否则便很容易"好心办坏事"。

第四节　本章小结

本章主要包括两部分内容：通过计量分析检验泡沫时期的约束放松，以及通过案例分析检验理论部分提出的"激励约束—金融创新—金融异化"的作用机制。

在第一节的计量分析部分，首先借鉴 Barro、Ursua（2009）和莱因哈特、罗格夫（2012）对于股市崩盘的界定方法，探索出一种易于进行跨国比较的界定"泡沫"时间段的方法。在此基础上，分别使用 45 个国家和 10 个国家的非平衡面板数据对市场约束和行业约束的放松进行检验，同时使用美国的时间序列数据对官方约束的放松进行检验。检验结果证明理论部分提出的"泡沫时期"约束放松的假设成立。

第二节通过对美国次贷危机和中国"影子银行"案例进行分析，发现"激励约束—金融创新—金融异化"的核心作用机制在两个案例中均具有很好的解释力；并且由于中美两国具有极具差异性的金融制度环境——自由市场环境和金融抑制环境，这意味着该作用机制对于分析金融异化来说具有普遍适用性。不过由于制度环境的不同，该作用机制在中美两国案例中的具体表现形式存在差异。

最后，结合本书的理论，简单探讨了中国 2015 年发生的股灾，这是典型的非繁荣状态下的金融异化。

第六章　政策分析

第一节　金融监管

一、危机后的监管改革

次贷危机之后，各方关注的重点在于如何加强金融监管，以避免相似的危机再次发生。从世界范围来看，金融监管变得越来越严格了。曾经游离于监管之外的金融活动被纳入监管之中，而本已在监管之中的金融活动则受到更严格的约束。以往的监管往往侧重于偿付能力、流动性比率等金融风险指标，其焦点主要是后顾性的（见图6-1），对风险的评估也是基于对过去财务绩效及现行组织程序的分析。但是次贷危机带来的教训之一便是，当金融机构的问题已经通过风险指标展现出来时，监管者事实上也已经无能为力了，这意味着监管改革的方向之一便是要将视点转为更具前瞻性。

另外，次贷危机似乎使得监管者一夜之间发现金融机构之间的相互联系以及金融部门与实体经济部门之间的联系远比想象中复杂，以至于金融监管必须使用超越单个金融机构的更加宏观的框架，"宏观审慎"的概念逐渐进入人们的视野。在有记载的文件中，"宏观审慎"的概念第一次被提及是在1979年6月28~29日库克委员会（巴塞尔银行监管委员会的前身）的一次会议上，由委员会主席W.P.库克提出，不过"宏观审慎"的思想则可追溯至更早。亚洲金融危机后，"宏观审慎"的概念更多地进入人们视野，1998年国际货币基金组织在报告《走向稳健的金融体系框架》（*Toward a Framework for a Sound Financial System*）中正式将"宏

前瞻（Forward Looking）

合适且合理的测试

风险　　　　　　　压力测试　　　　　　　　　　　无金融风险

稳健运营政策　　　合规

风险管理　　　财务报告

操作风险管理　　　反洗钱

后顾（Backward Looking）

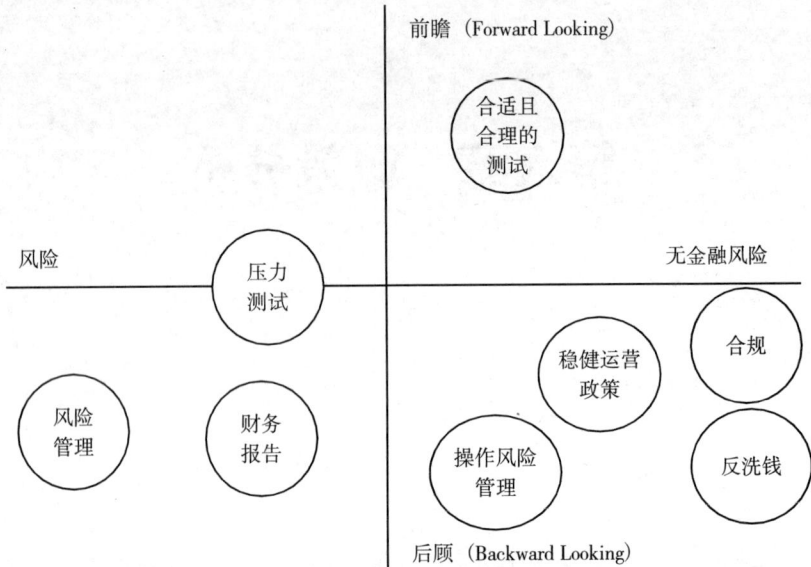

图 6-1　危机前的金融监管

资料来源：Kellermann A. J., J. de Haan and F. de Vries. Financial Supervision in the 21st Century ［M］. Springer, 2013：Preface xii.

观审慎"的概念引入监管体系之中，随后引发了学者对相应监管框架的讨论。虽然今天的宏观审慎监管框架在 21 世纪初期便已成形，当时主要的相关论述者有 Crocket （2000）、Borio 等 （2001）、Borio （2003） 等，不过直到 2007 年，"宏观审慎"仍然只是个"小众"概念。Clement （2010） 指出，与现如今人们极高的关注度不同，"宏观审慎"概念在 2007 年以前很少被人注意，快速互联网搜索显示，2000~2007 年，"宏观审慎"仅被搜索过 5000 次。今天，宏观审慎监管已经是各国乃至国际社会一致采用的监管原则。宏观审慎与微观审慎的比较见表 6-1。

表 6-1　宏观审慎与微观审慎的比较

	宏观审慎	微观审慎
直接目标	防范系统性危机	防范个别金融机构危机
终极目标	避免产出损失	消费者（投资者、储蓄者）保护
风险模式	内生性	外生性
机构间相关性以及共同风险敞口	重要	无关
审慎控制标准制定	考虑系统性风险；自上而下	考虑单个金融机构风险；自下而上

资料来源：Borio C. Towards a Macroprudential Framework for Financial Supervision and Kegulation? ［J］. CES fo Economic Studies, 2003, 49（2）：181-215.

除监管更具前瞻性以及更加强调宏观审慎原则外，监管者还加强了与会计师等其他市场监督主体的交流与合作，以便更全面地把握金融系统运行情况。此外，监管者还试图将沟通作为金融监管工具，以便能够影响金融体系参与者的行为，而非如以往般仅仅依靠罚款、指导等措施（Kellermann et al.，2013）。图 6-2 展示了危机后一个全新的金融监管框架。

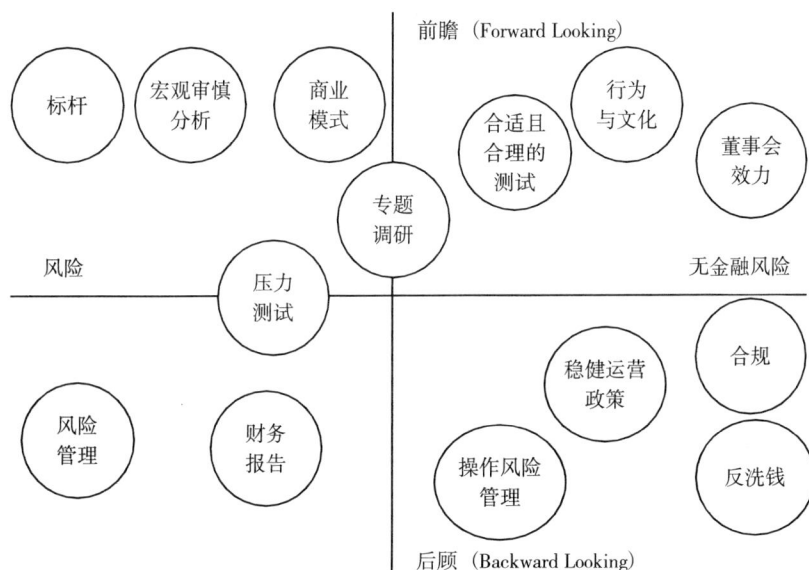

图 6-2　危机后的金融监管

资料来源：Kellermann A. J.，J. de Haan and F. de Vries. Financial Snpervision in the 21st Century ［M］. Springer，2013：Preface xiii.

二、静态视角下金融监管的局限

次贷危机后，强化监管的共识使得各国监管实践日趋复杂，各类监管的标准普遍提高，但问题是仅靠强化金融监管是否足以实现人们渴望的金融经济协同发展的目标呢？本书认为这或许比较困难，因为金融监管本身具有诸多的局限性。

第一，虽然我们应该承认随着虚拟化程度的过度提高以及金融创新的偏向性发展，市场经济体系的自我规制、自我结清和自我均衡功能越来越差，以至于更加依赖于规制的完善以帮助其矫正缺陷（王诚，2010），但完善规制并不意味着简单地增加规制。危机后在宏观审慎框架的指引下，各国纷纷在原有监管规制框架内增添新的规则，同时普遍提高原有规则的标准，以试图提高金融机构风险抵御能力以及规范曾经游离于监管之外的金融活动，这或许能在一定程度上有利于金融体系的稳定。但一方面，新的以及更严格的规则究竟能对金融稳定带来多人帮助，或许没有人能回答，正如澳大利亚储备银行金融稳定部门负责人①所言，"这些（宏观审慎）工具与金融稳定之间的因果机制分析极其匮乏"；另一方面，诚如瑞典金融监管局局长安德森所言，有效的监管需要的不仅是"更多的规则"（More Regulation），更重要的是需要"更好的监督执行"（Better Supervision）（Andersson et al.，2013）。

第二，监管者在监督执行方面也愈发受到诸多方面的制约，包括监管者与金融机构的信息非对称，监管者在制定规则和监督执行过程中的成本（其中也包括监管者自身的薪金），金融机构行为与监管者反应之间的时间差，规则以及执行过程中面对的未预料到的情况，以及监管者受到指标信号的误导等（Nouy，2013）。事实上，考虑到各国监管部门人力、物力、财力等资源约束，监管框架越复杂，监管者受到的制约也就越大。特别是人力的约束，这不仅体现在随着规则的增多需要更多的监管人员去执行，更重要的在于金融体系发展得越复杂，就越需要专业素质更高的人补充到监管队伍中，但一个明显的问题是，对于那些优秀的金融专业毕业生来说，金融机构提供的待遇与公务员的待遇可谓天壤之别。如此发展下去，最终可能会出现博弈双方人员平均素质水平的明显差距。正如格林斯潘所言，"美联储和其他监管机构过去和现在面临的难题都是，在有限的审查能力范围内，判断出需要对哪些潜在问题和不合规行为进行全面而细致的审查"。②

第三，即便我们认为监管者制定出了能够带来金融稳定的规则体系，并且也能够有效地执行，另一个问题仍然难以回避，那便是这个规则体系是否具有负面效果，或者说其是否会严重阻碍经济、金融效率。例如 Goodhart 等（2013）便指出，监管工具组合容易，但要控制其对经济的负面效应却很难。我们要明白金融稳定不意味着消除所有风险，事实上，冒险是经济发展不可或缺的一部分，而金融机构存在的价值同样也在于它们比其他市场主体更善于经营风险，监管不能消除这些风险，而只能试图减小它的外部性或系统性。因此金融监管一定要有度，超过一定水平必然带来整体福利的损失（Kellermann and Mosch，2013）。问题是

① Ellis L. Macroprudential Policy: What Have We Learned? [EB/OL]. 2000. http://www.bankofengland.co.uk/research/Documpnts/ccbs/workshop2013/Paper_Ellis.pdf.
② 格林斯潘. 动荡的世界：风险、人性与未来的前景 [M]. 余江译. 北京：中信出版社，2014：92.

这个度（即监管的强度）是多大并不容易把握，又或许这个问题本身就根本没有标准答案，无论监管强度停留在何种程度上，总是存在很大的争议。

事实上，除了上述三点局限外，监管者还需要考虑一个更重要的问题，那便是任何既定的规则体系都会被创新发展的浪潮击垮。罗默（2013）曾以诸多领域规则的动态变化为类比来阐释其对金融监管的看法，他认为之所以规则总是会落在后面，源于总是存在试图破坏规则的个体机会主义行为。事实上，这种思想可追溯至规避性金融创新理论。凯恩曾创建了一个"斗争模型"（Struggle Model）来描述监管者和被监管者之间永不停息的斗争，并将金融创新视为是这种斗争的自然结果（Kane，1978，1981）。虽然我们并不能由此认为规避监管是金融创新的唯一目的，但至少其也是最重要的目的之一。随着金融机构、金融市场和金融产品之间清晰的界限逐渐变得模糊，金融业逐渐转向提供统一且同一的全面金融服务，在此背景下金融创新的速度愈发加快，监管者耗时耗力、费尽心思研究出的规则能够适用的时间段将不断减少，特别是不知何时一股金融创新的热潮被引发，一些规则的有效使用时间甚至会比制定时间还要短（参见第五章第二节案例）。因此，与静态的制定规则弥补眼前漏洞相比，如何促使金融创新发展自发沿着人们理想中的金融经济协同发展方向前进，才是监管者更加需要考虑的问题，而这便需要静下心去考虑金融发展受到的激励与约束。正如罗默所言："正确的问题并不是相关人士是否在执行一套规则体系，而是哪些人士相关以及他们面对着怎样的激励。"①

三、金融监管与金融管制

从前面章节中不难看出，中国由于金融管制的存在，金融异化问题具有一定的特殊性，因此针对中国的实际情况，在对金融监管进行探讨的同时，有必要同时来看看金融管制。

（一）概念

在英文中，监管是由"Regulation"和"Supervision"两个单词组成的。其中"Regulation"可以理解为对金融机构的业务活动和金融市场上的交易行为制定规

---

① 罗默. 过程、责任和迈伦法则［M］//布兰查德，罗默，斯宾塞，斯蒂格利茨. 金融危机的教训：反思当代政策. 王志毅译. 杭州：浙江大学出版社，2013：129.

则，以实现监管者的目标。为了与"管制"相区别，这里将之译为"规制"；而"Supervision"可以理解为对金融机构的业务活动和金融市场上的交易行为进行监督，使之合规合法，可译为"监督"。因此，监管即为制定规则并监督执行。

另一个在国内被广泛使用的词（在前文也广泛使用）是"管制"。自中共十八届三中全会以来，深化改革的大方向紧紧围绕着"使市场在资源配置中起决定性作用"，在金融领域则具体表现为放松管制与加强监管并举。在我国，管制一般被认为是对金融机构直接的行政指令与干预，如对存贷款利率的调控、对贷款规模以及存贷款比例的限制、对经营主体的前置审批等，可以简单地理解为政府对于市场的过度干预。我国学者常用的"管制"概念在英文中却很难与某个专用词相对应，英文中有时会用"Control"来表示管制，比如"Interest Rate Control"、"Capital Control"等，但是有时表示对银行等的业务范围、利率、信贷等方面的限制也会用"Regulation"，例如最有代表性的"Q Regulation"。

实际上，在现实中，很多情况下规制与管制并不容易区分，如果从目的（维护市场秩序等）、形式（通过立法、行政命令等）、作用效果（限制市场主体行为）等方面来看，二者具有许多共性。因此，以往国内学者在谈论相关问题时，会出现将金融监管、金融管制等词混用的情况，或者认为金融管制包含在广义的金融监管之中。因此，本书认为管制与规制更多地表现为程度上的差异，但均是监管者为了维护正常的金融秩序，避免金融机构在经营中出现负外部性从而对其可自主选择的经营活动范围进行的某种限制。相比于规制，管制会更多地采用对准入资格、经营地域、经营范围、规模、数量等方面的限制，不过这并不代表通常被划为规制范畴的金融监管措施不会使用上述方面的限制措施。例如《巴塞尔协议Ⅲ》中便有大量对于银行经营方面的数量限制。之所以这种在其他生产（服务）领域往往被视为管制的数量限制在金融领域有时却不被视为管制，原因或许在于金融产品（服务）的特殊性。在其他领域，只要产品（服务）质量过关，那么除个别情况下考虑垄断方面的问题外，没有理由限制其产量；但在金融领域，其"产量"与"质量"是挂钩的，例如当银行资本总额一定的情况下，其扩大资产规模（产量）的结果是其资本充足率（质量）下降。具体判断某些限制是否属于过度干预市场的管制，可能更多地需要结合金融监管制度变革的国际经验。例如通常认为存贷款比例是一种落后的管制工具，但资本充足率则被认为是一种先进的规制或监管工具，并且是国际公认指标，从理论上讲似乎没有充分的理由可以将二者明确区分为管制和规制，只不过后者比前者技术含量更高，也更适应现代金融的发展，但即便是后者这种国际公认、技术含量高的限制手段同样也是从早期的简单杠杆率演化而来。

（二）监管与管制的权衡

第五章第二节通过比较中美两国案例，发现无论是在自由竞争环境下还是在金融抑制环境下，金融发展中出现的问题具有很强的相似性。如果进一步追溯，我们会发现无论是自由化还是金融管制，实际上源于同样的根源，那便是金融监管能力有限，特别是在面对金融快速创新发展的时期。

站在旁观者的立场来看，美国次贷危机的爆发源于金融监管制度的缺失，而这似乎是由于过度的自由化或"去管制"（Deregulation）所致。但在美国监管部门来看，美国的金融监管框架仍然"过于复杂"（格林斯潘，2014）。而之所以如此则在于源源不断的金融创新使得整个金融体系变得日趋复杂，即便是放松了许多规制，从而减轻了许多监督任务，但监管部门仍需承担很大的工作量，因此决策者之所以接受自由化思想，之所以宁愿相信市场约束的有效性，一定程度上也是一种无奈的选择。

反观中国，不少人会说，我国的金融监管制度建立于从"计划"到"市场"的转轨过程之中，因此不免残存种种计划色彩。这种解释有一定道理，但仍须深入分析。在转轨时期，监管者面对新的经济环境（市场经济）时，一方面对市场主体的纪律性缺乏信任，另一方面则是对自身面对种种未知情况下的监管能力缺乏信心。在这种情况下，给市场主体更大的经营活动范围，便意味着需要面对更多可能出现的问题，与其说针对每一种问题再考虑一种规制措施，倒不如通过一些管制措施限制市场主体行为，从而从根源上排除了许多或有的甚至是未知的风险。如此看来，监管与管制在一定程度上具有替代性。

实际上，采用管制去替代监管还有其他一些额外的好处。一些管制措施——尤其是准入限制——使得"牌照"的价格高，从而抬高了已得"牌照"的金融机构机会主义行为的成本，并且针对数量较少的大机构进行监管本身也会减轻监管者的工作压力。此外，对于从计划时代过来的监管者而言，"不求有功，但求无过"的计划管理思维或许也会令其选择采用"风险最小化"的管制措施而不是"效率最大化"的监管措施，事实上这正是被不少学者常常诟病的"把婴儿和洗澡水一起倒掉"的思维。

但是这种以管制替代监管的思路短期内或许可以弥补监管能力的不足，从而给培育监管能力以必要的时间，但长期使用管制措施必然会带来更严重的问题，这从第五章对于中国式"影子银行"的案例分析中便可看出。相比于合理的规制来说，简单粗暴的管制必然带来市场的非均衡，从而催生出种种套利行为，而为了在维持管制措施的情况下弥补漏洞，则需要监管者不断地"完善"规则。随着时间的推移，一方面，管制以及相应配套的监管规则也必然越来越复杂，其结果便是由严格管制带来的监管的便利性将不复存在。在第五章第二节的中国案例中曾提到，截至 2010 年年底，银监会担负着 749 部法律、法规、规范性文件以及司法解释中的相应监督工作，如果随着经济、金融的发展，金融环境改变了，或出现了一些新的金融业态，则在针对性地制定新规时，首先需要考虑的是不能与之前所有的条文冲突，又或者要系统地修改前面的条文，这就造成了规则制定的严重滞后，大大增加了规则漏洞出现以及风险发生的可能性。事实上，这里还未考虑现有规则中有可能存在一些相互冲突的地方并由此带来工作不便。另一方面，管制带来的非均衡还容易持续地鼓励套利性的金融创新，对此问题接下来会用一个具体的实例来说明，那就是近些年发展异常迅猛的互联网融资中介。

（三）管制下金融创新的实例：互联网融资中介

P2P 网络借贷与网络众筹是两种主要的互联网金融业态，即便在国外，其自身模式也仍处于不断演变的过程中，但是其迅速的发展仍可被视为一种新的金融脱媒的表现。P2P 网络借贷与网络众筹均是依靠互联网技术，突破了地域的限制，使得原本只能存在于一定的社会关系网络内的社会融资或民间融资模式得到全新的发展，本质上只是提供了一个资金供给者与资金需求者自行配对的平台。这类互联网金融企业对金融行业的影响在于创造了一个新的金融市场。

对于这些新的金融业态，国内跟进的步伐不可谓不快，但是由于种种原因，国内的 P2P 网络借贷与网络众筹与国外主流模式相比却发生了很大的改变。最为明显的区别便是，无论是 P2P 网络借贷平台还是众筹融资平台，总体上看更像是担当着融资中介的职能，而并非是推动着金融脱媒。因此，本部分探讨的所谓互联网融资中介，指的便是在国内已经发生变种的 P2P 网络借贷平台和众筹融资平台。

1. P2P 网络借贷平台

从概念上讲，P2P（Peer to Peer，中文为"人人贷"）借贷即指个人向个人的借款。这种点对点的借贷行为发生在对等主体之间，不经过第三方机构，传统的民间借贷便多以此形式开展。随着互联网的发展和信用环境的成熟，点对点借贷关系的发生范围被极大扩展，并形成了如今的 P2P 网络借贷平台。2005 年，全世界首家 P2P 借贷平台 Zopa 在英国伦敦成立，掀开了网络信贷发展的大幕。2006 年，P2P 借贷平台 Prosper 在加利福尼亚州三藩市成立，标志着这种新型的借贷模式正式传入美国，Prosper 也是迄今为止世界最大的 P2P 借贷平台之一。随后韩国、日本、西班牙、冰岛等国相继成立了自己的网络信贷公司。其他主要网络信贷公司还包括目前最成功的 P2P 平台之一的 LendingClub，为发展中国家提供小额贷款的非营利组织 Kiva 等。这些网络信贷平台通常处理的都是小额信贷业务。例如 Prosper 要求的借款额度为 2000~35000 美元，而出借者最低可借出 25 美元，而 LendingClub 借款额最高也只能达到 35000 美元。实际上，随着发展模式的改变，该行业目前在国外已经不再强调 Peer 的概念，2014 年 5 月 LendingClub 总裁 Renaud Laplanche 在 LendIt 会议上建议将行业名称改为"市场贷款"，而 Prosper Marketplace 总裁 Rob Suber 则提出另一种说法——"在线消费者金融"。不过在国内，目前仍然在使用"P2P"的概念。国内 P2P 行业起源于 2007 年，成立于上海的拍拍贷是中国最早的 P2P 网络借贷平台。2010 年以来，国内的 P2P 公司如雨后春笋般迅速扩展。如今比较重要的 P2P 网络借贷平台有信而富、宜信、点融网、陆金所、红岭创投、拍拍贷、人人贷、有利网，事实上这是美国最大的 P2P 研究机构 Lend Academy 的创始人 Jason Jones 公布的调查报告《中国最重要的 P2P 网贷公司》中包括的八家公司。

　　与国外相比，中国 P2P 行业的发展极具特点。

　　在美国，由于 SEC 对于注册要求设立了很高的市场参与门槛，使得其行业集中度很高，P2P 借贷市场基本上完全被 LendingClub 和 Prosper 占领，其余平台可忽略不计，二者 2014 年的年度借款总额分别为 40.77 亿美元和 16 亿美元。而在中国，P2P 市场相当分散，而据中国支付清算协会发布的《中国支付清算行业运行报告 2015》显示，2014 年全国 P2P 网贷成交金额为 3291 亿元，同比增长 268.83%，而截至 2014 年年末，我国共有 P2P 网贷平台 2358 家，全年新增 P2P 平台 1825 家。与之相伴的是，从 2013 年 10 月开始，P2P 行业出现倒闭潮，并在 2014 年继续延续。《中国支付清算行业运行报告 2015》数据显示，2014 年出现停止经营、提现困难、失联跑路等问题的 P2P 网贷平台共计 287 家，比上年增加了 212 家，增长 282.67%。

更为重要的是，与国外典型的 P2P 网络借贷相比，国内的 P2P 借贷模式出现了严重的分化。国外的平台大多从网络上直接获取借款人和投资人，直接对借贷双方进行撮合，不承担过多的中间业务，模式比较简单。而国内的 P2P 借贷行业则对借贷的各个环节予以细化，形成了多种多样的"P2P 借贷"模式，见表 6-2。

表 6-2　中国 P2P 借贷业务各个环节的细分

参与方			内容	特点
借款端	获客途径	线上	直接通过网络推广、电话营销等非地面方式寻找借款人，对借款人的征信与审核也大都在线上完成	获客成本相对较低，业务推广能力经常受限，对信贷技术要求高，在积累一定的经验之后，发展潜力较高
		线下	通过线下门店、地面销售人员寻找借款人	获客成本高，但是只要投入足够的资金，业务推广能力较强
		混合	同时拥有线上获客渠道和线下获客渠道	既可快速推广业务，又可积累数据审贷经验，管理复杂度高，对平台经营者的要求较高
		第三方	平台自身不直接开发借款人，而是通过第三方合作机构（例如小贷公司、担保公司）进行	平台与合作机构分工明确，有利于发挥各自的优势，但是业务流程的割裂增加了合作双方的道德风险
	借款人类型	普通个人	借款额小，一般 10 万元以下，多为信用借款，平台主要审查其个人信用和违约代价	由于金额小，客户开发成本和审贷成本相对较高
		小型工商户	借款额稍大，从几万元到几十万元，平台同时审查其个人信用和商铺经营情况	优缺点比较均衡，形成 P2P 借贷的中坚力量
		中小企业主	借款额较大，从几十万元到上千万元，甚至更高，平台主要考察其企业经营状况	要求平台有较强的信用评估和风险控制能力，由于单笔借款额大，投资标的少，投资者的风险不易分散
平台	撮合方式	直接撮合	借贷双方直接进行需求匹配	借款人的需求信息在平台上进行公开展示，与投资人的需求直接匹配，撮合成本较低
		债权转让	专业放款人先以自有资金放贷，然后把债权转让给投资人	多用于线下平台，可充分发挥专业放款人的能力优势和灵活性，加快放款速度
	产品类型	信用贷款	额度低，无须借款人提供任何抵押物，办理较方便	速度快、风险高、利率高
		抵押贷款	需要借款人提供一定的抵押物（多为房产或汽车）	多了抵押环节，额度较高，速度一般，风险较低，利率较低
		担保贷款	需要借款人寻找愿意为其提供担保的担保机构	多了担保环节，额度较高，借款人需要承担担保费用

参与方		内容	特点
平台	保障机制	风险保障金 由平台从每笔交易中提出一定比例的费用作为风险保障金，一般也匹配平台的部分自有资金，以风险证金的总额为限，对投资者进行有条件的保障	投资者可获得的保障范围较明确，但应注意风险保障金账号的真实性和透明性
		平台担保 平台承诺以自有资金对投资者因借款人违约造成的损失进行全额本金或本息赔付	平台深度介入风险经营，实质上从事着担保业务，有"踩线"的风险
		第三方担保 有担保公司或具备担保资质的小贷公司对借款进行全额担保	风险由平台转移至担保公司或小贷公司，对其担保资质、资金杠杆的审查极其重要
投资端	获客途径	线上 直接通过网络推广、电话营销等非地面方式寻找投资人	获客成本较低，但对策划、宣传、推广能力的要求较高
		线下 通过线下活动、地面销售人员寻找投资人	获客成本较高，但是指标易量化，易复制，较适用于特定人群
	投标方式	手动投标 投资者必须手动选择每笔投资标的和每笔投资金额	投资者拥有自主选择权，操作较烦琐，不宜抢到优质标的
		自动投标 投资者设定投资总额和投标条件，委托平台自动选择投资标的和每笔投资金额	操作简单，投资者无自主选择权，自动投标算法也可能引起争议
		定期理财 对自动投标设置标准化的份额、期限和利率，投资者以购买定期理财产品的形式进行自动投标	操作简便，"刚性兑付"的暗示强，平台若操作不当，易引发有关资金池的争论，也可能给平台进行金额、期限错配留下空间

资料来源：零壹财经，零壹数据.中国 P2P 借贷服务行业白皮书［M］.北京：中国经济出版社，2014：10-11.

由表 6-2 可以看出，由于对 P2P 借贷涉及的主要环节进行了大量细分和差异化，这些环节类型的组合可产生上百种业务模式（零壹财经、零壹数据，2014a）。

造成国内 P2P 网络借贷发生变异的最主要的原因便在于国内 P2P 借贷面临严重的征信问题，因为对于借贷来说，信用风险的管理特别是风险的评估是最为核心的一环。首先，国内的个人征信体系十分不完善，并且央行的征信系统也不对 P2P 网络借贷平台开放；其次，国内的商业征信机构也是独立运作，独立采集数据内容，缺乏信息共享与分工协作机制，这使得商业征信的效力大打折扣；最后，依靠 P2P 平台自身积累数据虽然有助于评估借款人，但即便在国外主流模式中，这也只是被用于补充。外部征信支持的缺失造成国内 P2P 网络借贷平台不得不亲自承担征信职责，通过大量的尽职调查对借款人的信用材料进行搜集、整理和评估，事实上，这使得在国内，除了以拍拍贷为代表的极少数平台外，绝大部分平台都要以线下为主，或者亲力亲为，或者交由合作机构完成。并且同样是由于信用体系的缺失，使得国内的 P2P 平台为了更多地吸引投资者，扩大业务规模以分散风险，不得不通过引入资金垫付、担保制度或准备金等方法来保障出借人利益，目前国内 P2P 网络借贷平台 95% 以上引入了垫付机制（王家卓、徐红伟，2014）。不过由于引入垫付机制会将风险由投资者转移至自身，从而使得平台被迫大大增加其风险控制的力度与成本。综上所述，由于征信的缺失，国内 P2P 网络借贷基本上做不到金融脱媒，事实上如果再考虑到借款人须提供资产抵押、无自主选择权的自动投标机制以及直接贷给企业的 P2B 模式等情况，我们基本上可以断言，国内的 P2P 网络借贷平台就是在扮演金融中介的角色。

反观国外，P2P 网络借贷虽然模式也一直在改变，比如从早期的拍卖模式变为如今的预设利率模式，又比如中间曾尝试过但并未成功的社交网络模式。虽然机构投资者在行业中已经变得越来越重要，也有平台介入具体的风险经营的情况（例如 Zopa 也设置了安全基金），但是 P2P 的核心却始终未改变，那便是通过互联网和信息技术进行撮合。国外之所以能做到这一点，根本原因便在于良好的征信体系的支持，因此与传统金融机构会针对项目本身进行考察相区别，P2P 平台只需融合消费者信贷机构提供的数据，以及从先前贷款中收集而来的数据和个人借款者的信用得分，建立一套自己的风险评分系统，然后便可以根据资金供求调节利率达成投资者与融资者之间的匹配，同时再辅以审查借款者的收入信息和雇佣信息，便足以确保网络借贷的还款履约率。事实上，这种通过利用规范化的个人信息建立风险模型来对借款者进行甄别的方式，相比于传统的针对差异化的一个个具体项目的甄别，大大节约了成本，虽然或许其风险的评估、控制水平较银行而言有差距，但是成本的节约却使其具有独特的竞争力，能够覆盖银行难以覆盖的小微金融领域。事实上，这才是互联网金融的本质。相比较而言，国内绝大部分的 P2P 网络借贷平台基本上只是打着"互联网金融"幌子的融资中介，甚至一些平台的核心业务根本用不到互联网。

2. 众筹融资平台

互联网上的众筹融资模式雏形起源于 20 世纪 90 年代后期，主要是为音乐、电影、独立作家、记者、出版商、艺术创作者、游戏、剧场等进行筹款的一种形式。事实上，众筹模式本身的历史更为悠久，早在18世纪，音乐爱好者就已经通过提前订购的方式来资助莫扎特和贝多芬的音乐会及其新出版物的发行（Hemer，2011）。随着Kickstarter、IndieGoGo等一批众筹融资平台正式上线运营，众筹融资在线模式才正式宣告成立。Kickstarter于2009年4月在美国纽约成立，是目前全球最大的众筹融资平台，起初主要为图片、电影和音乐等项目融资，至今已发展为包括技术、戏剧、出版、设计等13类项目的融资平台。成立至今已为超过46000个项目融资7.32亿美元。IndieGoGo创建于2008年，是美国目前最大的国际化众筹融资平台，成立之初只为独立电影融资，2009年将业务范围扩展至所有产业，即对融资项目没有使用方向上的限制，包括可以为慈善事业融资，并且IndieGoGo不限制一定要使用美国银行的账户，因此相比Kickstarter来说更有弹性且易于跨国推广。

2011年7月国内首家众筹网站点名时间上线，标志着我国网络众筹的开始。2011年9月首个具有公益性质的众筹平台追梦网上线。2011年11月股权众筹平台天使汇上线，随后的两年里，数十家众筹网站纷纷上线，其中包括2012年12月上线的大家投，而2013年2月上线的众筹网，如今已经成为国内最大的众筹平台之一。同年10月中国梦网上线，12月淘星愿上线，并随后更名为淘宝众筹，2014年7月京东众筹也宣布上线。随着时间的推移，不少众筹平台只是昙花一现，但经过时间考验的几家已经成长为国内较具有影响力的众筹平台。根据其投资者的参与模式，众筹首先分为购买模式和投资模式两大类，其中购买模式又细分为奖励众筹和捐赠众筹，而投资模式包括债券众筹和股权众筹。融360统计数据显示，截至2014年年底，国内奖励类和股权类众筹平台总数已达116家，一年新增平台78家，平台数量的增长率超过200%。

从国外经验来看，2011年以后非股权类众筹代表性平台Kickstarter每月上线的项目数基本上超过1000，最高接近2000，而股权类众筹代表性平台Crowdcube每月上线的项目基本上保持在个位数，其他一些股权类众筹平台甚至存在一个月无新项目上线的情况。即便考虑到股权类项目通常单个项目筹款金额要远大于非股权类项目，例如Kickstarter上的平均每个项目的筹款金额不足Crowdcube上项目的1/16（壹零财经、壹零数据，2014），股权类众筹项目仍在整个众筹融资领域处于较边缘的地位，众筹融资的重点仍然是支持和激励创新性、创造性、创意性的主题行业或主题活动。但是据融360发布的《中国互联网众筹2014年度报告》显示，2014 年第一季度，国内众筹募资总金额为 5245 万元，其中包括奖励众筹募资 520 万元，股权众筹募资 4725 万元；到第二季度，累计募资规模增至 13546 万元，环比增长了 158.3%，其中奖励众筹募资金额 2708 万元，股权众筹募资金额 10838 万元；第三季度众筹募资总金额较上一季度再增长 103.6%，达到 27586 万元，奖励众筹 7302 万元，股权众筹 20284 亿元；到第四季度，我国众筹募资总金额累计突破 4.5 亿元，其中包括奖励众筹 10435 万元，股权众筹 34682 万元。从全年来看，股权众筹募集资金为奖励众筹的 3 倍以上。此外，虽然奖励众筹的平台数量远大于股权众筹，但据融 360 统计，10 家主要的奖励众筹平台 2014 年共发布项目 2821 个，三家主要的股权众筹平台 2014 年共计发布 2906 个项目。事实上，这与国外的情况完全不同，可以说股权类众筹成为支撑国内众筹行业的核心力量，满足投融资的需求取代支持主题行业发展成为国内众筹融资的重点。

国内的众筹融资与国外相比除了目的不同外，其融资模式也出现了明显的变异，逐渐从线上走到线下，以贷帮网为例，其股权众筹项目不仅得到第三方公司提供的相关权益的担保，并且项目大部分是通过线下去主动挑选的，只有少部分是企业通过线上主动申请的。与上文分析的 P2P 网络借贷一样，这同样是由于征信体系的缺失，因此为保证项目的可行性，国内众筹融资平台不得不做更多的线下工作，不仅如此，为了吸引投资者，股权众筹往往还需要专业的投资人或机构来担任领投人。

事实上，同样是作为新的投资渠道，同样是面对风险较高、较为虚拟的互联网，股权形式相比于 P2P 提供的固定回报率来说，进一步增添了收益的不确定性，这使得众筹融资的影响力远不及 P2P 网络借贷。

3. 金融管制与互联网融资中介的中国式发展

目前国内 P2P 网络借贷以及众筹融资的发展存在着很大的风险隐患，无论是官方的表态还是学界的研究，对此探讨较多，普遍较为公认的最主要的风险在于信息泄露和操作风险、信用违约风险以及触及非法集资。其中除了由互联网本身而生的信息泄露和操作风险外，信用违约、非法集资事实上都是国内传统的民间借贷长久以来固有的隐患，只不过这些隐患通过互联网融资中介更加明显地展示出来。

另外，上文提到国内的 P2P 借贷模式出现了严重的分化，或者很多人会说国内的 P2P 借贷模式创新频现。但结合表 6-2 不难看出，如果抛开其中极为有限的几个与互联网相关的环节，整个表展现的正是一幅长期存在的民间借贷生态画卷。换句话说，并不是我们与国外相比在 P2P 和众筹领域极富创造性，而是原本就存在的种种民间金融业态打着"互联网金融"的旗号由"地下"走到"地上"。

许多学者高呼互联网金融对国内金融监管体系带来挑战，例如吴晓求等（2014）将其总结为以下几点：监管体制与互联网金融发展趋势不匹配，规避金融安全性监管，引起金融波动，以及增加了金融消费者权益保障工作的压力。而笔者认为这些挑战并不是全新的，而只是监管层被迫要正面面对那些原本被其简单排除在外的民间金融业态。

表面上看，互联网融资中介的变异式发展与我国目前的征信体系有很大关系。在我国，由于公共征信机构与商业性征信机构之间的职能分工、定位不明晰，严重缺乏协作机制，因而信用信息形成了严重的条块分割，这使得我国的社会信用体系建设十分落后。但是具体到 P2P 与众筹的例子，体现出的不仅是信用体系建设的落后，更重要的是我国金融体系本身的割裂，因为国内最完善的征信系统——央行征信系统——根本不允许其利用。事实上，其背后的根源则在于由管制造成的金融体系割裂。

我国的金融体系具有明显的外生性或外植性（王国刚，2014），这使其在一些方面与实体经济的金融需求并不能很好地吻合，而且由于管制的严格，金融体系内部也形成两个自行运转的子体系。一个是由官方主导的正规金融体系，另一个则是被官方排除在外的民间金融体系。事实上，在高速发展、复杂多变的经济环境中，正规的金融体系必然无法满足全部的金融需求，因此需要民间金融体系的补充。民间金融的特点便在于其具有灵活性与多样性，往往更能针对性地解决民间的投融资需求，但这恰恰令其无法满足官方认定的成为现有任何一种金融机构的要求，并且民间金融往往还带有某种混业的色彩，使得监管难以协调。由此造成的结果是，虽然一大批民间的企业或组织实质上在从事金融服务，但却被监管者简单地排除在监管范围之外，甚至多数会被认定为非法。这造成几个后果：第一，由于得不到金融机构的地位，致使合理的民间金融的发展受到阻碍；第二，两个体系的信息被人为地割裂，无法共享；第三，由于疏于监管，增加了民间金融体系风险，特别是不规范及欺诈情况难以有效遏制。

进而在这种体制下，为了维持金融体系稳定，监管者可以做的只有尽量切断内外两个体系间的联系，让外面的动荡不致影响内部的正常运行，同时加强对非法金融活动的打击力度。但由于法规本身就有外生的性质，会使得一些虽"踩线"但却是内生的金融服务不得不隐藏于"地下"，进一步增加了风险隐患；同时金融体系本是一体的，只要套利空间存在，想要人为地隔断很困难，结果致使提高了交易成本，将更多的资源耗费在监管套利环节中。

事实上，上面的内容不仅是一个笼统的分析，国内 P2P 和众筹的发展同样遵循着这样的逻辑，我们不能孤立地看待国内 P2P 和众筹的变异，而应将其放在整个金融体制的大背景下。因此我们要做的不仅是参照国外 P2P 和众筹的监管经验来制定相应的监管政策，更多地还需要考虑更为根本的体制改革问题，否则结果必然使得许多本已走到"地上"的民间金融业态再次潜回"地下"。中共十八届三中全会明确提出要完善金融市场体系，丰富金融市场层次，事实上在市场经济环境中，这个体系和层次并不是仅靠官方及其所认可的正规金融机构的力量就能够完善和丰富的，要充分调动分散于民间的智慧和力量，要正视民间金融在完善体系和丰富层次过程中的贡献，给予其合理、合法的地位，促进、规范、引导其更加高效、安全地为实体经济服务。这首先需要监管者不能用已有的教条去限制民间金融的多样性，要鼓励至少是允许多样化金融服务的存在，不能为了监管的便利，拿现有的分业的规则去硬套创新，而是要真正地判断其存在的价值，并给予其合理的地位。从根源上讲，还是放松管制与加强监管的问题。

第二节　创新发展视角下的激励与约束

一、激励与约束

我们首先来看一个标准的经济学模型：

$\text{Max} f(x, a)$

$\text{s.t.} g_i(x, b) \leq 0, \ i = 1, 2, \cdots, k$

其中 x，a，b 均为向量。追求目标函数 f(x，a) 的最大化即为对于决策主体的激励，在考虑家庭选择时，通常用 f(x，a) 表示效用，在考虑厂商选择时，则通常用其表示利润；相应的限制条件 $g_i(x，b) \leq 0$ 则是对决策主体的约束，在无限期模型中通常还会使用极限形式。事实上任何一个经济问题均可转化为相应的激励约束模型形式，通过求解上面的约束极大化问题，得出决策主体可以自由选择的变量 x 的值，然后通过与 x 相关的数量关系——例如购买量等于销售量、储蓄等于投资、资产等于负债加权益、收入等于消费加储蓄等——将不同决策主体间的行为相互联系起来，从而揭示经济规律。其中，与发现数量关系相比，好的研究贵在针对研究问题简明而有效地构造出激励和约束机制。

上面描述的这种探索激励约束机制的理性选择理论可谓是经济学最基本的研究方法，对于任何经济问题的研究归根结底都是在研究相应的激励约束机制，经济学的繁荣无疑源自这种微观分析方法在分析现实问题时的有效性。现如今经济学的研究领域已经远远超出了通常人们所认为的经济领域，逐步"入侵"其他各个社会科学领域，这种现象有时被称为"经济学帝国主义"。而以激励约束框架构造起来的理性选择理论恰是其在各个领域攻无不克的制胜法宝。

对于金融监管的研究同样是在研究如何构造一种激励相容机制，以使金融机构的目标与整体经济的目标相一致。只不过现有关于金融监管的研究大多基于静态的视角，即考虑某种规制措施以解决当前存在的问题。而通过本书的分析可以看到，真正致使金融异化的是动态的创新发展，针对既定现状的静态激励相容机制实际上并不能很好地激励和约束动态的金融创新发展。因此，若要以金融经济协同发展为目标，政策的制定必须着眼于创新发展视角下的激励相容，即如何以协同发展为目标来激励和约束金融创新发展。

二、创新发展视角下的收入模式改革

本书选择深入研究更为基本的收入模式以及约束金融创新的机制，归根结底也是为了推出相应的金融监管政策，只不过着眼于动态的视角。

本书首先详细阐述了金融部门在经济发展中的作用，提出在社会化大生产的分工格局下，金融部门实际上的专业性（比较优势）与主要职能应该是为整个经济体管理风险（详见第二章）。但是在现实中，金融机构及从业者受到的激励似乎使其并非朝着完善相应职能的方向努力。从经济激励的角度来说，金融部门的收入模式是按转移资金量收取一定比例费用，并且不承担或较少承担投资失败损失。由此可见金融部门的收入并非与其核心服务（管理风险）相对应，而是以委托量——转移资金规模——来决定其收入水平，但是由于金融产品的虚拟性，相比于实体经济部门来说，这种委托量事实上难以衡量其对实体经济的贡献。这样，金融部门所受到的最基本的激励机制将难以促使其实现与实体经济的协同发展。虽然在这种收入模式下，金融发展具有扩大转移资金规模的倾向性，但并不意味着其始终在进行着脱离实体经济的异化发展，原因在于诸多外部力量对金融机构及从业者的行为进行约束，包括市场约束、行业约束和官方约束（详见第三章）。但是相比于其他行业来说，金融行业受到的约束具有更大的不确定性——金融产品的虚拟性使得其受到的约束与人们的信心息息相关，在由种种原因催生"泡沫"后，人们普遍的非理性会导致相应约束同时放松，这时自我服务式的创新将会促使金融发展出现异化现象（详见第四章）。综上所述，我们可以简要地将金融部门在创新发展中所受到的激励与约束概括为鼓励激进的激励和间接的约束，从金融异化以及危机反复出现的事实来看，这种激励约束机制不足以令金融机构及从业者很好地履行其职能，承担其该承担的责任。

虽说金融部门受到的约束具有更大的不确定性，但总体来看，其与其他实体经济部门受到的约束机制并无本质区别，因此后面重点从激励机制（收入模式）角度进行探讨。在市场经济的演进历程中，金融部门的收入模式似乎很是顽固（见第三章第二节），市场自发的调节功能并未能将其调整为激励相容的模式，这值得进一步思考。按转移资金量收取一定比例费用相对容易理解，从新制度经济学的角度来看，这种按照委托量收费的模式一定是最节省交易费用特别是量度费用的模式。问题是作为一个专门负责管理风险的部门却始终不承担或较少承担投资失败损失，这似乎不容易解释清楚。当然，这并不是说要让金融部门承担所有投资风险，毕竟资本的所有权并不属于金融部门，资本所有者理应承担投资风险，但是资本所有者是在金融部门为其刻画的风险—收益权衡取舍线上选择投资方向的，其承担的风险应该是其对照收益水平主动选择的风险，而非由于金融部门"画错线"造成其被动增加的风险。但问题是在现在的激励机制下，金融部门似乎很少承担由于其服务质量差（例如制造并贩卖"有毒资产"）所造成的损失。若要解释这个有悖常理的现象，或许我们能找到的最好的原因就是金融部门掌握的权力。

第二章第二节曾详细论述过资本与权力的关系，指出在市场经济中，财富或资本可以带给人们按照自己的意志调动资源的经济权力，实际上从历史上看，由封建社会向资本主义社会过渡这一历史性跨越的主要表现之一便是资本权力取代政治权力成为社会中最重要的调动资源的权力。但是并非所有的资本所有者都能享有由资本带来的影响力和控制力，资本权力的充分实现需要资本量具有一定的规模，这使得绝大部分普通大众甚至中产阶级都被排除在外。此外，在现代经济中，对于一些大资本家来说，即便他们拥有资本的所有权，却也不一定真能按照自己的意志控制资本的使用；相反，一些人即便不拥有资本所有权，但却在实际经济中真正享有按自己意志调配资源的权力，这不仅包括诸多企业高管，更主要的是那些掌控巨额资本的金融部门从业者。即便是中下层职员很多时候同样拥有很大的经济权力，例如银行的信贷人员很多时候比企业主更加能够决定企业的存亡，而投资经理或交易员掌控的资本量往往远超于很多资本家。这种权力在市场中的具体体现便是金融部门在现代经济中具有极大的市场势力，这意味着其他经济部门没有太多与之讨价还价的余地，从而使得对金融部门有利的收入模式很难通过市场机制自发得到改变。一个有趣的例子可以充分反映在人们心目中金融部门的权力到底有多大。根据索尔金《大而不倒》改编的同名电影中有这样一个桥段：当人们在会议室外焦急等待九大银行签署紧急救援计划时，美国财政部公共事务助理部长米歇尔·戴维斯感慨道："就我们所知，他们（九大银行）几乎搞垮了全美的经济，而我们（财政部）现在还要给他们1250亿美元，并且由于担心他们不肯接受，还不能限制他们如何使用。"

综上可见，现代经济赋予了金融部门及其从业者巨大的经济权力，同时分配给他们高额的收益，但是却并不要求他们必须承担与之相应的责任，这种激励机制必然很难令其行为与金融经济协同发展的目标相容。鉴于金融部门在市场中拥有巨大的经济权力，调整激励机制的任务只能由政府通过规制来完成。历史事实也证明了，在金融领域几乎所有的收入模式调整的背后都存在政府的力量（见第三章第二节）。这与资本家和工人在市场中权力不对等，要靠政府立法来保障工人合法权利、提高工人福利水平的逻辑是一样的。

调整金融部门激励机制，使之能够与促进金融经济协同发展的目标相容，主要就是要改革金融部门的收入模式，基于上文的分析，其中最需要改变的就是让金融机构能够承担由其失职造成损失的相应风险，从而促使其权责利相匹配。尽管可以考虑在金融机构出现失职时——评估、分配、控制风险不善（相应概念详见第二章第三节），将佣金或服务费等形式的收费进行退还，但是，退还的少量费用对于投资者的损失来讲或许只是杯水车薪，更重要的是大部分金融机构往往自身就有经营风险，杠杆经营具有合理性，这意味着一旦其失职造成严重的经营不善甚至破产清算，其必然无法承担给各利益方造成的损失，因此从金融机构整体角度来改革收入模式空间有限。调整从业者薪酬制度是一个可行的选择，因为毕竟所有的经营行为均是由从业者来执行。

次贷危机后，改革金融机构薪酬制度成为各国的共识，标志性的成果便是由金融稳定理事会公布的《稳健薪酬实践原则》及其执行标准，其中最核心的原则便是要将薪酬支付与风险管理挂钩。其基本原则包括公司董事会应负责薪酬制度的设计与实施，而不是只决定高级管理层的薪酬，同时公司的组织层级越低，薪酬制度越应当受到监测和评估以保证其真正得到贯彻执行，特别是从事融资和风险控制职责的员工薪酬应当与其监督的业务线相独立，并与其在公司中发挥的作用相称。此外，薪酬制度应当与承担风险激励相一致，薪酬结果应当与风险结果相称，薪酬支付安排必须对资产风险时间区间敏感，其中提高薪酬风险敏感度的方法之一是将员工部分甚至全部奖金存入一个由第三方保管的账户中，当整个公司业绩不佳或奖金所对应的资产业绩低于目标值时，第三方保管的账户中的奖金部分或全部划回公司账户，此外现金、股权及其他形式薪酬也应当与风险构成相一致。对于高级管理层来说，提高薪酬中股权占比或许对其的激励性更好，而对于低级别员工来说，合理的延迟支付效果可能更佳（刘明彦、徐静，2009）。

从基本原则来看，稳健薪酬实践原则至少可以在很大程度上改善金融机构高管的激励机制，一定程度上能够促使高管以服务实体经济为目标进行经营管理。不过即便如此，围绕是否要改革金融机构薪酬制度，学界至今仍争论不休。赞成方普遍认为，传统的高管薪酬制度与金融机构的长期表现不相容，因此需要进行薪酬制度改革以使金融高管更加注重长期的运营而非追求短期的利益（Posner，2009；Bebchuk and Fried，2010；等等）。而反对方最主要的理由则是认为监管者对薪酬制度的干预会有损效率（Ferrarini and Ungureanu，2011）。对此本书认为即便不改革，现有薪酬制度是否有效率本身就令人生疑，事实上次贷危机后不少学者甚至对于金融机构和从业者是否创造价值本身也开始表示怀疑，特别是针对金融创新活动，例如英国金融管理局主席阿代尔·特纳便认为："没有任何明显的证据能够表明，最近二三十年发达国家日益庞大和复杂的金融系统有助于经济增长和稳定，金融活动似乎更多的不是向实体经济传递价值而是从其中抽取租金。"（Turner，2010）至少从本书前面的论述可知，金融机构现有的收入模式不足以令其收入水平反映出其对经济的实际贡献。还有一些学者认为目前推进的薪酬制度改革或许很难从根本上解决问题，原因在于其覆盖面过窄。稳健薪酬实践原则主要针对的是高管薪酬，而将其他员工的薪酬制度制定授权给高管，Whitehead 和 Sepe（2014）认为这种做法忽略了高管为了争夺人才而提供给非高管员工不合适的激励，从而无法杜绝下层员工继续从事过度冒险的行为。笔者认为 Sepe 等人确实提出了一个值得考虑的重要问题，不过毕竟任何改革都不是一蹴而就的，是否需要扩展薪酬制度改革的覆盖范围还须进一步观察其在现实中的实践情况。实际上不仅仅是这个方面，风险调整薪酬制度的复杂程度及实施成本都预示着真正将其落实需要一个漫长的过程。围绕如何更好地贯彻稳健薪酬实践原则，学界仍在持续探讨中，较近的研究包括 Chen（2014）、Bhagat（2014）等。

实际上对于金融改革来说，还会遇到的一个棘手的问题便是利益集团的阻挠。一个国家的金融部门越强大，这个问题便体现得越明显。Magee 等（2014）的研究便发现，美国等金融发达的国家（实际上也是最需要改革的国家），次贷危机后金融改革推进得很是缓慢；反之如新加坡、澳大利亚等并未受到危机影响的国家反而基础改革推进得更快。对于这个问题，或许也需要进行专门的政治经济学研究。

第三节　构建以协同发展为目标的监管政策体系

一、中国金融改革加速前行

《关于全面深化改革若干重大问题的决定》（以下简称《决定》）将金融改革置于提高资源配置效率的总题目下加以阐释，提出要完善金融市场体系，完善利率、汇率市场化形成机制，同时落实金融监管改革措施和文件标准，可以说围绕着市场开放和价格开放两条主线做出了重要的部署。在《决定》的指导下，中国金融改革的速度明显加快，从 2014 年来看，利率市场化、汇率自由化、资本项目的开放、多层次资本市场建设等多项金融改革正在逐步有序、可控地推出。特别是上海自贸区的建立，对于探索金融制度创新，形成可复制、可推广的基本制度体系和监管方式来说意义重大。与此同时，舆论对于金融改革的讨论也在明显增加，人们分别从不同的角度献计献策，而大家的目标却只有一个，那便是促使国内的金融体系更好地为实体经济服务，本书称为金融经济协同发展。结合本书对于金融发展中异化问题产生机制的详细分析，本书认为应借改革深化之机，构建以协同发展为目标的监管政策体系。

二、基于本书分析的启示

（一）金融行业收入模式改革

从本书的整体分析逻辑来看，可以明显发现正是由于金融行业的这种建立在"委托量"基础上的收入模式以及对投资风险的回避共同促使金融部门的创新发展具有明显的自我服务的倾向性（第三章）；而这种倾向性在出现"泡沫"——也即出现人们普遍非理性——的情况下，会使得金融的创新发展出现异化（第四章）。这意味着对于解决金融异化问题来说，收入模式的改革至关重要。

传统的金融监管往往针对的是特定的金融机构经营过程中的风险点制定标准，事实上这往往是静态的，即在既定的规则体系下对金融机构及从业者建立一种激励相容约束，使得其能够自主选择对社会来讲是最优的经营行为。然而这种静态的监管措施放在动态发展的背景下便会遇到极大的挑战，因为金融创新会不断地"毁灭"掉原有的体系，使得既有的规则根本无法适用于新的经营活动，这意味着在这个落后的规则体系下，无论相应的标准制定得有多高，事实上都已变得没有意义。但这并不意味着我们除了阻止创新外，无法对其进行监管。事实上，我们应该意识到，创新行为的选择同样受到某些激励，而收入模式恰恰是对金融机构以及从业者的直接的市场激励，这直接决定了其选择朝着哪个方向进行创新。理解到这一点，便会使我们立足于动态发展的视角下了。另外，由于金融部门在市场经济中具有极大的经济权力，使得这种收入模式难以通过市场自发的力量得到改变（第六章第二节）。因此，由本书分析所引申出来最主要的政策含义便是应由政府对金融行业的收入模式进行规制。

那么即便我们意识到收入模式改革的重要性，也意识到这种改革主要推动力量应为市场之外代表公共利益的政府，但金融行业的收入模式应该如何改变呢？

通过本书的分析不难看出，最重要的"抓手"便在于风险的承担上。一方面，我们不难发现金融行业收入模式两个事实中的第一个——按转移资金量收取一定比例费用——在现实中是合理的，这也意味着改革的焦点一定落在另一个上。而另一方面，也是更重要的一方面，是由于金融部门在经济发展中的核心功能是为实体经济管理风险，特别是管理实体经济创新的风险（第二章），因此理想中金融与经济的协同发展，便是指金融能够通过自身的创新发展不断地改善其风险管理功能，然而从前文中我们发现，金融行业收入模式的两个事实之一恰恰使其不承担或较少承担投资失败损失，这意味着在现有的金融行业收入模式下，一些并不需要承担风险（甚至在某种情况下可通过放大风险而获利）的人实际上却在为风险承担者管理风险。因此，风险承担问题一定是收入模式改革中需要解决的主要矛盾。

事实上，次贷危机后世界范围内推行的金融行业薪酬制度改革的焦点也同样落在此处，但是其出发点和本书关注点却并不一致，其关注更多的是短期与长期的问题（第六章第二节）。然而这并不妨碍其相应的措施同样有利于解决本书所强调的问题，因此作为本书最主要的政策建议便是要坚持执行并且不断完善相应的改革措施。

（二）管制与金融创新

在本书的论述中，金融创新起着极其重要的作用，其对于推动金融的异化发展来说至关重要，因为如果没有金融创新，那么原有金融系统所蕴含的风险一定会慢慢地被控制住，特别是金融监管会逐渐地弥补其固有的一些缺陷。但是这并不意味着我们应该因噎废食。

创新是发展的原动力，金融创新同样是金融发展的原动力，所谓的促使金融发展更好地服务于实体经济，本身便意味着需要推进金融创新。事实上即便在金融创新呈现自我服务倾向的状态下，情况同样如此。在原有的激励模式下，金融的创新发展倾向于扩大规模而非提升效率（或降低成本），但这并不意味着金融发展脱离实体经济，金融的创新发展长期来看对于实体经济的发展依然是利大于弊，只不过金融部门自身从其发展过程中获得的利益要远大于实体经济获利而已（第三章第三节）。当然我们更希望通过调整金融机构及从业者所受到的激励约束对金融创新进行合理的引导，这便是上文列出的第一条政策含义。如果金融创新得到较好的引导，那么接下来重要的一点便是需要鼓励金融机构及从业者大胆地尝试创新。

虽然在探讨金融创新的理论文献中，也有一些将管制套利看作是金融创新的动力之一，例如凯恩的"斗争模型"，然而不可忽视的是，在现实中管制更多地依然是起到阻碍创新的作用。事实上，正如前文所分析的，管制的形成很大程度上是因为监管者在能力不足的情况下惧怕创新，从而通过管制至少能在一定时期内保持金融系统的整体稳定（第六章第一节）。但是无论是从理论上看（第三章第一节），还是从现实中看（第三章第二节），只有逐步去除管制才能积极地推动金融创新，从而推动金融体系的不断发展完善，推动金融体系更好地为实体经济管理风险。

当我们意识到管制往往只具有短期效果的情况下，便会发现其缺陷或许更加严重。从本书详细叙述的中国式"影子银行"（第五章第二节）以及中国式互联网金融（第六章第一节）的例子中均不难看到，管制实际上并不能真正地扼杀金融创新。在金融这个纯粹逐利的领域，资金绝对不会老老实实地按照人为设定的方向流动。管制可能会对金融创新的强度有所减弱，但其更加恶劣的后果却是改变了金融创新的方向，使得金融更加倾向于朝着管制套利的方向发展。

因此长期来看，发挥市场的决定性作用是金融改革的大方向。当然在放松管制的过程中，同样不能忽视的便是加强监管，一方面在监管能力尚未培育起来时，切忌盲目推进金融自由化，放松管制也须有条不紊；另一方面更加切忌紧抱着固有的管制思维，要时刻意识到管制永远只是暂时有效而非长久有效，其只是为培育监管能力创造必要的时间。

（三）监管能力的塑造

在前面提到的第二条政策含义中提到监管部门需要在提升监管能力的基础上逐步放松管制，然而如何提升监管能力本身又是一个大问题。

我们看到，次贷危机后，从世界范围来看，金融监管在许多方面与危机前相比都有所加强，并且监管覆盖的范围也更为广泛（第六章第一节），然而诚如本文所述，当"泡沫"来临时，无论监管规则制定得多么完善，也难以很好地约束金融的异化发展，即本文所讲的官方约束的被动放松（第四章第三节）。事实上我们从第五章的经验分析中可以清楚地看到这一点，无论是在自由化的美国，还是在管制下的中国，这一点都是相通的，在应对"泡沫时期"金融的高速发展异化时，监管均显得无能为力（第五章）。换个角度来看，或许自由化倾向与管制倾向基于的理念有所不同，但其背后都体现出现实中金融监管乏力的无奈。事实上，从这个角度来看，如果没有前文所述的金融行业收入模式改革，即从最基本的激励角度来重新框定金融创新发展的方向，那么再完备的监管体系都无法彻底遏制金融的异化发展。然而，监管能力的提升一方面仍然有助于减少金融异化发生的概率，另一方面也可以令监管者能够更为大胆地放手让金融机构和从业者去尝试创新，从而加速金融体系自身发展与完善的步伐。

如何提升金融监管的能力呢？至少有两个方面值得注意。

第一，监管能力的提升主要体现在监管者能力的提升上。笔者始终坚信，任何经济领域的问题最终一定要具体分析到"人"身上。金融监管也不例外，加强金融监管并非只是完善相关的制度规则，更重要的是提升监管者的素质。在本书始终强调的动态经济的情况下更是如此，提升监管能力一方面体现在制度建设上，另一方面则体现在规则的执行上，而这二者得以很好实现事实上都需要具备足够专业素质的人，因此如何能够不断地吸引高素质人才进入监管队伍中来便至关重要。在我国现有的公务员体制下，这个问题表现得更为突出。从 2014 年下半年开始的证监会系统离职潮便是对此问题的一个真实写照，事实上，作为监管者，其监管的对象收入是其自身的 10 倍。在此情况下，不要说监管部门离职现象会更容易发生，实际上从一开始处于顶级水平的毕业生便很可能不会选择进入监管部门。这使得金融机构和监管部门之间就好比是两支实力相差甚远的球队，比赛还未开打在大多数人眼里胜负已经一目了然。

第二，有限的监管资源须用足、用好。实际上对于任何国家来说，与金融机构相比，金融监管部门的资源都是极其有限的，这里也包括前面提到的人员素质方面，关键在于如何最大化地利用好有限的资源。在我国的现行体制下，至少有两点对于监管资源的利用效率是大为不利的：一是在分业监管的情况下，监管协调存在很大的问题，各部门间不仅会形成许多摩擦和矛盾，而且重复而又无效的监管竞争行为也大量存在；二是计划经济沿袭下来的官僚文化在政府机关中仍然或多或少地有所保留，例如事无巨细层层上报，又比如随意性强、运动式的行动，再比如实际业务部门在制定预算、人员编制等方面缺乏足够的权力等，都会造成有限的监管资源进一步在相应的摩擦过程中被损耗。这些都需要通过改革来加以完善。

（四）以监测"泡沫"替代监测异化

虽然前面基于本书的相关分析已经提出了一些相应的政策思路，但事实上，如同实体经济创新或金融创新后果存在不确定性一样，监管制度的创新后果同样存在不确定性，规范性的理论分析永远不可能完全与现实情况相吻合。在这种情况下，我们不得不对金融异化问题做两手准备，我们当然希望能够通过完善制度来引导金融健康发展，从而避免异化的产生。另外，当制度改革无法彻底遏制金融异化的滋生时，我们也要有相应的对策来及时发现并解决问题。

金融发展异化的典型表现便是形成"泡沫"，"泡沫"的产生和破灭必然加剧相关领域的波动性，如果形成了更为严重的"泡沫经济"，则会对整个国民经济的稳定发展造成严重影响（第四章第二节）。但换个角度来看，这也为我们发现金融异化提供了条件——只要单一地对"资产价格泡沫"进行很好的监测，便可以更容易地发现金融创新发展过程中出现的异化，而不用去考虑其他方面的诸多表现，诸如金融部门与实体经济部门之间的利润差异、资金流在金融体系内的空转、金融功能出现失调等。

"泡沫"的识别本身也是很困难的，至今从世界范围来看尚未出现一种被大家公认合理的量化的"泡沫"界定方法（第五章第一节）。然而诚如前文所述，"资产泡沫"的产生往往并非是对称的，恰恰是某些资产引领"泡沫"的膨胀，并且其影响也往往是结构性的（第四章第四节）。因此我们在现实中或许并不需要单纯考虑针对某种资产价格的时间序列数据进行研究以确认其中可能存在的"泡沫"，而是可以考虑观察不同资产价格走势之间是否出现明显的结构性分化。然而我们也需要认识到，即便这种结构性分化发生了，也并不意味着该资产一定出现了"泡沫"，这只是为我们提供了一个预警，若要真正确定其是否是"泡沫"，则还需要进一步的分析，这尤其需要对相应市场微观基础及其变化趋势的把握。不过要注意，这个微观基础不等同于新古典理论中那种纯属假设的代表性家庭或企业，而是要根植于现实中去调查市场主体的微观行为机制：他们真正的目标函数是什么，他们实际的约束条件是什么，他们通常考虑的核心变量是什么，等等。若要真正理解这些问题，则离不开实地的调查与研究，通过将零散事实归纳为典型化事实以得到更符合实际的微观基础。

此外，危机后金融监管改革实践中很重要的一点便是监管者要加强与其他市场主体的交流与合作，这意味着监管者可通过充分调动各方的智慧来扩充其自身的资源不足。在监测及判断"资产价格泡沫"方面，这种思路同样是适用的，但是其前提是在相互信任的基础上建立相应数据的共享机制，不仅各部门之间要共享，同时也要与有能力为其提供帮助的科研机构、智库甚至一些金融机构共享。

三、以协同发展为目标的政策建议

（一）放松管制、加强监管

按照中共十八届三中全会的要求，政府及监管部门应弱化乃至取消包括贷款规模控制、利率管制和非审慎性前置审批在内的行政干预，而应更加强调采用科学的监管以及宏观调控。监管者应当更加相信市场的决定性作用和市场自身对于经济金融形势以及风险的判断，并且培养从市场的运行过程中敏锐洞察风险隐患的能力，从而将监管者的判断与市场的判断更好、更有效地结合在一起。通过放松管制，要实现市场的公平、公正竞争，引导金融机构真正成为面向市场、自主决策、自担风险、自我约束的经营主体，促进有利于实体经济的金融创新。在解除各种金融管制，放权于市场的同时，监管者还须进一步完善审慎监管标准体系，建立和完善宏微观审慎监管体系及协调框架，加快建立和完善风险处置与金融安全保障体系，建立和完善科学分类监管体系，进一步加强和完善金融机构公司治理体系，以守住金融安全的底线（王兆星，2014）。更重要的是，应根据官方、行业和市场各自在技术能力、信息以及积极性方面的比较优势，来确定针对具体问题的最优监管主体，从而建立起官方、行业、市场相结合的最优监管分工框架。

（二）薪酬制度改革

在金融稳定理事会公布了《稳健薪酬实践原则》及其执行标准后，我国金融监管部门及时跟进。银监会于2010年发布了《商业银行稳健薪酬监管指引》，随后证监会、保监会分别发布了《证券公司治理准则》和《保险公司薪酬管理规范指引》，以更好地贯彻金融稳定理事会以及巴塞尔银行业监管委员会的相应薪酬准则。基于本书的分析，笔者认为相应文件的发布对于确保金融经济协同发展来说至关重要，并应在具体的实践过程中不断完善。但是由于国内金融机构普遍缺乏真正具有强制力的薪酬委员会，独立董事会与监事会监控效力较差，信息披露不严格，国内的薪酬制度改革效果并不理想；同时国有金融企业高管往往由组织部门任命，这种政治上的联系使得薪酬设计难以优化（Lin，2014）。因此，相应的监管制度不应只局限于遏制过度支付，更应着眼于完善监管结构，从而以一个更加透明、有效的方式设定高管薪酬制度。应加强信息披露，加强董事会和薪酬委员会的独立性，特别是强制要求设立薪酬委员会并赋予其独立设置高管薪酬的权限；对于上市公司，还要考虑优化股权结构和公司治理，从根本上解决薪酬问题；对于国有金融机构，应确保透明和公平的高管任命机制，同时大力推进央企负责人薪酬制度改革，促使其实现薪酬水平、薪酬机制的公开透明，并接受第三者或社会的监督。

（三）监管队伍建设

监管部门资源不足成为许多国家难以提高金融监管质量的障碍，因此次贷危机后，面对更加复杂繁重的金融监管任务，增加监管资源投入至关重要。不过与单纯地增加人员编制、加强基础设施建设相比，更重要的是建立良好的人才招聘机制，因为无论是针对新问题研究完善规则还是在日趋复杂环境下实现有效监督，相比于其他投入来说，更加需要的是人才。因此，对于监管部门来说，或许需要针对不同工作岗位设置更为灵活的薪资标准，使得重要岗位对于高素质的专业金融人才具有持续的吸引力。即便如此，还须不断加强监管队伍的技能培训，提升监管人员针对新环境、新问题的分析、解决能力。可以考虑加强与科研院所甚至金融机构的合作交流，充分调动各方力量以弥补监管部门自身资源的不足，共同促进金融稳定目标的实现。最后特别需要指出的是，在我国现有的分业监管框架下，尤须注意加强监管协调，做实金融监管部级联席会议，避免部门间形成各自为政、互相掣肘的局面，从而从整体上提高金融监管效率。

（四）监控资产价格

在宏观审慎监管框架下，应注意更加广泛地收集微观信号，并判断其互相之间的相关性。鉴于次贷危机的教训，监管部门尤其应注意及时识别潜在的"资产价格泡沫"。由于"资产泡沫"往往带来的是结构性的影响，因此相比于关注资产价格总水平的变化，应更加关注资产价格的结构性变化。可考虑对资产价格的增速预设一定的标准，发现其价格增长超过预设标准时，便对促使其过快增长的原因进行调查，综合判断价格上涨是否具有足够的合理性。特别是对关联行业较多的资产价格应给予格外的关注，可相应地降低预设标准。不过这种分析不仅需要增加可获得的数据及数据的准确性，同时还需要改进分析方法。可考虑积极探索大数据的开发利用，为相应分析提供有效的支持。另一个可考虑的替代方案则是推进开放更多的公共数据。"资产泡沫"的产生多源于一种"神话"的流行，而充分的信息则不利于"神话"的传播，如果能够准确地公开更多借以判断的数据，自然会促使市场决策者采取更为理性的行为。此外，对民众（尤其是科研院所）开放更为充分的数据，还可充分调动更为广泛的民间智慧，以支持政府对于"资产泡沫"及其原因的识别，以及支持调控决策的制定与实施。

第四节　本章小结

从世界范围来看，次贷危机之后金融监管变得越来越严格。危机后的监管更具前瞻性，更加强调宏观审慎原则，同时监管者还加强了与其他市场监督主体的交流与合作。虽然各国监管实践日趋复杂，监管标准普遍提高，但监管改革的效果仍令人质疑：新规则和新标准究竟能对金融稳定带来多大帮助？监管机构是否有能力驾驭日趋复杂的监管框架？更为严格的金融监管是否会带来意想不到的福利损失？更为重要的是，在金融创新高速发展的浪潮中，监管者耗时耗力、费尽心思研究出的新规则、新标准能够起作用的时间究竟能有多长？

对于上述问题，特别是最后一个问题的思考使我们意识到，静态视角下的金融监管改革必然存在局限性。与制定规则弥补眼前漏洞相比，创新发展视角下的激励相容更为重要，即考虑如何促使金融创新发展自发沿着人们理想中的金融经济协同发展方向前进。依据理论部分及经验部分分析，本书认为改革金融部门的收入模式，促使金融机构及其从业者的权责利相匹配至关重要，同时鉴于金融部门拥有巨大的经济权力，相应改革只能由政府通过规制来完成。稳健薪酬实践原则的推行以及完善在一定程度上有利于金融经济协同发展的目标。

最后本章提出构建以协同发展为目标的监管政策体系的一些原则性建议。

第七章　全书总结

金融在现代经济中扮演着越发重要的角色，有效价格体系的形成离不开货币的"润滑"作用，经济的高速发展有赖于资本的合理配置，事实上市场经济相比于其他经济体制的优越性与金融的这两种职能关系密切。特别是对于经济发展来说，金融部门的作用尤为重要。经济发展的动力在于企业家的创新行为，但企业家的创新风险则需要由许多人共同为其分担，创新企业的供应商、客户以及企业员工等均在一定程度上分担着企业家的创新风险。不过在企业家与资本家功能分离后，最重要的风险分担者便是资本提供者，而金融部门的核心功能便体现在通过管理创新风险从而动员储蓄以支持实体经济的企业家行为。

从整个金融部门的角度来看，其通过有效评估投资风险为市场注入理性，通过匹配资金以及风险的供给与需求实现风险的转移与再分配，通过专业的事中、事后风险控制解决了道德风险问题；而从金融从业者的角度来看，各类不同从业者的社会角色与职责均体现了评估、分配、控制风险中的一项或几项，同时掌握风险管理相关技能也是不同从业者专业知识中为数不多的共性之一。因此，无论从整体部门来看，还是从个体从业者来看，均能显著地观察到金融部门的核心功能就是为实体经济管理风险。

然而金融自身的发展同样离不开金融创新，而金融的创新发展却又有其自身的逻辑。人们希望出现的情况是金融与经济的协同发展，即金融部门自身的创新发展能够使其管理风险的核心功能得到不断的改善，从而使其更好地支持实体经济发展。但是回到现实中，我们却总是会看到金融发展与经济发展之间存在不匹配之处。其原因便在于金融创新如同实体经济创新一样，本身也是存在风险的，并且这种创新风险会比实体经济中的创新风险更加容易失控。事实上，决定金融创新究竟会成为"可控创新"还是"失控创新"的最根本的力量，便在于金融创新者所受到的激励与约束之间是否平衡。

从现实中金融机构提供的各类服务来看，其收入模式总体上是按转移资金量收取一定比例费用，并且不承担或较少承担投资失败损失。通过对银行利率、证券佣金以及基金管理费的变迁历史进行梳理，不难发现上述的这种主要收入模式长期以来并未发生实质性的改变。在这种收入模式下，金融部门的收入水平便很难真正地与其管理风险的核心功能的发挥相对应，事实上其收入往往是由一个委托量——转移资金规模来决定的。在经济中，收入水平与委托量挂钩的情况还是比较常见的，然而金融部门本身又存在着明显的特殊性，那便是由于金融产品存在虚拟性，事实上委托量很难衡量金融机构对实体经济的贡献。在这种收入模式的激励下，现实中金融自身的创新发展便具有一种明显的倾向性，即倾向于关注转移资金规模的扩大而非金融服务效率的提升。为了扩大规模从而增加收入，金融部门倾向于进行自我服务式的创新，即金融创新为原有金融机构和金融产品服务，这主要通过创造新产品和提高资金运转速度两种途径来实现。

不过，虽然金融部门所受到的最基本的激励机制难以促使其自发地实现与实体经济的协同发展，但长期来看，金融却并未出现明显的异化发展，而是始终朝着服务实体经济的方向前进。若要理解这背后的原因，则要从金融创新发展所受到的诸多约束来分析。金融机构及其从业者的行为受到诸多外部力量的约束，归纳起来主要有市场约束、行业约束和官方约束三种，正是这些约束共同保证了金融在大部分时间里能围绕着服务实体经济的目标而发展。

然而，在特殊的情况下，我们也常会看到，金融家出于自利的创新并非必然带来金融功能的改善，反而时常加剧实体经济风险，特别是与实体经济创新相比，金融创新更容易带来系统性风险。事实上其背后的根源正是在于金融的创新发展出现了脱离实体经济的异化现象。

在何种特殊的情况下会出现这种负面的后果呢？本书认为"泡沫"是金融发展出现异化的直接原因。"泡沫"的产生一定意味着社会中出现了一种普遍的非理性，而这种非理性又与人们的信心直接相关。由于金融产品存在明显的虚拟性，这使得其受到的各方约束的力量同样会建立在人们信心的基础上。如果种种原因使得社会普遍变得非理性的乐观——事实上这也意味着"泡沫"将产生，那么此时各方约束便很有可能同时放松，这时自我服务式金融创新会促使金融发展出现异化，即金融部门不是试图平息"泡沫"，而是试图通过不断吹大"泡沫"从而为其自身牟取利益。

在"泡沫时期",随着越来越多不具备比较优势的人群被卷入投机浪潮之中,使得资产市场整体表现得越来越不理性;随着市场繁荣带来利润激增,金融机构会变得更加注重短期收益;随着金融创新速度加快,监管部门会受到极大的压力。市场、行业、官方约束的放松,会减弱对金融异化发展的制衡力量,而金融自我服务倾向的创新发展则使得金融系统的总体风险水平逐渐变得不可控。金融创新的自我服务倾向使得偏向于低估风险的非理性得以在金融部门内部传染,这造成金融部门为经济体注入理性的功能在衰退,从而大幅增加经济波动性:通过创造新产品,金融创新带来融资规模的非理性膨胀;通过提高资金运转速度,金融创新不断地创造新的流动性以吹大"泡沫";最终当流动性创造赶不上流动性吸收的速度时,流动性枯竭将触发危机。

这种以"泡沫"为典型表现的金融异化不仅会造成实体经济的巨大投资损失,而且还会带来有利于金融从业者以及金融投机者的再分配,而这种再分配的格局则更容易进一步将实体经济中的高素质人才吸引到金融领域。

通过前面的总结,我们可以看到一个较为完整的理论框架已经跃然纸上,从而对本书提出的问题"金融发展为什么会以及如何做到脱离实体经济"进行了理论上的解答,而后则是需要通过计量分析以及案例分析来检验这套理论在现实中是否成立。

本书通过分析各国的"股票市场泡沫",证明了"泡沫时期"各种约束确实会出现放松。本书首先借鉴 Barro 和莱因哈特等人的研究,探索出一种利用股市崩盘界定"泡沫"时间段的方法,这种方法的优点在于可操作性强,同时易于进行跨国比较。在此基础上,本书分别使用 45 个国家和 10 个国家的非平衡面板数据对市场约束和行业约束的放松进行了检验,同时使用美国的时间序列数据对官方约束的放松进行检验。检验结果证明理论部分提出的"泡沫时期"约束放松的假设确实成立。

通过对美国次贷危机和中国"影子银行"案例进行分析,能够证明"激励约束—金融创新—金融异化"的核心作用机制在两个繁荣时期的案例中均具有很好的解释力;并且由于中美两国存在极具差异性的金融制度环境,美国是典型的自由市场环境,而中国则是典型的金融抑制环境,这意味着本书提出的作用机制对于分析金融异化来说具有一定的普适性。当然我们不难发现,由于制度环境的不同,该作用机制在中美两国案例中的具体表现形式存在明显的差异。

中国 2015 年发生的股灾则是典型的非繁荣状态下的金融异化的案例。与上面提到的中美两个案例分析类似，我们同样能够发现，本书提出的核心作用机制在分析股灾的案例时同样适用。

结合理论分析与经验分析的结果，本书引申出相应的政策含义。由于一以贯之地对于创新发展的强调，使得本书与其他的对于金融监管的研究有所不同，本书尤其注重对于创新发展的监管。从世界范围来看，次贷危机之后金融监管变得越来越严格，不仅监管更具前瞻性，更加强调宏观审慎原则，同时监管者还加强了与其他市场监督主体的交流与合作。然而即便各国监管实践日趋复杂，监管标准普遍提高，但监管改革的效果却仍令人质疑，因为上述提及的这些监管改革绝大部分仍然是立足于静态视角而非发展视角下。这意味着在高速的金融创新发展浪潮中，无论监管规则和标准变得多么严格，监管覆盖范围变得多么广泛，也终究会被金融部门的持续创新发展所击垮。因此，与制定规则弥补眼前的漏洞相比，创新发展视角下的激励相容更为重要，即考虑如何促使金融创新发展自发沿着人们理想中的金融经济协同发展方向前进。如何做到这一点呢？本书认为最重要的是改革金融部门的收入模式，即促使金融机构及其从业者的权、责、利相匹配。不过鉴于金融部门拥有的巨大的经济权力会使得这种调整在市场经济中难以自发地实现，因此相应改革只能由政府通过规制来完成。近些年稳健薪酬实践原则的推行以及完善在一定程度上便是这种收入模式改革的一种尝试。

最后本书提出了构建以协同发展为目标的监管政策体系的一些原则性建议，结合中国的实际情况，本书认为该体系应主要着眼于如下四个方面，即放松管制加强监管、薪酬制度改革、监管队伍建设以及监控资产价格。

附　录

附表 1　国内 A 股前次募集资金实现预期效益情况（2013 年）

板块	股票代码	实现预期效益情况	报告日期
深市主板	000001	是	2013-03-07
	000010	否	2013-09-16
	000028	不适用	2013-07-20
	000059	否	2013-02-27
	000100	是	2013-08-15
	000157	否	2013-08-29
	000408	否	2013-11-22
	000420	不适用	2013-12-19
	000425	否	2013-03-23
	000426	是	2013-06-06
	000504	不适用	2013-01-17
	000518	否	2013-12-12
	000540	否	2013-09-27
	000545	是	2013-11-22
	000552	是	2013-08-10
	000566	否	2013-07-12
	000571	不适用	2013-10-25
	000589	否	2013-04-27
	000593	否	2013-07-12
	000595	不适用	2013-09-16
	000597	否	2013-04-15
	000610	否	2013-11-20
	000620	是	2013-08-16
	000656	是	2013-08-12
	000666	不适用	2013-03-19
	000667	是	2013-08-10
	000669	是	2013-12-20
	000671	否	2013-09-30

板块	股票代码	实现预期效益情况	报告日期
深市主板	000688	不适用	2013-08-16
	000697	是	2013-08-15
	000701	是	2013-09-11
	000717	否	2013-03-29
	000725	是	2013-07-12
	000733	否	2013-02-08
	000738	是	2013-04-19
	000739	是	2013-10-21
	000750	否	2013-05-20
	000757	不适用	2013-06-06
	000758	不适用	2013-09-22
	000778	是	2013-03-17
	000782	不适用	2013-09-27
	000795	否	2013-07-11
	000816	不适用	2013-03-21
	000823	否	2013-05-08
	000838	否	2013-08-22
	000860	是	2013-09-24
	000861	是	2013-07-31
	000863	是	2013-08-08
	000876	是	2013-09-04
	000882	不适用	2013-04-25
	000885	是	2013-10-18
	000888	是	2013-08-25
	000935	否	2013-03-15
	000937	是	2013-08-19
	000949	否	2013-10-31
	000958	否	2013-05-30
	000965	否	2013-09-05
	000967	不适用	2013-10-23
	000979	是	2013-09-12
	000982	是	2013-01-29
	000990	是	2013-05-24
深市中小板	002011	否	2013-03-18
	002013	是	2013-04-23
	002015	否	2013-02-05
	002018	不适用	2013-11-29

板块	股票代码	实现预期效益情况	报告日期
	002020	否	2013-12-18
	002021	否	2013-07-26
	002026	不适用	2013-08-16
	002031	否	2013-12-10
	002033	是	2013-07-30
	002046	不适用	2013-05-07
	002052	否	2013-12-23
	002062	是	2013-08-29
	002064	否	2013-10-25
	002065	是	2013-04-08
	002077	否	2013-12-17
	002078	不适用	2013-12-10
	002089	否	2013-12-16
	002097	否	2013-04-22
	002102	否	2013-08-26
	002109	否	2013-06-05
	002128	不适用	2013-04-20
	002131	否	2013-03-24
深市中小板	002132	否	2013-09-09
	002133	是	2013-09-05
	002138	否	2013-09-24
	002145	是	2013-11-22
	002146	是	2013-08-19
	002148	是	2013-07-08
	002151	否	2013-02-26
	002157	否	2013-11-21
	002176	否	2013-07-24
	002185	否	2013-06-19
	002186	否	2013-10-25
	002197	是	2013-07-03
	002199	否	2013-07-29
	002203	不适用	2013-04-22
	002207	否	2013-02-07
	002214	否	2013-09-26
	002217	否	2013-04-22
	002220	是	2013-03-26
	002221	否	2013-05-15

板块	股票代码	实现预期效益情况	报告日期
	002245	否	2013-06-03
	002248	否	2013-03-27
	002249	否	2013-09-28
	002251	否	2013-08-22
	002266	否	2013-08-06
	002267	是	2013-09-10
	002271	是	2013-09-09
	002296	否	2013-04-16
	002297	否	2013-09-09
	002309	否	2013-06-28
	002310	是	2013-04-17
	002311	是	2013-01-21
	002312	否	2013-11-29
	002316	否	2013-03-27
	002318	否	2013-03-09
	002325	是	2013-10-28
	002326	否	2013-12-15
	002331	是	2013-11-25
深市中小板	002340	是	2013-10-24
	002347	否	2013-02-28
	002349	否	2013-04-18
	002353	否	2013-07-17
	002358	否	2013-04-22
	002359	否	2013-11-20
	002375	是	2013-10-28
	002378	否	2013-11-25
	002391	是	2013-07-25
	002402	不适用	2013-12-12
	002408	否	2013-04-22
	002425	否	2013-03-15
	002426	否	2013-12-16
	002430	是	2013-04-10
	002433	是	2013-12-08
	002447	否	2013-09-10
	002449	是	2013-09-09
	002456	不适用	2013-10-25
	002460	是	2013-04-19

板块	股票代码	实现预期效益情况	报告日期
	002466	否	2013-12-08
	002477	否	2013-06-26
	002480	否	2013-11-19
	002491	是	2013-11-07
	002494	是	2013-11-21
	002505	否	2013-12-17
	002509	不适用	2013-10-21
	002522	不适用	2013-08-26
	002547	否	2013-08-29
	002560	否	2013-08-19
	002571	否	2013-01-30
	002585	否	2013-09-10
	002586	否	2013-07-25
深市中小板	002590	否	2013-12-02
	002592	否	2013-10-17
	002601	不适用	2013-11-05
	002608	不适用	2013-08-17
	002610	否	2013-12-20
	002617	否	2013-04-24
	002618	不适用	2013-03-11
	002628	否	2013-03-14
	002630	否	2013-05-21
	002634	是	2013-07-15
	002644	不适用	2013-07-20
	002649	否	2013-09-23
	002668	是	2013-11-05
	002671	是	2013-08-12
	002683	否	2013-11-03
深市创业板	300070	是	2013-01-29
	600005	是	2013-04-25
	600008	否	2013-08-19
	600039	是	2013-03-25
	600059	否	2013-10-25
沪市主板	600067	不适用	2013-08-06
	600068	否	2013-08-21
	600077	否	2013-08-07
	600079	是	2013-03-30

板块	股票代码	实现预期效益情况	报告日期
沪市主板	600084	不适用	2013-02-04
	600089	否	2013-07-28
	600094	是	2013-08-22
	600100	否	2013-04-23
	600101	是	2013-03-27
	600109	不适用	2013-08-21
	600110	是	2013-03-18
	600112	否	2013-02-06
	600114	是	2013-05-25
	600116	否	2013-01-31
	600127	不适用	2013-03-04
	600153	不适用	2013-08-26
	600155	否	2013-10-30
	600160	否	2013-10-08
	600172	否	2013-03-24
	600175	否	2013-06-30
	600185	否	2013-09-06
	600190	不适用	2013-06-22
	600203	否	2013-08-16
	600206	不适用	2013-05-09
	600208	否	2013-08-02
	600218	否	2013-11-09
	600225	不适用	2013-08-28
	600230	是	2013-02-05
	600248	是	2013-04-19
	600251	否	2013-05-29
	600252	否	2013-10-23
	600260	不适用	2013-09-04
	600266	是	2013-08-09
	600267	否	2013-11-30
	600283	不适用	2013-09-05
	600292	不适用	2013-06-19
	600305	否	2013-05-19
	600312	否	2013-07-22
	600321	否	2013-03-15
	600330	否	2013-06-06
	600340	是	2013-09-02

板块	股票代码	实现预期效益情况	报告日期
	600346	否	2013-01-21
	600362	不适用	2013-03-26
	600365	否	2013-02-01
	600369	不适用	2013-03-22
	600376	是	2013-10-18
	600401	否	2013-11-29
	600405	不适用	2013-01-29
	600432	否	2013-12-03
	600448	否	2013-04-09
	600458	是	2013-03-26
	600460	否	2013-03-27
	600482	否	2013-03-14
	600487	是	2013-08-21
	600495	否	2013-02-20
	600496	不适用	2013-12-02
	600500	否	2013-04-26
	600501	否	2013-11-26
	600503	是	2013-11-22
沪市主板	600516	否	2013-02-04
	600525	是	2013-03-14
	600537	否	2013-09-17
	600538	否	2013-07-28
	600540	否	2013-11-15
	600547	是	2013-06-28
	600550	否	2013-12-05
	600557	是	2013-12-12
	600558	否	2013-02-05
	600568	是	2013-08-19
	600575	不适用	2013-12-18
	600577	否	2013-10-22
	600584	不适用	2013-11-27
	600594	是	2013-02-05
	600595	否	2013-03-05
	600624	否	2013-07-16
	600644	不适用	2013-12-09
	600648	不适用	2013-08-29
	600673	否	2013-03-24

板块	股票代码	实现预期效益情况	报告日期
沪市主板	600690	是	2013-09-29
	600703	否	2013-08-04
	600704	否	2013-09-23
	600705	是	2013-06-19
	600711	不适用	2013-08-08
	600729	是	2013-03-07
	600745	是	2013-08-14
	600747	是	2013-05-18
	600751	不适用	2013-08-20
	600755	不适用	2013-11-12
	600759	是	2013-12-03
	600770	否	2013-08-23
	600773	是	2013-11-18
	600794	否	2013-12-09
	600811	不适用	2013-12-09
	600812	不适用	2013-07-17
	600818	不适用	2013-03-12
	600820	是	2013-04-20
	600836	否	2013-09-03
	600845	不适用	2013-07-26
	600875	是	2013-10-30
	600885	是	2013-03-22
	600894	是	2013-10-08
	600978	否	2013-04-09
	600980	否	2013-05-16
	600982	不适用	2013-09-05
	600983	是	2013-08-12
	600998	否	2013-08-13
	600999	不适用	2013-10-16
	601000	是	2013-08-21
	601008	是	2013-04-23
	601058	是	2013-04-25
	601101	不适用	2013-04-08
	601139	不适用	2013-04-22
	601168	是	2013-03-26
	601179	否	2013-06-06
	601233	否	2013-04-26

板块	股票代码	实现预期效益情况	报告日期
沪市主板	601258	否	2013-08-30
	601299	不适用	2013-11-22
	601555	不适用	2013-05-13
	601636	否	2013-11-09
	601798	不适用	2013-05-20
	601888	否	2013-04-02
	601918	不适用	2013-04-19
	601989	不适用	2013-09-10
	601992	否	2013-09-05
	603993	不适用	2013-09-29

资料来源：各上市公司报告均下载于巨潮资讯网。

附表2　FDIC承保商业银行历年经营情况

单位：10亿美元

年份	总资产	总贷款及租赁规模	总存款	贷款及租赁收入	存款利息支出	净利息收入	非利息收入	净收入
1980	1856	1037.49	1481.16	128.33	98.42	56.30	14.35	14.01
1981	2029	1152.58	1588.78	165.26	139.44	61.43	17.53	14.80
1982	2193	1244.77	1705.69	169.14	141.74	68.97	20.18	15.00
1983	2342	1335.89	1842.50	153.94	120.41	73.34	23.27	14.93
1984	2509	1527.62	1962.93	183.31	140.45	81.27	26.51	15.50
1985	2731	1648.70	2118.09	183.60	130.81	90.90	31.05	17.98
1986	2941	1772.68	2283.53	175.57	117.56	94.94	35.88	17.42
1987	3000	1844.38	2335.46	180.40	115.70	99.89	41.48	2.80
1988	3131	1948.15	2431.73	201.33	129.50	107.25	44.95	24.81
1989	3299	2073.33	2548.50	237.99	157.55	112.23	50.92	15.57
1990	3389	2123.92	2650.15	238.81	161.52	115.52	54.90	15.99
1991	3431	2064.05	2687.66	213.78	138.45	121.91	59.74	17.94
1992	3506	2041.27	2698.68	184.85	98.21	133.51	65.65	31.99
1993	3707	2157.41	2754.33	178.67	79.59	139.40	74.96	43.04
1994	4012	2366.16	2874.44	190.40	79.41	146.67	76.28	44.62
1995	4315	2611.33	3027.58	227.49	105.38	154.44	82.43	48.78
1996	4582	2820.40	3197.14	239.56	107.38	163.06	93.54	52.32
1997	5019	2978.92	3421.66	257.36	117.30	174.97	104.44	59.16
1998	5443	3240.76	3681.39	273.78	125.28	183.01	124.18	61.89
1999	5735	3492.77	3831.06	280.37	119.06	191.96	144.91	71.53
2000	6246	3818.41	4179.57	330.22	151.78	203.58	154.25	70.80

年份	总资产	总贷款及租赁规模	总存款	贷款及租赁收入	存款利息支出	净利息收入	非利息收入	净收入
2001	6552	3887.45	4377.56	309.71	130.56	214.50	158.83	74.13
2002	7077	4159.65	4689.85	276.02	82.18	236.44	172.13	89.44
2003	7602	4431.82	5035.05	262.98	62.74	239.92	186.77	102.57
2004	8416	4909.57	5593.17	268.76	62.25	249.01	184.66	103.98
2005	9041	5385.09	6073.13	333.39	106.47	267.99	202.75	113.92
2006	10092	5984.11	6731.41	419.01	172.98	284.88	217.36	128.20

资料来源：FDIC 网站。

附表 3　美国历年金融行业就业成本指数

年份	3 月	6 月	9 月	12 月
2001	91.6	91.6	92.4	92.9
2002	94.7	95.2	95.0	95.1
2003	99.4	100.6	100.6	101.5
2004	100.2	100.1	100.4	101.1
2005	100.5	101.1	98.5	100.0
2006	100.0	99.3	99.5	100.4
2007	100.2	99.1	99.7	99.4
2008	98.7	96.9	96.8	100.3
2009	98.9	98.6	98.9	99.2
2010	99.4	100.2	100.0	100.4
2011	99.8	99.7	99.5	99.8
2012	98.3	99.3	98.8	99.4
2013	99.1	99.8	100.0	100.6
2014	99.5	99.6	99.9	101.5

资料来源：Burean of Labour Statistics. 其中 2005 年 12 月为 100，所有指数以不变美元计算。

附表 4　S&P/Case-Shiller 房屋价格指数（2000~2014 年）

日期	全美	10 城	20 城
2000-01	100.00	100.00	100.00
2000-02	100.57	100.81	100.76
2000-03	101.46	102.24	101.95
2000-04	102.54	104.01	103.50
2000-05	103.70	105.98	105.20
2000-06	104.85	107.83	106.76

日期	全美	10 城	20 城
2000-07	105.72	109.02	107.77
2000-08	106.52	110.07	108.64
2000-09	107.13	110.90	109.35
2000-10	107.73	111.75	110.04
2000-11	108.29	112.60	110.81
2000-12	108.79	113.56	111.58
2001-01	109.22	114.58	112.39
2001-02	109.64	115.45	113.07
2001-03	110.39	116.69	114.14
2001-04	111.25	117.94	115.29
2001-05	112.20	118.94	116.24
2001-06	113.27	120.03	117.29
2001-07	114.23	121.01	118.20
2001-08	114.99	121.99	119.09
2001-09	115.47	122.89	119.84
2001-10	115.68	123.46	120.31
2001-11	115.84	123.78	120.53
2001-12	116.06	123.64	120.43
2002-01	116.44	123.93	120.64
2002-02	116.92	124.45	121.06
2002-03	117.93	125.92	122.30
2002-04	119.21	127.95	123.92
2002-05	120.79	130.33	125.86
2002-06	122.33	132.76	127.82
2002-07	123.69	135.04	129.66
2002-08	124.73	137.04	131.22
2002-09	125.49	138.62	132.43
2002-10	126.14	140.12	133.55
2002-11	126.64	141.26	134.41
2002-12	127.15	142.18	135.15
2003-01	127.65	142.86	135.64
2003-02	128.33	143.59	136.19
2003-03	129.31	144.84	137.20
2003-04	130.49	146.45	138.56
2003-05	131.84	148.17	140.06
2003-06	133.23	149.70	141.39
2003-07	134.65	151.65	142.99

续表

日期	全美	10 城	20 城
2003-08	135.96	153.61	144.56
2003-09	137.08	155.77	146.28
2003-10	137.98	157.71	147.82
2003-11	138.77	159.55	149.22
2003-12	139.63	161.27	150.49
2004-01	140.71	162.90	151.69
2004-02	142.03	164.82	153.10
2004-03	144.08	167.91	155.49
2004-04	146.18	171.58	158.47
2004-05	148.33	175.43	161.60
2004-06	150.52	179.45	164.82
2004-07	152.34	182.69	167.43
2004-08	153.81	184.95	169.31
2004-09	155.11	186.91	170.96
2004-10	156.30	188.65	172.41
2004-11	157.50	190.08	173.65
2004-12	158.67	191.42	174.83
2005-01	160.14	193.35	176.44
2005-02	161.93	195.87	178.50
2005-03	164.58	199.21	181.30
2005-04	167.00	202.51	184.24
2005-05	169.54	205.76	187.21
2005-06	172.01	208.86	190.10
2005-07	174.10	211.65	192.67
2005-08	175.92	214.13	194.98
2005-09	177.61	216.77	197.36
2005-10	178.76	219.07	199.40
2005-11	179.68	220.81	200.97
2005-12	180.11	221.91	201.97
2006-01	180.83	222.46	202.44
2006-02	181.51	223.38	203.19
2006-03	182.76	223.75	203.65
2006-04	183.65	224.99	204.82
2006-05	184.39	225.99	205.86
2006-06	184.56	226.29	206.38
2006-07	184.62	226.17	206.52
2006-08	184.42	225.54	206.18

日期	全美	10城	20城
2006−09	184.21	225.10	205.80
2006−10	184.07	224.74	205.41
2006−11	183.65	223.94	204.65
2006−12	183.25	222.39	203.33
2007−01	182.74	221.31	202.31
2007−02	182.49	220.46	201.57
2007−03	182.21	219.67	201.01
2007−04	182.15	218.94	200.54
2007−05	181.91	218.34	200.12
2007−06	181.56	217.37	199.44
2007−07	181.01	216.30	198.72
2007−08	180.26	214.63	197.37
2007−09	179.15	212.73	195.69
2007−10	177.56	209.76	192.98
2007−11	175.20	205.26	188.94
2007−12	173.37	200.67	184.97
2008−01	171.11	196.07	180.68
2008−02	169.22	190.60	175.96
2008−03	167.93	186.12	172.20
2008−04	167.35	183.35	169.98
2008−05	167.05	181.56	168.60
2008−06	166.57	180.52	167.78
2008−07	165.76	178.67	166.36
2008−08	164.32	176.71	164.65
2008−09	161.95	173.35	161.64
2008−10	159.20	169.67	158.09
2008−11	156.11	165.95	154.50
2008−12	152.59	162.09	150.54
2009−01	149.40	157.96	146.34
2009−02	147.66	154.61	143.11
2009−03	146.56	151.48	140.06
2009−04	146.99	150.44	139.26
2009−05	148.21	151.19	139.98
2009−06	149.84	153.35	141.97
2009−07	150.79	155.95	144.32
2009−08	150.71	158.07	146.11
2009−09	149.67	158.77	146.63

日期	全美	10 城	20 城
2009-10	148.63	158.68	146.49
2009-11	147.98	158.33	146.17
2009-12	146.71	158.16	145.89
2010-01	145.00	157.87	145.31
2010-02	143.06	156.85	144.06
2010-03	143.60	156.21	143.34
2010-04	145.40	157.35	144.56
2010-05	147.03	159.41	146.46
2010-06	147.69	161.06	147.99
2010-07	147.55	162.24	148.88
2010-08	146.41	162.01	148.49
2010-09	144.59	161.00	147.26
2010-10	143.13	158.90	145.24
2010-11	141.83	157.50	143.77
2010-12	140.64	156.04	142.39
2011-01	139.05	154.36	140.78
2011-02	137.75	152.38	139.05
2011-03	137.80	150.91	137.64
2011-04	139.16	151.78	138.43
2011-05	140.69	153.33	139.88
2011-06	141.95	154.87	141.50
2011-07	142.34	156.32	142.89
2011-08	141.79	156.51	142.97
2011-09	140.17	155.61	141.97
2011-10	138.41	153.53	140.05
2011-11	136.67	151.40	138.18
2011-12	135.18	149.58	136.60
2012-01	134.20	147.99	135.21
2012-02	134.05	146.62	134.08
2012-03	135.93	146.45	134.07
2012-04	138.56	148.44	135.98
2012-05	141.14	151.75	139.20
2012-06	143.24	154.94	142.36
2012-07	144.34	157.21	144.58
2012-08	144.76	158.52	145.82
2012-09	144.42	158.94	146.23
2012-10	144.05	158.67	146.04

日期	全美	10 城	20 城
2012−11	144.05	158.27	145.82
2012−12	143.96	158.60	146.08
2013−01	144.39	158.61	146.15
2013−02	145.23	159.09	146.51
2013−03	148.04	161.13	148.44
2013−04	151.07	165.35	152.24
2013−05	153.98	169.47	156.06
2013−06	156.55	173.17	159.46
2013−07	158.41	176.39	162.38
2013−08	159.52	178.71	164.49
2013−09	159.80	179.97	165.60
2013−10	159.70	180.29	165.90
2013−11	159.52	180.20	165.80
2013−12	159.45	180.07	165.63
2014−01	159.54	179.94	165.40
2014−02	160.04	179.96	165.35
2014−03	161.36	181.43	166.80
2014−04	163.16	183.32	168.72
2014−05	164.90	185.33	170.63
2014−06	166.44	187.21	172.33
2014−07	167.36	188.35	173.36
2014−08	167.68	188.65	173.69
2014−09	167.49	188.50	173.58
2014−10	167.11	188.22	173.36

资料来源：S&P Dow Jones Indices（McGraw Hill Financial）。

附表 5　美国金融部门与实体经济部门历年经营情况

单位：10 亿美元

年份	金融部门资产	非金融公司企业部门资产	金融和保险业增加值	制造业增加值	金融企业利润（经存货计价和资本消耗调整）	非金融企业利润（经存货计价和资本消耗调整）
1960	890.20	790.30	19.50	133.40	8.20	43.30
1961	963.20	819.80	20.60	134.00	8.10	44.50
1962	1022.50	854.60	21.10	147.30	8.50	51.80
1963	1105.50	893.50	22.00	155.60	8.10	58.30
1964	1198.60	945.00	24.10	167.30	8.70	64.60

年份	金融部门资产	非金融公司企业部门资产	金融和保险业增加值	制造业增加值	金融企业利润(经存货计价和资本消耗调整)	非金融企业利润(经存货计价和资本消耗调整)
1965	1302.30	1023.90	26.40	184.80	9.20	75.40
1966	1389.30	1109.70	29.00	205.00	10.50	81.10
1967	1517.90	1193.20	32.30	209.50	11.00	78.10
1968	1669.10	1308.00	36.30	228.20	12.70	83.40
1969	1788.80	1445.80	40.90	239.10	13.50	78.30
1970	1955.90	1566.30	44.10	235.60	15.30	63.90
1971	2192.00	1713.50	48.70	248.90	17.60	75.20
1972	2480.80	1896.70	53.10	274.00	19.40	88.30
1973	2721.80	2167.80	57.00	302.90	21.20	97.20
1974	2942.20	2558.70	64.60	318.40	20.80	87.40
1975	3216.90	2905.40	73.60	337.30	20.00	104.30
1976	3539.20	3217.40	80.50	387.00	24.70	133.00
1977	3927.40	3582.20	95.00	439.10	31.50	155.10
1978	4437.60	4077.20	112.70	490.50	39.90	175.80
1979	4977.50	4716.80	125.00	544.90	40.30	174.00
1980	5570.00	5369.40	137.70	558.30	32.40	155.70
1981	6186.10	6041.20	155.00	619.60	27.90	189.90
1982	6794.50	6386.60	168.00	606.50	24.00	173.30
1983	7588.30	6718.50	193.90	657.50	34.20	210.50
1984	8588.70	7295.40	213.40	731.80	32.40	268.90
1985	9996.70	7799.90	233.10	751.40	45.30	271.10
1986	11373.20	8150.40	262.20	777.40	54.70	230.20
1987	12452.90	8673.40	282.40	823.10	58.60	259.40
1988	13559.70	9430.10	301.50	900.20	63.40	294.50
1989	14800.00	9973.00	322.00	950.20	73.00	274.10
1990	15554.70	10234.50	346.50	968.90	78.90	262.10
1991	16621.70	10204.80	382.00	976.70	107.70	267.20
1992	17912.20	10215.00	414.30	1016.70	116.60	285.60
1993	19523.70	10694.00	441.30	1058.90	105.50	339.60
1994	20836.20	11364.70	456.30	1127.30	113.20	430.80
1995	23035.10	12219.00	489.60	1180.90	132.10	477.90
1996	25296.90	12951.80	527.10	1208.50	141.80	542.30
1997	28300.00	14280.50	578.60	1390.10	165.20	593.10
1998	31842.90	15993.30	639.80	1435.10	143.50	557.80
1999	35889.20	17764.10	679.50	1493.70	161.80	546.40
2000	38149.20	20423.70	750.40	1555.30	154.90	480.10

续表

年份	金融部门资产	非金融公司企业部门资产	金融和保险业增加值	制造业增加值	金融企业利润（经存货计价和资本消耗调整）	非金融企业利润（经存货计价和资本消耗调整）
2001	40470.00	20512.60	817.50	1478.50	201.70	382.00
2002	41939.70	20976.90	835.20	1472.70	280.00	468.40
2003	46280.80	21490.70	866.80	1531.10	306.30	583.40
2004	50843.80	23864.60	890.30	1619.20	336.10	742.20
2005	55160.10	26068.80	991.80	1704.20	367.70	870.90
2006	60966.40	28204.30	1048.80	1804.20	375.30	1015.00
2007	66879.90	31184.20	1040.50	1854.30	261.00	914.60
2008	67243.60	29540.00	907.20	1814.10	64.10	814.30
2009	68608.80	27215.40	969.30	1726.70	321.70	718.10
2010	69475.40	29012.70	1005.80	1830.60	368.20	983.00
2011	71010.90	30596.80	1038.00	1907.30	355.70	1039.00
2012	75224.20	32446.80	1125.80	1994.60	451.50	1169.40

资料来源：Wind 资讯。

参考文献

［1］阿尔奇安. 产权经济学［G］// 盛洪. 现代制度经济学（上）［M］. 北京：北京大学出版社，2003.

［2］埃格特森. 经济行为与制度［M］. 吴经邦等译. 北京：商务印书馆，2004.

［3］艾伦，盖尔. 理解金融危机［M］. 张健康等译. 北京：中国人民大学出版社，2010.

［4］巴罗，萨拉—伊—马丁. 经济增长（第2版）［M］. 夏俊译. 上海：上海人民出版社，2010.

［5］巴曙松，华中炜，朱元倩. 利率市场化的国际比较：路径、绩效与市场结构［J］. 华中师范大学学报（人文社会科学版），2012（5）：33-46.

［6］巴斯金，小米兰蒂. 公司财政史［M］. 薛伯英译. 北京：中国经济出版社，2002.

［7］白钦先，徐爱田. 金融虚拟性命题及其理论渊源［J］. 辽宁大学学报（哲学社会科学版），2004（4）：112-119.

［8］白钦先. 白钦先经济金融文集（一）［M］. 北京：中国金融出版社，2009.

［9］毕海德. 新企业的起源与演进［M］. 魏如山等译. 北京：中国人民大学出版社，2004.

［10］伯恩斯坦. 如何改变世界［M］. 吴士宏译. 上海：新星出版社，2006.

［11］曹源芳. 我国实体经济与虚拟经济的背离关系：基于1998~2008年数据的实证研究［J］. 经济社会体制比较，2008（6）：57-62.

［12］陈灿煌，万娟. 国外佣金制度的变革及对我国的借鉴意义［J］. 湘潭大学社会科学学报，2003（S1）：73-74.

［13］陈剑，张晓龙. 影子银行对我国经济发展的影响：基于2000~2011年季

度数据的实证分析 [J]. 财经问题研究，2012（8）：66-72.

[14] 陈强. 高级计量经济学及 Stata 应用 [M]. 北京：高等教育出版社，2014.

[15] 陈文玲. 论实物经济与虚拟经济 [J]. 世界经济，1998（3）：17-18.

[16] 成思危. 虚拟经济探微 [J]. 管理评论，2005（1）：3-8.

[17] 达维拉，爱泼斯坦，谢尔顿. 创新之道 [M]. 刘勃译. 北京：中国人民大学出版社，2007.

[18] 戴维斯，科尔. 1820~1914 年的国际资本流动、国内资本市场和美国经济增长 [G] // 恩格尔曼，高尔曼. 剑桥美国经济史（第 2 卷）[M]. 北京：中国人民大学出版社，2008.

[19] 德鲁克. 新现实 [M]. 刘靖华译. 北京：中国经济出版社，1993.

[20] 德鲁克. 创新与企业家精神 [M]. 蔡文燕译. 北京：机械工业出版社，2009.

[21] 董昀. 体制转轨视角下的企业家精神及其对经济增长的影响 [M]. 北京：经济管理出版社，2012.

[22] 杜厚文，初春莉. 美国次级贷款危机：根源、走势、影响 [J]. 中国人民大学学报，2008（1）：49-57.

[23] 杜厚文，伞锋. 虚拟经济与实体经济关系中的几个问题 [J]. 世界经济，2003（7）：74-79.

[24] 法博齐，莫迪利亚尼，琼斯. 金融市场与金融机构基础（第 2 版）[M]. 北京：清华大学出版社，1999.

[25] 凡勃伦. 有闲阶级论 [M]. 蔡受百译. 北京：商务印书馆，1964.

[26] 方堃. 日美金融危机和经济衰退的根源与规律探讨：基于产业革命周期理论 [J]. 金融研究，2011（8）：72-77.

[27] 弗里德曼. 资本主义与自由 [M]. 张瑞玉译. 北京：商务印书馆，1986.

[28] 弗里德曼，施瓦茨. 美国货币史 [M]. 巴曙松等译. 北京：北京大学出版社，2009.

[29] 高海红，高蓓. 中国影子银行与金融改革：以银证合作为例 [J]. 国际经济评论，2014（2）：118-132.

[30] 戈德史密斯. 金融结构与金融发展 [M]. 周朔等译. 上海：上海三联书

店，1990.

[31] 格林斯潘. 动荡的世界：风险、人性与未来的前景 [M]. 余江译. 北京：中信出版社，2014.

[32] 龚强，张一林，林毅夫. 产业结构、风险特性与最优金融机构 [J]. 经济研究，2014（4）：4-16.

[33] 癸田. 银行业的稳健：货币政策的另一方面 [G] // 恩诺克，格林. 银行业的稳健与货币政策 [M]. 北京：中国金融出版社，1999.

[34] 国务院发展研究中心土地课题组. 土地制度、城市化与财政金融风险：来自东部一个发达地区的个案 [J]. 改革，2005（10）：12-17.

[35] 何雁明，朱震. 改革证券交易佣金制度对中国证券业结构调整的影响 [J]. 经济科学，2002（1）：92-96.

[36] 胡健颖，苏良军，金赛男，姜万军. 中国房地产价格有几成泡沫 [J]. 统计研究，2006（1）：39-42.

[37] 怀仁，李建伟. 我国实体经济发展的困境摆脱及其或然对策 [J]. 改革，2014（2）：12-27.

[38] 怀特. 20 世纪的银行业和金融 [G] // 恩格尔曼，高尔曼. 剑桥美国经济史（第 3 卷）[M]. 北京：中国人民大学出版社，2008.

[39] 霍尔. 负责任的企业家 [M]. 王志毅等译. 桂林：广西师范大学出版社，2003.

[40] 简练. 近十五年中国重点大学毕业生流向趋势解析：问题与出路 [J]. 观察与交流，2011：1-22.

[41] 姜春海. 中国房地产市场投机泡沫实证分析 [J]. 管理世界，2005（12）：71-84.

[42] 姜旭朝，胡斌. 关于金融独立性分析：强化与异化 [J]. 金融研究，2000（12）：56-62.

[43] 金德尔伯格. 泡沫 [G] // 伊特韦尔，米尔盖特，纽曼. 新帕尔格雷夫经济学大辞典（第 1 卷）[M]. 北京：经济科学出版社，1992.

[44] 金德尔伯格. 疯狂、惊恐和崩溃：金融危机史（第 4 版）[M]. 朱隽等译. 北京：中国金融出版社，2006.

[45] 凯特菲利斯. 异化 [G] // 伊特韦尔，米尔盖特，纽曼. 新帕尔格雷夫

经济学大辞典（第 2 卷）[M]. 北京：经济科学出版社，1992.

[46] 科斯. 企业的性质 [G] // 威廉姆森，温特. 企业的性质 [M]. 北京：商务印书馆，2007.

[47] 科兹纳. 市场过程的含义 [M]. 冯兴元等译. 北京：中国社会科学出版社，2012.

[48] 莱因哈特，罗格夫. 这次不一样：八百年金融危机史（珍藏版）[M]. 綦相等译. 北京：机械工业出版社，2012.

[49] 李晓西，杨琳. 虚拟经济、泡沫经济与实体经济 [J]. 财贸经济，2000（6）：5–11.

[50] 李鑫. 金融创新与风险：文献述评 [J]. 金融评论，2014（4）：112–126.

[51] 李鑫. 资产泡沫的结构性影响与调控 [J]. 当代经济管理，2014（11）：19–23.

[52] 李妍. 宏观审慎监管与金融稳定 [J]. 金融研究，2009（8）：52–60.

[53] 李彦. 股权分置改革后时代我国券商业务创新与盈利模式转型探讨 [D]. 西南财经大学硕士学位论文，2007.

[54] 李扬. 脱媒：中国金融改革发展面临的新挑战 [J]. 新金融，2007（11）.

[55] 李扬. 金融发展和金融创新必须服务于实体经济 [J]. 当代财经，2009（1）：15–19.

[56] 李扬. 影子银行体系：创新的源泉、监管的重点 [G] // 殷剑峰，王增武. "影子银行"与"银行的影子"[M]. 北京：社会科学文献出版社，2013.

[57] 零壹财经，零壹数据（2014a）. 中国 P2P 借贷服务行业白皮书 2014 [M]. 北京：中国经济出版社，2014.

[58] 零壹财经，零壹数据（2014b）. 众筹服务行业白皮书（2014）[M]. 北京：中国经济出版社，2014.

[59] 刘骏民. 虚拟价值增值与实际经济运动 [J]. 南开经济研究，1996（6）：38–43.

[60] 刘骏民. 财富本质属性与虚拟经济 [J]. 南开经济研究，2002（5）：17–21.

[61] 刘骏民，王国忠. 虚拟经济稳定性、系统风险与经济安全 [J]. 南开经济研究，2004（6）：32–39.

[62] 刘珺，丁棱，马岩. 从股票市场指数高波动性观察虚拟经济发展对新经济周期理论的悖离 [J]. 金融研究，2010（3）：144-154.

[63] 刘明彦，徐静. 稳健薪酬实践的基本原则与评价 [J]. 银行家，2009（12）：69-70.

[64] 刘霞辉. 论实体经济与虚拟经济的关系 [J]. 世界经济，2004（1）：37-43.

[65] 刘运哲. 从北美佣金制度变革看经纪业务转型 [J]. 证券市场导报，2010（5）：27-30.

[66] 龙建成，樊晓静，张雄. 利率变动、影子银行与中小企业融资 [J]. 金融论坛，2013（7）：40-45.

[67] 罗默. 过程、责任和迈伦法则 [G] // 布兰查德，罗默，斯宾塞，斯蒂格利茨. 金融危机的教训：反思当代政策 [M]. 杭州：浙江大学出版社，2013.

[68] 吕健. 影子银行推动地方政府债务增长了吗 [J]. 财贸经济，2014（8）：38-48.

[69] 马克思，恩格斯. 共产党宣言 [M]. 中共中央编译局译. 北京：中共编译出版社，2005.

[70] 马克思. 资本论（第3卷）[M]. 郭大力等译. 北京：人民出版社，1953.

[71] 曼昆. 经济学原理（第4版）：微观经济学分册 [M]. 梁小民译. 北京：北京大学出版社，2006.

[72] 美国金融危机调查委员会. 美国金融危机调查报告 [M]. 愈利军等译. 北京：中信出版社，2012.

[73] 梅林. 新伦巴底街 [M]. 夏俊译. 上海：上海人民出版社，2011.

[74] 梅森，默顿，佩德罗，图法诺. 美国金融危机调查报告 [M]. 胡维熊译. 大连：东北财经大学出版社，2001.

[75] 门克霍夫，托克斯多尔夫. 金融市场的变迁 [M]. 刘力等译. 北京：中国人民大学出版社，2004.

[76] 明斯基. 稳定不稳定的经济 [M]. 石宝峰等译. 北京：清华大学出版社，2010.

[77] 奈特. 风险、不确定性与利润 [M]. 安佳译. 北京：商务印书馆，2006.

[78] 潘静，柴振国.中国影子银行的金融监管研究：运用市场约束优化政府监管 [J].现代法学，2013（5）：88-96.

[79] 裴平，印文.中国影子银行的信用创造及其规模测算 [J].经济管理，2014（3）：98-107.

[80] 秦晓.金融业的"异化"和金融市场中的"虚拟经济"[J].改革，2000（1）：74-90.

[81] 瞿强.资产价格与货币政策 [J].经济研究，2001（7）：60-67.

[82] 瞿强.资产价格波动与宏观经济政策困境 [J].管理世界，2007（10）：139-149.

[83] 沈伟.中国的影子银行风险及规制工具选择 [J].中国法学，2014（4）：151-177.

[84] 沈悦，谢坤锋.影子银行发展与中国的经济增长 [J].金融论坛，2013（3）：9-14.

[85] 斯托厄尔.投资银行、对冲基金和私募股权投资 [M].黄嵩等译.北京：机械工业出版社，2013.

[86] 孙立坚，周赟，彭述涛."次级债风波"对金融风险管理的警示 [J].世界经济，2007（12）：22-31.

[87] 托宾.金融中介 [G] // 伊特韦尔，米尔盖特，纽曼.新帕尔格雷夫经济学大辞典（第2卷）[M].北京：经济科学出版社，1992.

[88] 王诚.促进就业为取向的宏观调控政策体系研究 [M].北京：中国社会科学出版社，2012.

[89] 王诚，桁林.泡沫经济 [G] // 刘树成.现代经济辞典 [M].南京：江苏人民出版社，2004.

[90] 王诚.从零散事实到典型化事实再到规律发现：兼论经济研究的层次划分 [J].经济研究，2007（3）：142-156.

[91] 王诚.中国的经济改革与宏观调控的边界 [J].国家行政学院学报，2010（5）：37-42.

[92] 王佃凯.美国银行业如何应对利率市场化的冲击 [J].银行家，2014（1）：81-83.

[93] 王国刚.从互联网金融看我国金融体系改革新趋势 [J].红旗文稿，2014

（8）：9–13.

[94] 王家卓，徐红伟. 2013 中国网络借贷行业蓝皮书 [M]. 北京：知识产权出版社，2014.

[95] 吴晓求等. 中国资本市场研究报告（2014）——互联网金融：理论与现实 [M]. 北京：北京大学出版社，2014.

[96] 王苏生. 基金管理费的法律规制：美国法实践及借鉴 [J]. 中南财经政法大学学报，2002（3）：114–118.

[97] 王曼怡，张译文. 金融深化改革加速进程中我国影子银行的审视与管理 [J]. 经济学动态，2014（2）：84–90.

[98] 王兆星. 金融监管的再定位 [J]. 中国金融，2014（13）：13–16.

[99] 伍超明. 货币流通速度的再认识：对中国 1993~2003 年虚拟经济与实体经济关系的分析 [J]. 经济研究，2004（9）：36–47.

[100] 吴晓求. 实体经济与资产价格变动的相关性分析 [J]. 中国社会科学，2006（6）：55–64.

[101] 希勒. 市场波动 [M]. 文忠桥等译. 北京：中国人民大学出版社，2007.

[102] 希勒. 金融与好的社会 [M]. 束宇译. 北京：中信出版社，2012.

[103] 希勒. 非理性繁荣（第 2 版）[M]. 李心丹等译. 北京：中国人民大学出版社，2014.

[104] 西蒙. 基于实践的微观经济学 [M]. 孙涤译. 上海：上海人民出版社，2009.

[105] 夏漆焱. 试析虚拟经济与财富创造 [J]. 财经科学，2001（S2）：342–343.

[106] 谢富胜，李安，朱安东. 马克思主义危机理论和 1975~2008 年美国经济的利润率 [J]. 中国社会科学，2010（5）：65–82.

[107] 熊彼特. 经济发展理论 [M]. 何畏等译. 北京：商务印书馆，2009.

[108] 熊彼特. 资本主义、社会主义与民主 [M]. 杨中秋译. 北京：电子工业出版社，2013.

[109] 徐军辉. 中国式影子银行的发展及其对中小企业融资的影响 [J]. 财经科学，2013（2）：11–20.

[110] 徐孟洲，杨晖. 金融功能异化的金融法矫治 [J]. 法学家，2010（5）：102–113.

[111] 宣昌能，王信. 金融创新与金融稳定：欧美资产证券化模式的比较分析 [J]. 金融研究，2009（5）：35–46.

[112] 杨涛. 互联网金融理论与实践 [M]. 北京：经济管理出版社，2015.

[113] 杨涛. 中国支付清算发展报告（2015）[M]. 北京：社会科学文献出版社，2015.

[114] 杨涛. 我国股市应走下"神坛"——如何看待股市健康发展的基础 [J]. 当代金融家，2015（8）：82–85.

[115] 杨涛. 金融创新还须有方向性战略性引导协调 [N]. 上海证券报，2015–07–20.

[116] 叶尔兰·库都孜，邹博清. 基于两大部类的虚拟经济与实体经济分析模型 [J]. 中央民族大学学报（哲学社会科学版），2014（1）：84–90.

[117] 野口悠纪雄. 泡沫经济学 [M]. 曾寅初译. 北京：生活·读书·新知三联书店，2005.

[118] 易纲，宋旺. 中国金融资产结构演进：1991~2007 [J]. 经济研究，2008（8）：4–15.

[119] 殷剑峰，王增武. "影子银行"与"银行的影子"[M]. 北京：社会科学文献出版社，2013.

[120] 张宝林，潘焕学. "影子银行"与房地产泡沫：诱发系统性金融风险之源[J]. 现代财经，2013（11）：33–44.

[121] 章成蓉，钟朝宏. 非现金资产等于非货币性资产吗？谈两组相近概念的区别与选择 [J]. 四川会计，2001（2）：22.

[122] 张明. 中国影子银行：界定、成因、风险与对策 [J]. 国际经济评论，2013（3）：82–92.

[123] 张桥云，吴静. 美国住房抵押贷款市场：风险转移与回流、扩散与放大机制 [J]. 经济学家，2009（2）：76–85.

[124] 张仁德，王昭凤. 虚拟财富与真实财富：与刘骏民教授商榷 [J]. 天津社会科学，2004（2）：99–104.

[125] 张五常. 经济解释（卷一）：科学说需求（神州增订版）[M]. 北京：

中信出版社，2010.

［126］张五常. 经济解释（卷四）：制度的选择（神州增订版）［M］. 北京：中信出版社，2014.

［127］张亦春，彭江. 影子银行对商业银行稳健性和经济增长的影响：基于面板 VAR 模型的动态分析［J］. 投资研究，2014（5）：22-33.

［128］张毅、李全伦. 虚拟经济脱离实体经济的产权解释［J］. 世界经济，2002（9）：71-73.

［129］中共中央马克思恩格斯列宁斯大林著作编译局. 马克思恩格斯全集（第 46 卷下册）［M］. 北京：人民出版社，1980.

［130］中国人民银行. 金融知识国民读本［M］. 北京：中国金融出版社，2007.

［131］中国社会科学院经济学部. 中国宏观经济政策再思考［J］. 比较，2013（3）.

［132］周小川. 金融政策对金融危机的响应：宏观审慎政策框架的形成背景、内在逻辑和主要内容［J］. 金融研究，2011（1）：1-14.

［133］朱民. 危机后的世界：全球金融危机的昨天、今天和明天［J］. 江苏行政学院学报，2010（5）：39-45.

［134］Acemoglu D., S. Johnson and J.A. Robinson. Institutions as a Fundamental Cause of Long-run Growth［J］. In P. Aghion and S. Durlauf（Eds.），Handbook of Economic Growth. North-Holland，2005.

［135］Acharya V., T. Cooley, M. Richardson and I. Walter Manufacturing Tail Risk：A Perspective on the Financial Crisis 2007-2009［J］. Foundations and Trends in Finance，2010，4（4）：247-325.

［136］Adrian T. and H.S. Shin. The Changing Nature of Financial Intermediation and the Financial Crisis of 2007-2009［J］. Annual Review of Economics，2010（2）：603-618.

［137］Adrian T. and A.B. Ashcraft. Shadow Banking Regulation［J］. Annual Review of Financial Economics，2012（4）：99-140.

［138］Allen F. and D. Gale. Financial Innovation and Risk Sharing［M］. Cambridge，Mass：The MIT Press，1994.

［139］ Allen F. Presidential Address: Do Financial Institutions Matter? ［J］. Journal of Finance, 2010, 56 (4): 1165-1175.

［140］ Andersson M., U. Cerps and M. Noreus. The Case for Analytical Supercision: A Swedish Perspective ［J］. In A.J. Kellermann, J. de Haan and F. de Vries (Eds.), Financial Supervision in the 21st Century. Springer, 2013.

［141］ Ashcraft A. and T. Schuermann. Understanding the Securitization of Subprime Mortagage Credit ［J］. Federal Reserve Bank of New York Working Paper, No. 318, 2008.

［142］ Audretsch D.B., M.C. Keilbach and E.E. Lehmann. Entrepreneu-rship and Economic Growth ［M］. Oxford University Press, 2006.

［143］ Avery R.B., G.B. Canner and R.E. Cook. New Information Reported under HMDA and Its Application in Fair Lending Enforcement ［J］. Federal Reserve Bulletin, 2005, 91 (3): 344-394.

［144］ Awrey D.. Complexity, Innovation and the Regulation of Modern Financial Markets ［J］. Harvard Business Law Review, 2012 (2): 235-294.

［145］ Bakija J., A. Cole and B.T. Helm. Jobs and Income Growth of Top Earners and the Causes of Changing Income Inequality: Evidence from U.S. Tax Return Data ［EB/OL］. http: //piketty.pse.ens.fr/-files/Bakijaeta12010.pdf, 2012.

［146］ Barro R.J. and J.F. Ursua. Stock-Market Crashes and Depr-essions ［J］. NBER Working Paper, No. 14760, 2009.

［147］ Baumol W.J.. Entrepreneurship: Productive, Unproductive and Destructive ［J］. Journal of Political Economy, 1990, 98 (5): 893-906.

［148］ Baxter W.F.. NYSE Fixed Commission Rates: A Private Cartel Goes Public ［J］. Stanford Law Review, 1970, 22 (4): 675-712.

［149］ Bazot G.. Financial Consumption and the Cost of Finance: Measuring Financial Efficiency in Europe (1950-2007) ［J］. Paris School of Economics Working Paper, No. 2014 (17), 2014.

［150］ Beaudry P. and F. Portier. Stock Prices, News and Economic Fluctutations ［J］. American Economic Review, 2006, 96 (4): 1293-1307.

［151］ Bebchuk L.A. and J.M. Fried. Paying for Long-term Performance ［J］.

University of Penneylvania Law Review, 2010, 158 (7): 1915–1959.

[152] Berger A.N. and G.F. Udell. Securitization, Risk and the Liquidity Problem in Banking [J]. In M. Klausner and L. White (Eds.), Structural Change in Banking. Homewood: Irwin Publishing, 1993.

[153] Bernanke B., M. Gertler and S. Gilchrist. The Financial Accelerator in a Quantitative Business Cycle Framework [J]. In J.B Taylor and M. Woodford (Eds.), Handbook of Macroeconomics. North–Holland, 1999.

[154] Bernanke B.. A Century of US Central Banking: Goals, Frameworks, Accountability [J]. Journal of Economic Perspectives, 2013, 27 (4): 3–16.

[155] Bhagat S., B. Bolton and R. Romano. Getting Incentives Right: Is Deferred Bank Executive Compensation Sufficient? [J]. ECGI Working Paper Series in Law, No. 241, 2014.

[156] Bianchi J., E. Boz and E.G. Mendoza. Macro–prudential Policy in a Fisherian Model of Financial Innovation [J]. IMF Economic Review, 2012 (60): 223–269.

[157] Blommestein H.J.. The Changing Nature of Risk and the Challenges to Sound Risk Management in the New Global Financial Landscape [J]. OECD Financial Market Trends, No. 75, 2000. Financial Innovations and the Risk Paradox [J]. SSRN Working Paper, No. 2033157, 2012.

[158] Borio C., N. Kennedy and S.D. Prowse. Exploring Aggregate Asset Price Fluctuations Across Countries: Measurement, Determinants and Monetary Policy Implications [J]. BIS Economic Papers, No. 40, 1994.

[159] Borio C., C. Furfine and P. Lowe. Procyclicality of the Financial System and Financial Stability: Issues and Policy Options in Marrying the Macro–and Micro–prudential Dimensions of Financial Stability [J]. BIS Working Papers, No. 1, 2001.

[160] Borio C.. Towards a Macroprudential Framework for Financial Supervision and Regulation? [J]. CESifo Economic Studies, 2003, 49 (2): 181–215.

[161] Boz E. and E.G. Mendoza. Financial Innovation, the Discovery of Risk, and the U.S. Credit Crisis [J]. Journal of Monetary Economics, 2014 (62): 1–22.

［162］ Brock W.A. and C.H. Hommes. Heterogeneous Beliefs and Routes to Chaos in a Simple Asset Pricing Model ［J］. Journal of Economic Dynamics and Control, 1998 （22）: 1235-1274.

［163］ Brock W.A., C.H. Hommes and F.O.O. Wagener. More Hedging Instruments May Destabilize Markets ［J］. Journal of Economic Dynamics and Control, 2009, 33 （11）: 1912-1928.

［164］ Caccioli F., M. Marsili and P. Vivo. Eroding Market Stability by Proliferation of Financial Instruments ［EB/OL］. http: //arxiv.org/pdf/0910.0064, 2009.

［165］ Capon N., G.J. Fitzsimons and R.A. Prince. An Individual Level Analysis of the Mutual Fund Investment Decision ［J］. Journal of Financial Services Research, 1996, 10（1）: 59-82.

［166］ Chandler A.D.Jr.. Patterns of American Railroad Finance, 1830-1850 ［J］. The Bussicess History Review, 1954, 28（3）: 248-263.

［167］ ——The Railroads: Pioneersin Modern Corporate Management. The Bussicess History Review, 1965, 39（1）: 16-40.

［168］ Chen A.. Incentive Compatible Compensation and Regulation ［J］. Applied Economics, 2014, 46 （25）: 3074-3081.

［169］ Chen Z.. Financial Innovation and Arbitrage Pricing in Frictional Economies ［J］. Journal of Economic Theory, 1995, 65（1）: 117-135.

［170］ Chick V.. The Evolution of the Banking System and the Theory of Monetary Policy ［M］. In S.F. Frowen （Eds.）, Monetary Theory and Monetary Policy: New Tracks for the 1990s. New York: St. Martin's Press, 1993.

［171］ Cifuentes R., G. Ferucci and H.S. Shin. Liquidity Risk and Contagion ［J］. Journal of the European Economic Association, 2005（3）: 556-566.

［172］ Clement P.. The Term "Macroprudential": Origins and Evolution ［J］. BIS Quarterly Review, 2010（3）: 59-67.

［173］ Cochrane J.H.. Finance: Function Matters, Not Size ［J］. Journal of Economic Perspectives, 2013, 27（2）: 29-49.

［174］ Corsi F., S. Marmi and F. Lillo. When Micro Prudence Increases Macro Risk: The Destabilizing Effects of Financial Innovation, Leverage, and Diversification

［J］. SSRN Working Paper, No. 2278298, 2013.

［175］ Covitz D., N. Liang and G. Suarez. The Anatomy of a Financial Crisis: The Evolution of Panic-driven Runs in the Asset-backed Commercial Paper Market ［EB/OL］. http: //www.frbsf.org/econo-mics/conferences/0901/Covitz-Liang-Suarez.pdf, 2009.

［176］ Crockett A.. Marrying the Micro-and Macroprudential Dimens-ions of Financial Stability ［EB/OL］. http: //www.bis.org/review/rr000921b.pdf, 2000.

［177］ Crockett A. and B.H. Cohen. Financial Markets and Systemic Risk in an Era of Innovation ［J］. International Finance, 2001, 4 (1): 127-144.

［178］ Cuny C.. The Role of Liquidity in Futures Market Innovations ［J］. Review of Financial Studies, 1993, 6 (1): 57-78.

［179］ Diamond D.W. and R.G. Rajan. The Credit Crisis: Conjectures about Causes and Remedies ［J］. The American Economic Review, 2009, 99 (2): 606-610.

［180］ Duffie D. and M.O. Jackson. Optimal Innovation of Futures Contracts ［J］. Review of Financial Studies, 1989 (2): 275-296.

［181］ Ehrlicher W.. Geldkapitalbildung and Realkapitalbidung von bis 1987 ［J］. In N. But, D. Duwendag and R. Richter (Eds.), Geldwertsicherung and Wirtschaftsstabilitat. Frankfurt, 1989.

［182］ Ellis L.. Macroprudential Plicy: What Have We Learned? ［EB/OL］. http: //www.bankofengland.co.uk/research/Documents/ccbs/Workshop2013/Paper_Ellis.pdf, 2000.

［183］ Ely B.. Financial Innovation and Risk Management: The Cross-Guarantee Solution ［J］. Paper for "The U.S. Financial Structure in the Years Ahead: Domestiv and International Issues", No. 141, 1995.

［184］ Emunds B.. Kann eine Starke Finanzakkumulation die Realwirts-chaftliche Entwichlung Bremsen and destabilisieren? ［J］. In F. Hengsbach and B. Emunds (Eds.), Haben sich die Finanzmarkte von Realwirtschaft abgekoppelt, 1996.

［185］ Ferrarini G. and M.C. Ungureanu. Economics, Politics and the International Principles for Sound Compensation Practices: An Analysis of Executive Pay at European Banks ［J］. Vanderbilt Law Review, 2011, 64 (2): 431-502.

[186] Filc W.. Gefahrdungspotentiale an Finanzmarkten [J]. Staatswissen-schaften und Staatspraxis, 1996, 7 (4): 99-104.

[187] Frame W.S. and L.J. White. Empirical Studies of Financial Innovation: Lots of Talk, Little Action? Journal of Economics Literature, 2004 (42): 116-144.

[188] FSB, IMF and BIS. Macroprudential Policy Tools and Frame-works [EB/OL]. ProgressReport to G20, http://www.bis.org/publ/othp17.pdf, 2011.

[189] Fuente A.. Innovation, "Bank" Monitoring and Endogenous Financial Development [J]. Universitat Pompeu Fabra Economics Working Paper 59, 1994.

[190] Gaffeo E. and R. Tamborini. If the Financial System Is Complex, How Can We Regulate It? International Journal of Political Economy, 2011, 40 (2): 79-97.

[191] Gai P., S. Kapadia S. Millard and A. Perez. Financial Innov-ation, Macroeconomic Stability and Systemic Crises [J]. The Economic Journal, 2008 (118): 401-426.

[192] Gai P. and S. Kapadia. Contagion in Financial Networks [J]. Bank of England Working Paper, No. 383, 2010.

[193] Gennaioli N., A. Shleifer and R. Vishny. Neglected Risks, Financial Innovation, and Financial Fragility [J]. Journal of Financial Economics, 2012 (104): 452-468.

[194] Gerardi K.S., C.L. Foote and P.S. Willen. Reasonable People Did Disagree: Optimism and Pessimism about the U.S. Housing Market Before the Crash [J]. Federal Reserve Bank of Boston Public Policy Discussion Paper, 2010, No. 10-5.

[195] Gertler M. and N. Kiyotaki. Financial Intermediation and Credit Policy in Business Cycle Analysis [J]. In B.M. Friedman and M. Woodford (Eds.), Handbook of Monetary Econoics Volume 3. North-Holland, 2010.

[196] Goldin C. and L.F. Katz. Transitions: Career and Family Life Cycles of the Educational Elite [J]. American Economic Review, 2008, 98 (2): 363-369.

[197] Golec J.. Regulation and the Rise in Asset-based Mutual Fund Management Fees [J]. The Journal of Financial Research, 2003, 26 (1): 19-30.

[198] Gompers P. and J. Lerner. The Venture Capital Revolution [J]. The Journal of Economic Perspectives, 2001, 15 (2): 145-168.

［199］ Goodhart C.A., A. Kashyap D. Tsomocos and A. Vardoulakis. An Integrated Framework for Analyzing Multiple Financial Regulations ［J］. International Journal of Central Banking, 2013, 9（1）: 109-143.

［200］ Gordon G. and A. Metrick. Securitization ［J］. NBER Working Paper, No. 18611, 2010.

［201］ Graham B. and D. Dodd. Security Analysis ［M］. New York: Whittlesey House, 1934.

［202］ Greenwood R. and D. Scharfstein. The Growth of Finance ［J］. Journal of Economic Perspective, 2013, 27（2）: 3-28.

［203］ Gurkaynak R.S.. Econometric Tests of Asset Price Bubbles: Taking Stock ［J］. Journal of Economic Surveys, 2008, 22（2）: 166-186.

［204］ Harris M. and A. Raviv. The Design of Securities ［J］. Journal of Financial Economics, 1989（24）: 255-287.

［205］ Hayek F.A.. The Use of Knowledge in Society ［J］. American Economic Review, 1945, 35（4）: 519-530.

［206］ Heinkel R. and N.M. Stoughton. The Dynamics of Portfolio Management Contracts ［J］. Review of Financial Studies, 1994, 7（2）: 351-387.

［207］ Hellmann T. and M. Puri. The Interaction between Product Market and Financing Strategy: The Role of Venture Capital ［J］. The Review of Financial Studies, 2000, 13（4）: 959-984.

［208］ Hellwig M.F.. Systemic Risk in the Financial Sector: An Analysis of the Subprime-Mortgage Financial Crisis ［J］. De Economist, 2009, 157（2）: 129-207.

［209］ Hemer J.. A Snapshot on Crowdfunding ［J］. Working Papers Firms and Region, No. R2, 2011.

［210］ Henderson B.J. and N.D. Pearson. The Dark Side of Financial Innovation: A Case Study of the Pricing of a Retail Financial Product ［J］. Journal of Financial Economics, 2011, 100（2）: 227-247.

［211］ Hesse H. and B. Braasch. Zum "optimalen" Instrumentarium der Europaischen Zentralbank ［J］. In B. Gahlen, H. Hesse and H.J. Ramser（Eds.）,

Europaische Integrationsprobleme aus wirtschaftswissenschaftlicher Sicht. Wirtschafts-wissenschaftliches Seminar Ottobeuren 23, Tubingen: Mohr, 1994.

[212] Hu H.T.C.. Efficient Markets and the Law: A Predictable Past and an Uncertain Future [J]. Annual Review of Financial Economics, 2012 (4): 179-214.

[213] Jennings R.W.. The New York Stock Exchange and the Commi-ssion Rate Struggle [J]. California Law Review, 1965, 53 (5): 1119-1154.

[214] Judge K.. Fragmentation Nodes: A Study in Financial Innov-ation, Complexity, and Systemic Risk [J]. Stanford Law Review, 2010 (64): 657-725.

[215] Kane E.J.. Getting Along Without Regulation Q: Testing the Standard View of Deposit-Rate Compatition During the Wild-Card Experience [J]. The Journal of Finance, 1978, 33 (3): 921-932.

[216] ——Accelerating Inflation, Technological Innovation, and the Decreasing Effectiveness of Banking Regulation [J]. The Journal of Finance, 1981, 36 (3): 355-367.

[217] Kellermann A.J., J. de Haan and F. de Vries. Financial Super-vision in the 21st Century [M]. Springer, 2013.

[218] Kellermann A.J. and R.H.J. Mosch. Good Supervision and Its Limits in the Post-Lehman Era [J]. In A.J. Kellermann, J. de Haan and F. de Vries (Eds.), Financial Supervision in the 21st Century. Springer, 2013.

[219] Kero A.. Banks' Risk Taking, Financial Innovation and Macro-economic Risk [J]. The Quarterly Review of Economics and Finance, 2013 (54): 112-124.

[220] Keys B.J., T. Mukherjee, A. Seru and V. Vig. Did Securi-tication Lead to Lax Screening? Evidence from Subprime Loans [J]. Quarterly Journal Economics, 2010, 125 (1): 307-362.

[221] Khwaja A.I. and A. Mian. Rent Seeking and Corruption in Financial Markets [J]. Annual Review of Economics, 2011 (3): 579-600.

[222] King R.G. and R. Levine. Finance and Growth: Schumpeter Might Be Right [J]. Quarterly Journal of Economics, 1993, 112 (2): 443-477.

[223] Kiyotaki N. and J. Moore. Credit Cycle [J]. Journal of Political Economy, 1997, 105 (2): 211-248.

[224] Kroszner R.S. and P.E. Strahan. What Drives Deregulation? Economics and Politics of the Relaxation of Bank Branching Restrictions [J]. Quarterly Journal of Economics, 1999, 114 (4): 1437-1467.

[225] Kuratko D.F.. Entrepreneurship: A Contemporary Approach [M]. New York: The Dryden Press, 1989.

[226] Laeven L., R. Levine and S. Michalopoulos. Financial Innova-tion and Endogenous Growth [J]. Journal of Financial Intermediation, 2015, 24 (1): 1-24.

[227] Lerner J. and P. Tufano. The Consequences of Financial Innov-ation: A Counterfactual Research Agenda. Annual Review of Economics, 2011 (3): 41-85.

[228] Levine R.. Financial Development and Economic Growth: Views and Agenda [J]. Journal of Economic Literature, 1997, 35 (2): 688-726.

[229] Lin L.. Regulating Executive Compensation in China: Problems and Solutions [J]. Journal of Law and Commerce, 2014, 32 (2): 207-254.

[230] Lolenzoni G. and K. Walentin. Financial Frictions, Investment and Tobin's Q [J]. NBER Working Paper, No. 13092, 2007.

[231] Lynch A.W. and D.K. Musto. Understanding Fee Stuctures in the Asset Management Business [J]. New York University Working Paper, 1998.

[232] Magee S., E. Sheedy and S. Wright. Reform Where it is Least Needed: Diffusion of Post Crisis Risk Governance Regulation [J]. SSRN Working Paper, No. 2456837, 2014.

[233] Maguire S., C. Hardy and T.B. Lawrence. Institutional Entrep-reneurship in Emerging Fields: HIV/AIDS Treatment Advocacy in Canada [J]. Academy of Management Journal, 2004, 47 (5): 657-679.

[234] Mah-Hui M.L.. From Servant to Master: The Financial Sector and the Financial Crisis [J]. The Journal of Applied Research in Accounting and Finance, 2009, 4 (2): 12-29.

[235] Malkiel B.G.. Asset Management Fees and the Growth of Finance [J]. Journal of Economic Perspectives, 2013, 27 (2): 97-108.

[236] Mandelbrot B.B.. A Multifractal Walk down Wall Street [J]. Scient-ific American, 1999, 280 (2): 70-73.

［237］ Mason J.R.. Regulating for Financial System Development, Financial Institutions Stability, and Financial Innovation ［J］. In A. Gigliobianco and G. Toniolo (Eds.), Financial Market Regulation in the Wake of Financial Crises: The Historical Experience. Rome: Bank of Italy, 2009.

［238］ Masters B., H. Sender and D. McCrum. "Shadow Banks" Move in amid Regulatory Push ［J］. Financial Times, 9 September, 2011: 15.

［239］ McKinsey Global Institute. Mapping Global Capital Markets: Fourth Annual Report ［EB/OL］. http: //www.mckinsey.com/~/media/mckinsey/dotcom/insights% 20and%20pubs/mgi/research/financial%20markets/mapping%20global%20capital% 20markets%20-%20fourth%20annual%20report/mgi_mapping_capital_markets_fourth_ annual_full_report.ashx, 2008.

［240］ ——Global Capital Markets: Entering a New Era ［EB/OL］. http: //www. mckinsey.com/~/media/mckinsey/dotcom/insights% 20and% 20pubs/mgi/research/financial% 20markets/global%20capital%20markets%20entering%20a%20new%20era/mgi_global_ capital_markets_entering_a_new_era_gcm_sixth_annual_full_report.ashx, 2009.

［241］ Mendoza E.G., V. Quadrini and J. Rios-Rull. Financial Integr-ation, Financial Development and Global Imbalances ［J］. Journal of Political Economy, 2009, 117 (3): 371-416.

［242］ Merton R.C.. A Simple Model of Capital Market Equilibrium with Incomplete Information ［J］. The Journal of Finance, 1987 (42): 483-510.

［243］ Miller M.H.. Financial Innovation: the Last Twenty Years and the Next ［J］. Journal of Financial and Quantitative Analysis, 1986, 21 (4): 459-471.

［244］ Mitchell L.E.. The Morals of the Marketplace: A Cautionary Essay for Our Time ［J］. Stanford Law & Policy Review, 2009, 20 (1): 171-192.

［245］ ——Financialism: A Lecture Delivered at Creighton University of Law ［J］. Creighton University Law Review, 2010, 43 (2): 323-334.

［246］ Montesano A.. Risk Allocateion and Uncertainy: Some Unplea-sant Outcomes of Financial Innovation ［J］. International Review of Economics, 2009, 56 (3): 243-250.

［247］ Nouy D.. Unintended Consequences of Supervision ［J］. In A.J. Kellermann,

J. de Haan and F. de Vries（Eds.），Financial Supervision in the 21st Century. Springer，2013.

[248] Pagano M. and P. Volpin. Credit Ratings Failures and Policy Options [J]. Economic Policy，2010 (25)：401-431.

[249] Perez C.. The Double Bubble at the Turn of the Century：Technological Roots and Structural Implications [J]. Cambridge Journal of Economics，2009 (33)：779-805.

[250] Philippas D.T. and C. Siriopoulos. Influence of Financial Innov-ation to the Validation of Operational Risk [J]. Managerial Finance，2009，35 (11)：940-947.

[251] Philippon T.. Has the U.S. Finance Industry become Less Efficient? On the Theory and Measurement of Financial Intermediation [J]. NBER Working Paper，No. 18077，2012.

[252] Philippon T. and A. Reshef. Wages and Human Capital in the U.S. Financial Industry：1909-2006 [J]. Quarterly Journal of Economics，2012，127 (4)：1551-1609.

[253] ——An International Look at the Growth of Modern Finance [J]. Journal of Economic Perspectives，2013，27 (2)：73-96.

[254] Phillips B.D. and B.A. Kirchhoff. Formation，Growth and Surv-ival：Small Firm Dynamics in the U.S. [J]. Economy. Small Business Economics，1989，1 (1)：65-74.

[255] Piazza R.. Financial Innovation and Risk：The Role of Inform-ation [J]. Temi di Discussion (Economic Working Papers)，Bank of Italy，No. 759，2010.

[256] Posner R.A.. A Failure of Capitalism：The Crisis' of 08 and the Descent into Depression [J]. Cambridge：Harvard University Press，2009.

[257] Rajan R.G. and L. Zingales. Financial Dependence and Growth [J]. American Economic Review，1998，88 (3)：559-586.

[258] Rajan R.G.. Has Finance Made the World Riskier? [J]. European Financial Management，2006，12 (4)：499-533.

[259] Rogalski R.J. and J.K. Seward. Corporate Issues of Foreign Currency

Exchange Warrants: A Case Study of Financial Innovation and Risk Management [J]. Journal of Financial Economics, 1991 (30): 347–366.

[260] Ross S.A.. Presidential Addresss: Institutional Markets, Fina–ncial Marketing and Financial Innovation [J]. Journal of Finance, 1991, 44 (3): 541–556.

[261] Santomero A.M. and J.J. Trester. Financial Innovation and Bank Risk Taking [J]. Journal of Economic Behavior & Organization, 1998 (35): 25–37.

[262] Schmitt–Grohe S. and M. Uribe. What's News in Business Cycles [J]. Econometrica, 2012, 80 (6): 2733–2764.

[263] Schulmeister S.. Currency Speculation and Dollar Fluctuations [J]. Banca Nazionale del Lavoro Quarterly Review, 1988 (167): 343–365.

[264] Sender H.. China Group Fuel Shadow Banking [J]. Financial Times, 7 September, 2011: 18.

[265] Simsek A.. Financial Innovation and Portfolio Risks [J]. American Economic Review, 2013, 103 (3): 398–401.

[266] Sirri E.R. and P. Tufano. Buying and Selling Mutual Fund: Flows, Performance, Fees and Services [J]. Harvard Business School Working Paper, 93–17, 1993.

[267] ——Costly Search and Mutual Fund Flows [J]. Journal of Financial, 1998 (167): 1589–1622.

[268] Stottner R.. Zur angeblichen Abkoppelung Zwischen Finanzm–arkten und Realwirtschaft [J]. In F. Hengsbach and B. Emunds (Eds.) , Haben sich die Finanzmarkte von Realwirtschaft abgekoppelt, 1996.

[269] Strange S.. Casino Capitalism. Oxford [M], New York: Basil Blackwell, 1986.

[270] Thakor A.V.. Incentives to Innovate and Financial Crises [J]. Journal of Financial Economics, 2012, 103 (1): 130–148.

[271] Tietmeyer H.. Globale Finanzmarkte und Wahrungspolitik [J]. Deutsche Bundesbank Auszuge aus Presseartikeln, 1998 (65): 1–5.

[272] Tobin J.. On the Efficiency of the Financial System [J]. Lloyds Bank Review, 1984 (153): 1–15.

[273] Tufano P.. Financial Innovation and First Mover Advantages [J]. Journal of Financial Economics, 1989 (25): 213-240.

[274] ——Business Failure, Judicial Intervention, and Financial Intervention: Restructuring U.S. Railroads in the Nineteenth Century [J]. The Business History Review, 1997 (71): 1-40.

[275] ——Financial Innovation [J]. In C. Constantinides, M. Harris and R. Stulz (Eds.), The Handbook of The Economics of Finance [M]. North-Holland: Elsevier Science Ltd.., 2003.

[276] Turner A.. What do Banks Do? Why do Credit Booms and Busts Occur and What Can Public Policy Do about it? [J]. In A. Turner et al. (Eds.), The Future of Finance. London School of Economics, 2010.

[277] Van Horne J.. Of Financial Innovations and Excesses [J]. Journal of Finance, 1985, 40 (3): 621-631.

[278] West R.R. and S.M. Tinic. Minimum Commission Rates on New York Stock Exchange Transactions [J]. The Bell Journal of Economics and Management, 1971, 2 (2): 577-605.

[279] Wheelock D.. Member Bank Borrowing and the Fed's Contra-ctionary Monetary Policy during the Great Depression [J]. Journal of Money, Credit and Banking, 1990, 22 (4): 409-426.

[280] Whitehead C.K. and S.M. Sepe. Paying for Risk: Bankers, Compensation and Competition [J]. Cornell Law Review, 2014 (100): 13-87.

[281] Yorulmazer T.. Has Financial Innovation Made the World Riskier? CDS, Regulatory Arbitrage and Systemic Risk [EB/OL]. http://www.tinbergen.nl/wp-content/uploads/2013/08/0409113-In-novation-SSRN-april-2013.pdf, 2013.

[282] Zinn K.G.. Nachfragemangel and Inflation, Zum Geld-and Sachvermogen-swachstum in der Krise [J]. Wirtschaftsdienst, 2006, 65 (2): 499-533.